쉼 없이 걸어 촛불을 만났다

쉼 없이 걸어 촛불을 만났다

최민희의 언론개혁 여정

김유진 묻고, 최민희 답하다

21세기북스

많은 사람들이 여러 이유로 책을 씁니다. 과거에 저도 책 몇 권을 쓴 적이 있습니다. 자연 치유에 관한 책, 자연건강법으로 아이를 키운 기록 등 개인적 관심사를 확대한 글을 쓸 때는 부담이 적었습니다. 사실과 방법에 대한 내용이었기 때문입니다.

국회에 들어가 여러 정치인들의 출판기념회에 참석했습니다. 가끔 나도 책을 써볼까 하는 마음을 가져본 일이 있었습니다. 막상 마음먹고 책을 쓰기 위해 기획을 시작하면 불현듯 망설임이 시작되었습니다. 정치인이 책을 낼 때는 보다 나은 대한민국을 위한 구상 아래 최소한의 실천 계획은 가지고 책을 써야 한다는 생각이 들었기 때문입니다. 책을 안 쓴 것이 아니라 못 쓴 것입니다.

언젠가 '큰 바위 얼굴'을 만나리라는 소망을 품고 젊은 시절을 보냈습니다. 저의 20대와 30대는 만남으로 가득 차 있었습니다. 참으로 많은 사람을 만나 인터뷰를 했고 그들에 관한 글을 썼습니다. 그분들 중에는 전직 대통령도 계시고 민주화운동의 지도자들도 계십니다. 사회적으로 출세한 연예인부터 참목회자까지, 저는 그분들을 만나기 전 늘 설레었습니다. 그들의 삶을 글로 옮겨 적는 '일'이 제게는 인생의 멘토를 만날지도 모른다는 '기대와 희망'이었습니다. 그러나 큰 바위 얼굴을 만나진 못했습니다.

인생이란 게 대책 없이 허무한 것이기도 해서 쉼 없이 앞만 보고 달려왔습니다. 제 앞에는 수많은 선택의 갈림길이 있었습니다. 선택의 순간은 항상 쉽지만은 않았습니다. 제가 내린 그 수많은 선택의 결과가 오늘의 나를 만들었습니다.

'약속'과 '원칙'을 지키며 내린 지역구 선택의 결과는 낙선이었습니다. 고달픈 하루하루가 이어졌습니다.

그러다가 2019년, '가을의 촛불'을 만났습니다. 누구의 지시도 없는 촛불, 사전 계획이라고는 문화 공연뿐인 촛불에 필요한 것은 소통 플랫폼 역할의 1인 미디어밖에 없었습니다. 시민들은 스스로 판단했고, 스스로 모여 촛불을 들었습니다. 그리고 반세기만에 '검찰개혁'을 추동해냈습니다. 촛불집회 현장에서 저는 '큰 바위 얼굴'을 보았습니다. 엄청난 희망을 보았고 큰 용기를 얻었습니다. 그리고 책을 썼습니다.

저와 20년 이상 나라의 미래와 언론개혁에 대해 고민을 나누어온 김유진 민언련 이사를 인터뷰어로 모셨습니다. 제 생각과 고민을 누구보다 잘 알고 이해하며, 한편으로는 객관적이고 냉정하게 인터뷰를 이끌어주리라는 믿음이 있었습니다. 인터뷰 형식을 택한 것도 저 자신의 얘기를 '쏟아내기'보다는 조금 더 '객관화'하고 싶었기 때문입니다.

검찰개혁 다음은 언론개혁입니다. 촛불시민과 함께 언론개혁을 이뤄나갈 용기와 희망으로 저는 재충전되었습니다. 스스로 평온을 찾은 뒤 돌아보니 세상에는 정말 기쁘고 감사해야 할 일이 많았습니다. 모든 촛불시민들에게 이 책을 바칩니다.

2020년 2월
최민희

2장 노무현을 만나 '어공'이 되고 정치의 길을 가다

3장 진화하는 촛불, '당신'을 만나다

인간만이 사랑을 가진 자이기에

자기가 품었던 꿈이 다른 사람의 손으로

자기가 불렀던 노래가 다른 사람의 입술로

자기가 걸었던 길이 다른 사람의 길로

자기의 사랑마저 다른 사람의 팔로 성취되고

자기가 뿌렸던 씨를 다른 사람들이

따게 하도록 사람들은 죽음까지도 불사한다

인간만이 내일을 위해 사는 것이다

루이 아라공, 〈미래의 노래〉 중에서

― 베르톨트 브레히트 외 지음, 김남주 옮김 《아침저녁으로 읽기 위하여》 (푸른숲, 2018)

1장

《말》 1호 기자, 세상을 만나다

"1985년 《말》 1호 기자가 되면서 나는 인생의 전환점을 맞았다. 해직 기자 선배들을 만나 '저널리즘'의 시선으로 세상을 바라보게 된 것이다. 군부독재 정권과 저항하는 민주화운동 세력, 그것도 학생운동으로 양분됐던 내 머릿속 세상에 균열이 일어났다.

현장 취재를 하면서 다양한 사람들을 만났다. 세상은 '민주와 반민주' 구도만으로 읽을 수 있을 만큼 그렇게 간단치 않다는 것을 알게 되었다. 기층 민중들이 원하는 것이 무엇인지도 명확히 이해하게 됐다. 어줍지 않은 지식인 코스프레를 하고 있던 나는 '투쟁'이 목표였고 더 투쟁적인 인생을 살고 싶었는지 모르지만 생활 현장에서 노동자들은 투쟁을 목표로 싸우지 않았다. 그들은 싸우는 것을 별로 좋아하지 않았다. '좋은 배우자를 만나 아이를 낳고 걱정 없이 기를 수 있는 조건'을 위해서 때로 싸웠을 뿐이다.

현장을 뛰면서 제도언론의 문제점을 목도했다. 세상에는 실재하는 혹은 실재했던 현실과 언론을 통해 보도된 '세상'이 있다는 것을 깨닫게 됐다. 언론에 보도된 세상은 왜곡돼 있었고 언론 보도는 특별히 진보적인 사람들이나 일하는 사람들에게 편파적이며 인색했다. 기존 언론에 대한 내 마음속 신뢰가 무너진 자리에 '언론개혁'이 들어왔다."

언론, 두 개의 세계

2019년 9월 28일 서초동에서 '백만 시민'이 촛불을 들었다.
2019년 10월 9일 언론과 정치, 촛불에 관한 긴 대화를 시작했다.

'언론'을 다시 생각하게 한 '조국 사태'

김유진(이하 **김**) 갑자기 '책을 쓰고 싶다'고 하셔서 좀 당황했습니다. 언론이나 정치에 대해서라면 지금까지 기회가 많았는데 쓰지 않으셨잖아요. 국회의원이 되면서는 출판기념회를 하지 않겠다고 선언하시기도 했고요. 굳이 지금 책을 써야겠다고 결심하신 이유가 궁금합니다.

최민희(이하 **최**) 안 하던 짓을 하면 죽는다는데, 죽을 때가 된 걸까요? (웃음) 이른바 '조국 사태' 관련 언론 보도를 접하면서 뭐랄까, 내 인생 30년이 송두리째 부정당하는 느낌이 들었어요. 스물다섯에 《말》 기자를 시작해서 언론을 바로 세워보겠다는 생각으로 죽 살아왔는데, 언론은 바뀐 게 하나도 없네 하는 자괴감이 컸어요. 조국 관련 언론 보도 문제가 이토록 많은데 앞으로 이 언론을 어떻게 해야 할지, 그동안 내가 한 게 뭔가 싶었습니다. 이런저런 고민을 정리하고 싶었습니다. 깊이 고민하다 보면 어렴풋하게나마 길이 보이지 않을까 하는 가느다란 희망도 있지 않았을까요.

나름의 위안도 있었어요. 노무현 대통령이 돌아가신 2009년을 돌이켜보면 그래도 근본적으로 달라진 부분이 있다는 거죠. 언론이 조국 일가를 융단폭격한 정도가 노무현 대통령 때보다 심하면 심했지 덜하지 않았는데 이번에는 장관 임명에 대한 찬반 여론이 대체로 45:55 정도가 유지되었다는 것, 대통령 지지율이 30%대로 추락할까 염려했는데 당선 득표율* 이하로 내려가지 않았다는 것, 무엇보다 조국 전 장관 주변이 꿋꿋하게 버티어주고 있다는 것 등등 이런 상황들이요.

〈뉴스공장〉, 《오마이뉴스》 등의 고군분투와 팟캐스트, 유튜브 같은 새로운 미디어가 뒷받침해준 덕분이라고 할 수 있을 텐데, 1인 미디어 시대가 열렸다는 긍정적인 의미에서 위안을 받긴 하지요. 그런데 극소수 매체와 1인 미디어들의 노력만으로 진실을 알리는 것이 얼마나 힘든 과정인지를 우리가 목도하고 있잖아요.

KBS를 비롯한 지상파, 종편, 거기에 《한겨레》, 《경향신문》까지 똘똘 뭉쳐서 한목소리를 내면 당해낼 재간이 없어요.

'그런데 왜 이런 상황이 됐을까? 왜 촛불정부가 들어서고도 언론은 계속해서 기울어진 운동장일까?' 이 부분에 대해서도 해답을 찾고 싶어졌습니다. '촛불정부가 들어섰으니 언론이 개혁될 것이라는 기대

---

* 중앙선거관리위원회에 따르면 제19대 대통령선거에서 더불어민주당 문재인 당선인이 1342만 3800표로 전체의 41.08%를 득표했다. 자유한국당 홍준표 후보는 785만 2849표(24.03%), 국민의당 안철수 후보는 699만 8342표(21.41%)를 득표했다. 이어 바른정당 유승민 후보 220만 8771표(6.76%), 정의당 심상정 후보 201만 7458표(6.17%) 순이었다. 문 당선인과 홍 후보 간 득표 차는 557만 951표차로 이는 역대 최다 표차 당선 기록이다.

는 뭐였나? 문재인 정부는 언론 현실을 어떻게 바라봤을까? 어떤 구체적인 언론정책이 있었나?' 반성 또는 점검할 때가 됐다는 절박함이 생겼어요.

마지막으로, '언론운동 진영이라는 것이 지금 존재하나?' 적어도 제가 언론운동 현역에 있을 때는 민주언론시민연합(민언련), 언론개혁시민연대(언개연), 언론노조가 진보·개혁적인 의제를 갖고 때로는 갈등하고 때로는 협력하면서 의제를 이끌었는데, '지금 언론운동 진영의 의제는 뭐가 있지?' 이런 생각까지 하게 됐습니다. 개인적으로는 내 인생을 반추하면서 한편으로는 촛불정부와 언론운동을 성찰하고 정리하는 기회를 갖고 싶었어요. '언론 바로 세우기'를 목표로 하는 사람들이 뭘 해왔고, 하고 있는지. 1인 미디어와 촛불시민 시대에 정치는 어떻게 답해야 하는지 등등.

개인적으로는 대학생 때 학생운동을 시작해 노동운동도 해보려 노력했고, 《말》지 – 민언련 – 방송위원회 부위원장–야권통합운동 – 국회의원 – 낙선 후 방송 패널 활동—더불어민주당 디지털소통위원장 –문재인 대선 캠프 디소위 수석부위원장을 거쳐 조국 국면에서 '촛불 누나(?)'라는 별명을 얻고…, 쉴 새 없이 달려왔어요. 맥락이 다르지만 《황금빛 똥을 누는 아기》로 자연 육아의 대모라는 별칭도 얻었죠. 늘 1인 3, 4역을 해온지라 저도 제 삶을 되돌아볼 여유가 없었거든요. 한번쯤 '뭐 하느라 이렇게 바빴나…, 잘 살아온 건가' 반추해보고 싶어졌나 봐요.

광주항쟁–학생운동을 만나다

김 많은 사람들이 '정치인 최민희'는 알아도 '언론운동가 최민희'는 잘 모를 거예요. 사실 선배님의 20대부터 40대까지 삶을 정리하다 보면

1980년대부터 2000년대까지 한국 사회의 언론 상황과 언론운동을 조망할 수 있을 정도인데 말이죠. 선배님은 언론 자유가 없던 전두환 정권 시기, '87년 6월항쟁' 이후 언론이 자유를 얻고 점차 권력화 되어가는 시기, 시민들이 언론권력에 맞서 '안티 조선'으로 상징되는 대중적 저항을 벌이는 시기까지 언론운동의 최전선에 계셨어요. 지금 언론 상황을 얘기하기 전에 앞선 시기를 좀 살펴봤으면 합니다. 선배님의 삶을 통해서요. 1985년 《말》 기자가 되기 전 학생 시절부터 얘기를 풀어보면 어떨까요.

최 어렸을 때 꿈이 기자가 되는 것이었어요. 정확하지는 않지만 초등학교 6학년 정도? 그때 어떤 드라마를 봤는데, 버버리 코트 자락을 펄럭이는 기자의 모습이 나왔어요. 흔히 텔레비전에 나오는 주인공이라는 게 굉장히 깔끔하고 예쁘고 정숙한 그런 남녀들인데 유독 그 장면에서 지저분한 바바리를 입고 뭔가 눈이 반짝이는, 그러면서 진실이 뭐 어떻고 하는 사람을 본 거예요. 그것을 보고 되게 멋있다는 생각을 했던 거 같아요. 이런 느낌이 중요하죠.

사실 저는 보기보다는 좀 더 유복한 가정, 중산층 가정에 태어나서 경제적으로 어려움 없이 자랐습니다. 무서운 아버지에 자애로운 엄마, 언니, 오빠들. 막내니까 사랑받으면서 컸는데 어린 시절의 특별한 기억이 별로 없을 만큼 평탄하고 행복했던 것 같아요.

1979년에 대학에 들어갔는데, 이화여대를 가게 됐어요. 우리 때 이대는 3학년 때 학과를 결정해요. 1, 2학년은 교양 과정이었어요. 그러니까 우리 세대가 인문학적 소양이 풍부할 수 있었던 세대예요. 1, 2학년 때 동양철학, 서양철학 이런 것을 섭렵할 기회가 있고 굉장히 '이바구'를 많이 하는 학번이랄까, 관념적인 논쟁을 즐겨하는 학번이었어요. 3학년에 진입하며 사학과를 선택했는데 이대의 경우 사학과와 사회학과의 분위기가 더 그랬죠. 아카데믹한 토론을 즐겼는데, 강의보다 우리들의 토론이 더 흥미진진했으니까요.

그런데 1979년 말 '10·26사건'이 터지고 박정희가 김재규의 총에 맞아 죽었어요. 박정희의 죽음은 우리 사회의 박정희에 대해 양분된 평가를 그대로 반영하더군요. 박정희가 암살되자 '국부 사망', '사회 혼란', '북한 도발'을 걱정하는 쪽과 '18년 군부독재 종식의 신호탄'으로 받아들이는 쪽으로 양분됐죠. 10·26사건과 함께 계엄이 선포되고 휴교령이 내려져 학교는 문을 닫았지만 정치권과 재야, 대학들은 '민주화의 봄'을 준비하기에 바빴어요.

전두환의 '12·12쿠데타'로 신군부의 정권 인수 작업이 진행되고 있었지만 민주화에 대한 국민적 열기가 컸기 때문에 1980년 들어 민주화의 공간이 열렸습니다. 휴교령이 해제되고 신학기를 맞았어요. 매일매일 학내 집회가 열렸고 교정에 유인물들이 지천에 널렸어요. 그 유인물에 있는 세상은 고등학교 때까지 배운 세상과 완전히 달랐죠. '유신 잔당 일소, 신현확은 물러나라, 전두환 신군부의 음모를 폭로한다…' 언니 오빠들로부터 말로만 듣던 '유언비어(?)'들을 문건으로 읽게 된 겁니다.

그리고 리영희 선생님의 책《전환시대의 논리》를 읽게 되었어요. 뇌가 흔들리는 충격을 받았죠. 극우반공주의 교육을 받은 저는 미국은 절대 선, 중국은 공산당, '무찌르자, 공산당'식의 이념 교육에 절어 있었거든요. 세계는 늘 선악으로 나뉘어져 있었어요 그런데 베트남전쟁이 조작된 '통킹만Tongking灣 사건'*으로 인한 미국의 잘못된 전

---

* 1964년 8월 미국 구축함대가 베트남 동쪽 통킹만의 공해상에서 북베트남 어뢰정의 공격을 받았다. 미국 의회는 통킹만 결의안을 채택하고, 미국은 베트남전쟁 개입을 공개적으로 본격 강화했다. 1971년 미국 국방부의《Pentagon Papers》를《뉴욕타임스》가 분석 보도하면서 이 전투가 미국의 베트남전 개입을 위해 조작되었을 가능성을 제기했고, 베트남전 당시 미국 국방장관이었던 로버트 맥나마라(Robert S. McNamara)도 1995년 회고록《In Retrospect》에서 이 전투가 미국의 자작극이었음을 고백했다.

쟁이라니, 세계 제1의 강대국 미국을 물리친 베트남민족해방전쟁이라니 어떻게 머리가 안 흔들릴 수 있겠어요? '홍위병', '숙청' 같은 단어들로 각인돼 있던 중국 '문화혁명*'의 긍정성을 얘기하는 대목에서는 모골이 송연해진 느낌이었습니다. 그 당시 대다수 젊은이들이 리영희 선생님의 《전환시대의 논리》를 읽고 생각의 일대 전환을 했다고 보면 틀리지 않아요.

김 이른바 '민주화의 봄' 시기에 선배님도 새로운 세상에 눈을 뜨신 거네요. 그때 정치 규제에서 풀린 야당 정치인이나 재야인사들도 다시 활동을 시작했지만 신군부에 대한 저항이 가장 뜨거운 곳은 역시 대학가였죠?

최 신학기가 시작되자마자 각 대학별로 학생회가 빠르게 구성됐어요. 유신 시절에는 어용 조직인 '학도호국단'이 공식적 학생 대표 단체였거든요. 학생회가 구성되면서 자연스럽게 학도호국단은 권위를 잃고 유명무실해졌죠. 그리고 신군부 규탄 집회가 연일 열렸어요. 보안사령관인 전두환이 중앙정보부장을 겸하면서 신군부 집권 음모를 노골화한 뒤 1980년 5월 14, 15일 양일간 대학생들의 신군부 집권 반대 가투가 벌어졌죠. 5월 15일 서울역에 10만의 대학생이 모였어요.

서울역 10만 대학생들의 가두 투쟁 현장에 서 있던 기억을 떠올리면 지금도 가슴이 떨립니다. 역사의 현장에 서 있다는 막연한 흥분과 목숨을 잃을지도 모른다는 공포가 공존해 있는 떨림이죠. 서울역사 앞에서 어릴 때 소꿉장난하던 동네 친구를 만났어요. 이원조라고. 저

---

* 1966년에 중국에서 시작한, 대규모 사상 · 정치 투쟁의 성격을 띤 권력투쟁. 마오쩌둥 (毛澤東)의 사망 후 1976년에 종결되었다.

는 원조의 눈동자를 보고 그도 떨고 있다는 것을 알았고 십수 년 적 조했던 시간을 넘어 우리들의 떨림이 하나 되는 느낌을 받았어요. 당 시 서울역 앞 오거리에 길게 늘어져 있는 현수막 글귀, 그날의 그 함 성, 젊은 우리들의 순수한 열정이 폭발하는 것 같았어요. 플래카드 속 선명했던 글자 하나하나 또렷이 기억하죠.

하지만 5월 17일 자정, 전국에 비상계엄 확대 조치가 내려졌고 정 치인, 재야인사 및 학생회 간부들이 대거 체포되면서 '민주화의 봄'이 막을 내리게 되죠.

김 그리고 광주에서는 학살이 시작되고요…. 기록을 보면 5월 20일 국 회 임시회의가 열리기로 돼 있었고 안건이 계엄 해제 요구였다고 합니 다. 만약 국회가 예정대로 열렸다면 계엄 해제와 함께 이후 정치 일정 공개도 요구했을 테고 그랬으면 상황이 많이 달라졌겠죠?

최 학생들의 대규모 가두시위가 있던 5월 15일 신현확 총리는 1980 년 말까지 개헌안을 만들고 1981년 대선을 통해 정권을 이양한다고 발표했어요. 하지만 이미 5월 12일 전두환 신군부는 비상계엄 전국 확대, 국회해산, 국가보위비상기구 설치 등을 골자로 하는 '시국 수습 방안'을 모의했다고 해요. 국회는 이 사실을 인지하고 5월 20일 임시 국회를 열어 비상계엄 해제를 요구하려 했던 거죠. 그러니까 신군부 는 학생들의 가투를 빌미로 5월 17일 비상계엄을 전국으로 확대해서 모든 정치 활동을 금지하고 대학에 휴교령을 내렸어요. 김대중을 비 롯한 정치인 26명이 합동수사본부에 연행되고 2천 명이 넘는 재야인 사, 학생들이 체포됐습니다. 신군부 쿠데타가 성공한 거예요.

김 광주항쟁이 벌어졌을 때는 어디 계셨어요?

최 신군부의 보도 통제로 광주항쟁이 일어나고 전국에 알려지기까지는 시간이 좀 걸렸어요. 신군부의 계엄령이 떨어질 때 서울 지역 대학생들은 영등포역, 서울역 등에 모여 가투를 하기로 되어 있었어요. 광주에서는 전남대 앞에서 시위를 하기로 했겠지요.

서울에서는 학생들이 수십 명 단위로 모여 신군부 반대를 외쳤지만 집회 규모가 커질 수가 없었어요. 군부도 산발적 시위에 대해 강제해산 정도로 대응해 큰 충돌이 일어나지 않았습니다. 광주에서는 달랐어요. 신군부는 광주를 콕 찍어 무서운 공작을 하게 됩니다. 작전명 '화려한 휴가'. 지역감정을 악용한 치졸한 작전이었죠. 신군부는 작전에 따라 전남대 앞에서 시위 학생에게 가혹한 테러를 자행했고 그 가혹한 테러에 맞서면서 광주항쟁으로 발전해가게 된 겁니다.

광주 외의 지역에서는 광주에서 신군부에 의한 대학살이 자행되고 있다는 것을 몰랐어요. 우리는 광주 시민들이 총에 맞아 죽는 것도 모르고 서울역 가투 이후 일상으로 돌아왔어요. 얼마 후 친구들이랑 모임에 갔는데 '광주에서 사람이 많이 죽었다'는 소식을 전해 들었습니다.

그때 우리들도 '민주화의 봄'이 실패로 끝나고 서울역 앞 거리에서, 광화문 네거리에서 군인들의 곤봉 진압에 맞서며 이런저런 내상을 입었거든요. 나름 내상을 치유하며 아픈 시간들을 보내고 있었는데 광주에서 사람들이 죽었다니…. 부끄러웠어요. 할 수 있는 게 아무것도 없었어요. 광화문 네거리에서 혼자 소리를 지를 수도 없는 노릇이니까요. 무력한 자신이 초라하게 느껴졌어요.

김 지금이야 조선일보도 '광주민주화운동'이라는 표현을 쓰지만 당시에는 모든 언론이 광주항쟁을 '폭도들의 난동'으로 보도했고, 그런 보도조차 5월 21일경에야 처음 나왔으니 선배님만이 아니라 대부분의 사람들이 실상을 모르는 게 당연하죠.

최 쿠데타 세력이 군 장악 다음으로 중요하게 여기는 게 언론사 장악입니다. 전두환을 킹King으로 만들겠다는 'K-공작계획'을 보면 언론 회유·협박 계획이 나와요. 전두환과 언론사 사주 면담, 언론사 간부들과의 간담회 등을 열어서 여론을 수집하기도 하고 간담회 이후 언론 보도까지 점검했다고 해요.

5월 21일 이희성 계엄사령관이 담화를 발표하고 광주항쟁을 '불순분자와 고정간첩의 책동'으로 규정하자 조선일보를 비롯한 모든 언론이 그대로 받아썼죠. 신군부에 저항하는 학생과 광주 시민이 '폭도'로, '고정간첩'으로 매도되었어요. 그때 대한민국에 언론은 없었어요. 언론이 신군부의 하수인 노릇을 하는 시대가 시작된 거예요.

김 광주항쟁은 1990년대 초 대학에 들어간 저희 세대에도 충격이었습니다. 학생운동에 발을 담그게 되는 과정에서 머리가 아니라 마음이 움직이는 결정적 계기들이 있잖아요. 광주항쟁의 진실이나 전태일 열사의 삶을 처음 접하면 다들 분노와 부채감 때문에 두렵지만 용기를 냈던 것 같아요. 하물며 선배님은 항쟁이 일어난 그때 스물을 갓 넘긴 청년이었으니 광주의 진실을 알고 난 뒤에는 엄청난 부채감을 느꼈으리라 짐작돼요.

최 말해 무엇 하겠어요. 본격적으로 '언더서클' 활동을 하고 있지 않았던 때라 시대적 맥락을 가지고 '광주'를 정리하기에는 버거웠어요. 닥치는 대로 책을 읽다가 도저히 안 되겠다 싶어 언더서클을 찾아 들어갔어요. 서클에 들어가 일정한 커리큘럼에 따라 책을 읽고 토론하면서 가슴속이 좀 뚫리는 느낌이랄까, 어쩌면 누군가와 같은 심정으로 대화를 할 수 있다는 자체가 좋았을지도 몰라요. 그러면서 점점 학생운동의 정해진 코스를 밟게 되었죠.

당시 대학 내 언더서클의 독서량은 장난이 아니었어요. 커리큘럼도 빡빡하게 짜여 있었어요. 대개 1학년에게는 잉게 숄Inge Scholl의 《아무도 미워하지 않는 자의 죽음Die Weisse Rose》 같은 정서적인 기록이나 황석영의 《장길산》, 박경리의 《토지》 같은 소설, 리영희의 《전환시대의 논리》 같은 정치사회 비평서를 읽고 토론하게 했던 기억이 나요. 2학년이 되면 철학과 변증법, 근현대사를 공부하고 토론했어요. 그 다음에는 혁명사, 정치경제학을 공부했어요. 제 경우 서양경제사론은 그냥 읽은 정도가 아니라 처음부터 끝까지 몇 회독하고 노트 정리까지 할 정도로 탐독했어요. 내용이 어려워서 그럴 수밖에 없기도 했지만 생산력과 생산관계의 변증법에 의해 역사가 발전해왔다는 주장을 역사 발전 단계에 따라 서술한 자체가 쌈빡했어요. 그 도식적 전개가 놀라웠죠. 읽고 나면 뭐랄까, 몇 만 년 인류 역사의 맥이 잡히는 느낌, 역사가 내 손안에 들어오는 듯 인식의 지평이 확 넓어지는 자만심 같은 것 때문에 벅차서 잠을 설칠 정도였어요.

코모부찌 마사아키菰淵正晃의 《자본주의 경제의 구조와 발전》, 줄여서 '자구발'이라고 불렀던 일본 책으로 정치경제학을 공부했어요. 참고 도서로 폴 스위지Paul Sweezy의 《자본주의 발전의 이론》과 모리스 돕Maurice Dobb의 《자본주의 발전 연구》, V. I. 레닌의 《제국주의론》 같은 책을 읽었죠. 영어는 사전 가지고 덤비면 느리게라도 읽어나갈 수 있잖아요. 근데 일어는 새로 배워서 책을 읽어야 하니 고전했지요. 먼저 《강독을 위한 일문법》이란 책을 함께 스터디해요. 일어를 독해할 수준은 돼야 하니까요. '자구발'을 몇 회독하며 토론하다 보면 외울 정도가 되었어요. 2학년 때까지 이런 공부를 하고 3학년이 되면 1학년을 학습시키고, 4학년 때 2학년을 학습시키는 구조가 있었어요. 그

구조를 착실하게 좇아가다 보면 나름의 실천 공식이 있었어요. 4학년 때 시위 주동을 하고 감옥에 가거나 휴학한 뒤 노동 현장에 위장 취업하는 게 공식이었죠.

남들은 대학 졸업 후 자기 자신을 위한 진로를 고민할 때 우리들은 어떻게 하면 군부독재를 종식시키고 평등 세상을 만들까 고민하고 토론했어요. 군부독재를 종식시키는 힘은 어디서 나오나, 대학생들은 프티부르주아petit bourgeois 계급으로 제한적 역할밖에 할 수 없다, 결국 노동자 · 농민 · 빈민 등이 군부독재 타도라는 혁명의 주체가 될 수밖에 없다, 그 과정에서 모택동毛澤東의 《모순론矛盾論》을 공부하기도 했고 레닌의 《국가와 혁명》을 읽기도 했어요. 그러나 마르크스의 '예언'은 실현되지 않았죠. 자본주의가 발전한 영국이나 프랑스에서는 사회주의혁명이 일어나는 대신 수정자본주의가 복지를 매개로 자본주의를 유지시켰고요, 후진국인 러시아와 중국에서 사회주의혁명이 성공해버렸어요. 당시 대한민국은 이미 자본주의가 고도화되어가는 중이었으니 어쩌면 우리는 과거의 관념에 현실을 꿰맞추고 있었는지도 몰라요. 그러나 변증법을 익히게 되고 변증법적 사고를 하게 된 것은 아마 우리들의 큰 자산이리라 생각합니다.

혼자서는 레온 트로츠키Leon Trotsky의 《러시아혁명사》, 프란츠 파농Frantz Fanon의 《대지의 저주받은 자들》, 백기완 선생의 수필집 《자주고름 입에 물고 옥색치마 휘날리며》, 헤겔 철학 등등을 읽게 되었어요.

앙드레 말로Andre Malraux의 《인간의 조건La condition humaine》은 여러 번 읽어 책이 헤어질 정도였는데, 말로는 책상물림 작가가 아니잖아요. 혁명 현장을 누비며 글을 썼기 때문에 《인간의 조건》은 그냥 소설이 아닙니다. 혁명의 본질과 조건, 혁명 속 개인의 삶을 그렇게 리얼하고 심도 깊게 그릴 수 있는 말로의 작가적 역량에 감탄했죠. 주인공 기요의 아내 메이가 의사인데 이런 장면이 나와요. 혁명가 남편과 의

사 아내가 각자 일을 마치고 집에 돌아왔겠죠. 혁명 전야의 중국에 대해 이런저런 얘기를 나눠요. 의사 아내가 낮에 진료한 환자 얘기를 해요. 시집가는 가마 안에서 신부가 자살을 기도하다 실패해 병원에 실려 왔어요. 친정엄마인 듯 보이는 여인이 달려와 통곡을 해요. 그러면서 울부짖는데 이런 말을 했어요. "이 죽을 복도 없는 년…" 당시 중국 민중의 상황을 그렇게 리얼하게 묘사한 글을 읽어본 기억이 없어요. 혁명의 조건이라는 게 죽는 게 사는 것보다 나은 상황이구나, 저런 상황 정말 싫다, 이런 생각을 하며 몰래 몸을 떨었어요.

《미국노동운동사》를 읽으면서는 정말 끔찍했어요. 저런 비참한 삶은 살고 싶지 않다, 혼자 몰래 되뇌었죠. 물론 입 밖으로 발설하지는 못했어요. 나이브하다, 약하다 찍히는 게 두려웠거든요.

조영래의 《전태일 평전》은 복학 후에 읽었던 것 같은데 앞부분부터 끝까지 눈물이 수도꼭지 틀어놓은 듯 흘러내렸어요. 머릿속은 복잡한데 제 눈물은 솔직하고 단순했어요. 학생운동 하면서 여러 가지 일로 많이도 울었네요. 어쩌면 그 숱한 불면의 밤과 눈물에 대한 책임감으로 여기까지 온 게 아닐까 싶기도 하고요.

김 말씀하신 책들. 그러니까 구스타프 A. 베터의 《변증법적 유물론》이나 F. V. 콘스탄티노프의 《사적 유물론》, 미야가와 미노루宮川實의 《자본론 해설서》 같은 사회과학 서적은 당시에 대부분 '금서'였다고 알고 있어요. 혹시 그런 책들을 읽고 학습하면서 스스로 사회주의자가 되어간다는 생각을 해보신 적은 없나요? 당시 학생운동을 주도했던 586 정치인들을 두고 지금까지 '색깔 공격'을 하는 사람들이 있어요.

최 리영희 선생의 책만 소지해도 〈국가보안법〉으로 구속되던 시절이었죠.

그런데 한편으로는 '청년 시절에 《자본론》을 읽지 않으면 시대에 뒤떨어진 사람이고, 중년까지 《자본론》을 붙들고 있으면 인간에 대한 이해가 부족한 사람'이란 말이 있었어요. 《자본론》을 읽지 않고 자본주의를 논하지 말라는 얘기도 있었고요.

《변증법적 유물론》은 현실을 있는 그대로 인식하게 해주는 사유법칙 같았어요. 초승달이 차면 보름달이 되고 달도 차면 기운다는 자연법칙과 닮았다고 느꼈어요. 사물이 고정되어 있지 않고 변화하고 있다는 것, 일정한 양이 쌓이면 질적 변화가 있어난다는 것, 대립하는 물질의 갈등에 의해 사물은 생성 발전한다는 것, 정반합의 발전 과정, 세상에는 모순이 존재하고 모순의 대립, 갈등 극복 과정이 사회 발전 과정이라는 것 등등 제게 변증법은 그리 낯설게 다가오지 않았어요. 《사적 유물론》은 앞서 얘기한 것처럼 도식화된 역사 발전 단계에 대한 인식을 주었고요.

철학적 영역에서 실천적 영역, 즉 혁명론으로 넘어오면서 고개를 갸우뚱하게 됐죠. 노동과 자본의 대립, 계급투쟁, 계급적 모순은 폭력혁명으로만 극복 가능하다는 주장에 동의할 수가 없었어요. 뼈대만 남겨보면 사회주의란 생산수단의 국유화와 사적 소유의 부정인데 자본주의 한복판, 대한민국 서울에 살면서 어떻게 사회주의자가 될 수 있겠어요?

제2차 세계대전 후 사회주의국가가 설립되고 시장의 반을 잃은 자본주의국가들이 수정자본주의로 대응하게 되잖아요. 수정자본주의 안에 존재하는 사회주의적 요소 정도만 수용 가능했던 것 같아요.

게다가 저는 학생운동의 본질은 이념이라고 생각하지 않아요. 순수한 열정과 비타협적 투쟁이 본질이라고 봐요. 심지어 주사파라고 스스로 생각했던 학생운동권 사람들도 주사파가 본질이라고 생각할 수가 없었어요. 관념적 허영이 아니었을까요? 젊음 특유의 허영.

대학 강의실에서 배우지 못한 것을 언더서클에서 접하고 토론하며 느낀 뿌듯함의 비밀은 지적 만족이었다고 생각해요. 젊은 시절에 이념 서적을 읽었다는 이유로 쉰이 넘은 사람을 '빨갱이'라고 하는 건 말이 안 돼요. 그건 20대 초반의 열정을 잘 이해하지 못하는 것일 뿐 아니라 대한민국에서 586이 살아온 이후 30년을 부정하는 것이에요.

게다가 세계적으로 자본주의와 사회주의의 체제 경쟁에서 사회주의가 완패해 몰락한 지금 유독 대한민국에서만 '빨갱이 논쟁'이 계속되는 것은 북한의 존재로 인한 아이러니라고 봅니다. 남북한 체제 경쟁에서 남한이 앞선 것도 까마득히 오래전 일이니까 이제 북한 공포 마케팅은 사라졌으면 좋겠어요.

김 광주, 언더서클, 학습 그러다가 시위 주동과 감옥이라는 전형적인 코스를 밟으셨어요. 그런데 학생운동에 발을 디뎠다고 해서 모두가 끝까지 가는 건 아니잖아요. 이념을 좇아 운동을 한 것도 아니고, 감옥에 가면 말 그대로 인생 끝나는 시절이었는데. 그것도 프티부르주아의 딸이….

최 결국 인생이란 내 앞에 있는 갈림길에서 어떤 길을 선택하느냐에 따라 방향 지어지는 것이 아닐까요. 제게도 그런 결정적 선택의 순간이 몇 번 있었겠죠. 어떻게 보면 아주 어렸을 때부터 크고 작은 선택의 순간이 있었겠고, 어떤 선택을 해왔느냐가 그냥 '지금 나 자신'이겠죠. 미래의 나는 지금의 선택들이 모여 만들고 있을 테고요.

2학년 지나고 3학년 올라갈 때 1학년 후배들을 지도할지 말지 결정해야 하는 순간이 있었지요. 후배들을 가르치면서 정의를 얘기하고 '정의란 관념이 아니고 실천 속에서 확인되는 거다' 이런 얘기를 반복해서 해야 하는데 '언행일치'해야 되잖아요. 역사 속에서 민중의 역할, 민중이 주도하는 역사를 떠들면서 내가 반대의 삶을 살 수는 없으니 후배를 지도하냐 마냐의 문제에는 결단이 필요했어요.

각자 양심의 차원에서 결정할 일이지요. 자연히 1학년에서 2학년 올라갈 때 서클에서 일부가 떨어져나가고, 2학년이 지나서 3학년 올라갈 때 또 떨어져나가고…. 3학년까지 남으면 일단 그 친구는 현장에 가거나 시위 주동을 하거나 했죠. 간혹 4학년까지 남으면서 현장도 안 가고 시위 주동도 안 하는 친구가 있긴 했는데 그건 아주 드문 경우였고요. 사실 그런 제3의 선택도 선택지에 있었는데, 당시 분위기는 그런 태도는 그냥 비겁한 태도로 치부됐죠.

3학년 올라가기 직전에 서클 전체가 모여서 각자의 인생을 고백하는 시간 같은 것을 가지게 돼요. 돌아가면서 앞으로의 결심을 쭉 얘기하는데, 이대가 페미니즘의 발원지다 보니 다들 이렇게 얘기를 해요. 나는 평생 운동을 하겠다, 결혼을 안 하겠다, 혹시 결혼을 해도 아이를 안 낳겠다. 제가 거의 마지막이었던 것 같은데 '나는 평생 운동을 하겠다, 결혼도 하겠다, 애도 낳을 거다' 이렇게 말했어요. 그랬더니 야유가 쏟아졌죠. 그런데 거기 있던 사람들 중 몇 명 빼고 모두 결혼을 했으며, 아이를 낳았으며, 운동을 계속 안 했어요. (웃음) 저는 그날 말대로 결혼을 했고, 아이도 낳았고, 운동적 삶을 붙들고 놓지 않았어요.

아무튼 저는 계속 서클에 남았고, 본능적인 두려움을 안고 시위를 주동했어요. 아버지 말씀대로 '인생 종친 거죠.' 어느 순간 보니 관념뿐 아니라 삶까지 정말 민중이 됐더라고요. 가난하고 친정에 얹혀서 살고, 제대로 된 옷 한 벌 없고…. 관념적으로는 늘 세상을 바꾸려면 어떻게 해야 하나를 고민하는데 매일매일이 팍팍했죠. 먹고살기 위해 에너지를 다 써도 살아가기 힘든 세상에 땅에 발을 디디지 않고 하늘만 보고 살았으니 경제적으로 어려운 게 당연한 거죠. 서클 회원들이 모두 모여 '나의 20년'을 나누고 이후를 도모했던 그 20대의 다

짐과 선택은 어디로 가고, 세상을 바꾸려고 민중적 삶을 선택했는데 그저 민중이 되고 말았다는 자괴감도 있었어요.

애기가 옆길로 샜네요. 감옥에 다녀와서는 공장에 갔어요. 감옥 가면 학교에서는 제적되니까 사회과학 출판사에 들어가서 편집 일 하면서 공부도 하고, 그러면서 돈을 모아 노동 현장에 들어가는 시스템이죠. 저는 안양, 구로동 같은 곳에 있는 공장에 다녔어요.

그런데 1983년 학원 자율화 조치가 시행되면서 유화 국면이 열리고 공개적인 학생 기구를 결성하는 흐름이 생깁니다. 그즈음 여러 단체들도 만들어져요. '민주통일민중운동연합(민통련)', '민주화운동청년연합(민청련)'이 생겼는데 우리 같은 '빵잽이'들은 민청련에 다 소속돼 있었어요. 의장이 김근태 선생. 1984년 말에는 해직 기자들이 '민주언론운동협의회(언협)'를 만들어요. 해직 기자들은 글쟁이니까 그분들 목표는 신문을 만드는 거였지만 당장은 어려우니 잡지부터 시작한 거예요. 그게 《말》입니다. 그런데 그때 당신들이 현장을 발로 뛰기 어려운 연배셨어요. 막내 격인 박우정 선배가 서른아홉인가 그랬으니까. 그래서 젊은 기자를 뽑게 된 거죠.

민청련으로 글 좀 쓰는 사람을 구해달라는 요청이 왔고 당시 실행위원장이던 김도연 선배가 저에게 '지금 해직 기자 선배들이 이러이러한 것을 하는데 발로 뛸 수 있는 기자를 찾고 있다. 세계관이 확실한 사람을 뽑으려 한다.'고 말해줬어요. 저는 어렸을 때 기자를 꿈꿨으니까 그 말을 듣고 그냥 하겠다고 했죠. 제가 좀 귀가 얇은가, 뭐든 부탁을 받거나 제안을 받으면 거절한 기억이 거의 없어요. (웃음)

'똥손'의 위장 취업자

김 저는 1994년에 대학을 졸업했는데요, 그때는 학생운동 출신이 노동 현장으로 '투신'하는 경우가 드물었어요. 1990년에 이미 전노협(전국노동조합협의회)이 만들어졌고 노동자들이 노동운동의 중심이 되었으니까요. 학생운동권 일부에서 이른바 '애국적 사회 진출'을 고민하는 분위기가 잠깐 있었는데 돌이켜보면 졸업 후의 길을 고민하다가 만들어낸 말이 아닌가 싶습니다. 그때도 지금도 애국적 사회 진출이 뭔지 모르겠어요. (웃음) 아무튼 저희 세대는 대체로 사무직으로 취직해서 노조 활동을 하는 정도였고 일부는 학생운동을 몇 년 더 하다가 사회단체에 들어가기도 했어요. 하지만 1980년대 중반까지만 해도 학생운동을 접지 않는한 위장 취업해서 노조를 만드는 것이 목표였잖아요. 그런 분위기에서 《말》 기자는 공식을 따르지 않는 길인데 고민하지 않으셨나요?

최 그건 일종의 배신이었어요. 제가 《말》지에 들어간다고 했을 때 친구들이나 후배들이 민중을 배반했다고 비판했죠. 지금 들으면 그게 왜 배반이야 하겠지만 우리에게는 코스가 정해져 있었으니까요. 최고의 가치는 '민중 속으로'. 민중 속으로 들어가려면 외모나 말투까지 민중처럼 돼야 하니까 화장은 말할 것도 없고 로션 같은 것도 바르면 안 된다는 게 우리의 문화였어요.

그런데 저는 언니들이 비싼 옷을 사 주면 별생각 없이 그냥 그것을 입고 야학에 가거나 노동교회에 갔어요. 그러면 엄청 욕을 먹는 거예요. 노란 파카 입고 갔다가 욕먹은 기억이 나네요. 제가 이대에 간다고 했을 때 어머니가 큰일 났다, 가뜩이나 예쁜 옷 좋아하는 아이인데 돈이 더 많이 들겠다 하고 걱정하셨어요. 그런데 학생운동 하면서부터는 제가 청바지에 흰 티셔츠만 입고 다녔으니까, 당신이 딸을 잘 키웠다고 생각하셨대요. 제가 감옥에 가게 되면서 진실이 드러났지만…. 그때 우리는 민중을 닮고 싶어 했어요. 그게 계급 개념이었는지, 공익이었는지, 열정이었는지 지금도 헷갈립니다.

아무튼 학생운동의 정해진 코스대로 가면 2학년 겨울방학 때 민중적 체험을 해요. 노동 체험하고 농촌 체험하고. 그 다음은 두 개의 길이 예비되어 있었어요. 시위를 주동해서 감옥에 갔다가 노동 현장에 가거나 3학년 때 학교를 그만두고 노동 현장으로 가는 것. 결국 목표는 노동운동이었죠. 노동운동도 노동자의 경제적 이익을 증진시키는 게 목적이 아니라 노동운동의 정치투쟁화가 목표였습니다. 그런데 사람을 모으려면 어디서든지 그 분야 업무를 잘 해서 인정받아야 하잖아요.

저는 공장에서 일을 너무 못했어요. 봉제공장에 들어갔는데 처음에는 시다로 일을 해요. 주로 천 조각에 번호를 붙여서 번호대로 맞붙이게 해야 하는데 자꾸 틀리는 거예요. 그것을 '몰짝이 난다'고 표현해요. 자꾸 불량을 내다 보니 미싱사 누구도 저를 시다로 쓰려고 하지 않았어요. 노동운동이고 뭐고 일 못한다고 구박만 받았죠.

거기서 6개월 정도 일을 했나? 고등학교 졸업 학력으로 입사를 한 건데 제가 쫓겨날 지경이 되자 경리과장이 나를 좋게 봤는지 경리과 직원으로 쓰겠다고 제안을 했어요. 크지 않은 봉제공장이라 경리과장과 직원 둘이 작은 사무실에서 일을 한대요. 그는 선심 쓰듯 저를 사무직 경리과로 옮기게 해주겠다는 거였어요. 아니 노동운동 하러 들어왔는데 조직은커녕 경리과에 가서 뭘 어쩌겠어요? 그런데 미싱사들은 아무도 나를 안 받겠다는 상황이니….

할 수 없이 공장을 그만두고 나왔어요. 그 사이 정이 들었던 친구가 헤어지는 게 섭섭해 막 울었어요. 저도 같이 울었죠. 광주 출신이었던 그 친구랑은 거의 매일 붙어 다녔거든요. 어디를 가서 무슨 일을 하건 누군가를 만나고 정이 들어요. 지금도 수위실에서 마지막 몸 수색을 받고 있는데 멀리서 저를 한 번 더 보려고 뛰어오던 그 얼굴, 그 모습이 선명해요. 얼굴이 동그랗고 귀엽게 생긴 친구였는데.

그 다음에는 염색공장에 갔죠. 염색공장은 너무 힘들었어요. 딱 하루 일했는데 코피가 터져요. 천을 물에 담갔다가 올려서 말리고, 다시 물에 담그는 과정을 반복하는 것이라 육체적으로 매우 힘들어요. 아무나 하는 일이 아니구나. 거기서도 실패했습니다. 몇 군데서 실패를 하다 보니 공장에 다시 들어가는 게 무서웠어요.

그 다음에는 친구들이 있는 안양으로 가서 전자공장에 들어갔어요. 거기서도 제가 속한 곳에서 불량이 많이 났어요. 예를 들어 트랜지스터라디오를 만든다고 치면 당시에는 사람이 일일이 부품들을 맞췄어요. 부품들이 맞게 조여져야 하는데 그러려면 부품들을 판으로 찍어야 해요. 근데 제가 부품을 찍으면 비뚤어져. 저는 조직하러 공장에 취직했고 조직하려면 사람들의 신뢰를 얻어야 하는데 한숨이 나왔어요.

그래서 사람들에게 엄청 잘했겠죠? 그런데 일을 못해. 그러다 한 달 만에 맹장이 터졌어요. 쓰러져서 병원에 실려 갔고 공장에 다닌다는 사실도 가족들에게 들통났어요. 몸무게가 47킬로그램 아래로 떨어졌는데 잘 일어나지도 못하겠더라고요. 부모님 뵐 면목도 없고 둘러댔던 모든 말이 거짓이 돼서 화가 머리끝까지 치솟은 아버지가 제 머리를 깎느니 마느니 하는 상황까지 됐습니다.

[김] 노동운동을 접어야 하는 상황에서 좌절하지 않으셨어요? 아까 《인간의 조건》을 언급하셨는데 저는 그런 책을 읽는 것만으로도 깊은 좌절에 빠졌어요. 죽었다 깨도 책 속의 혁명가들처럼 못 살겠고 혁명가는커녕 극단의 폭력 앞에서는 자존심, 소신 이런 것을 다 버릴 것 같아서요.

[최] 왜 아니겠어요. 노동운동을 못하게 된다 생각하니 뭔가 무너지는 느낌이 들었죠. 근데 몸이 너무 약해져서 더 이상 공장에는 못 들

어가겠고. 뭘 할까 고민 고민하다가 저하고 비슷한 친구를 만났어요. 그도 일을 못해 몇 번 공장에서 쫓겨난 뒤 다시 공장에 취직할 엄두도 못 내고 있더라고요. '같이 노동교회에 가서 노동자들을 조직하자' 의기투합하고 노동교회에 갔어요. 신명교회였는데 바로 옆에 한국노동자복지협의회가 있었죠.

노동교회라는 게 참, 모순적이었어요. 노동자들이 노동교회에 올 때는 투쟁하러 오는 게 아니더라고요. 그런데 우리는 그들을 전사로 키울 생각만 하는 거잖아요. 제가 야학에서 만났던 여성 노동자 한 사람은 나이 차이가 많은 남자와 동거를 하고 있었어요. 대학생들은 그 동거를 동정하거나, 도덕적 잣대로 토론을 하거나, 아니면 당신의 동거는 여성 노동자의 열악한 상황 탓이라는 식으로 규정하고 어떻게 해서든 그를 노동운동가로 키우려고 했어요. 그 사람에게 우리가 어떻게 보였을까요?

노동자들의 여러 모습을 또 보았어요. 그 노동자들이 원하는 건 임금을 조금 더 받고 부드러운 대접을 받고 싶은 건데 우리가 그들의 마음의 평화를 깨고, 우리의 태도가 더 상처를 주는 것을 보게 되니 어느 순간 이건 아니라는 생각이 들었습니다. 노동자를 조직하기는 커녕 노동자들의 마음에 동화되고 성실하고 바른 그들을 제가 따라가고 있더라고요.

저에게는 노동 현장에서 신뢰받기 위해 갖춰야 할 ABC가 없었어요. 제가 공장에 다닐 때 '저건 분명 먹물일 거야'라고 생각했던 사람이 있었어요. 알고 보니 그 사람도 저를 보면서 그렇게 생각했다고 하더라고요. 보면 알겠어요. 노동자들은 소박한 욕망을 추구하는 표정이 있어요. 반면에 '먹물'은 뭐랄까 눈동자가 허황돼요. 다른 노동자들과 전혀 달라요. 저도 그랬겠죠. '아, 나는 공장이든 노동교회든 안착해서 노동자들을 조직할 수 있는 사람이 못되는구나' 인정하고 많은 방황을 한 다음 접었습니다. 맹장이 터진 후로 소화도 잘 못 시키는 주제에 노동운동은 언감생심이었어요. 그런데 그 사실을 받아들이는 데 시간이 오래 걸렸어요. 나중에 그런 고집 또한 반에서 1등 하고파 안달하는 마음과 뭐가 다를까 생각한 적이 있어요.

그 즈음에 《말》지 제안을 받은 거예요. 주위에서 변절했다는 말을 듣고 그냥 "응, 변절" 하고 말았어요.

1970 · 1980년대 해직 기자와 저항 매체 《말》

1972년 박정희 일인 독재와 종신 집권을 보장하는 유신 체제가 완성되면서 언론통제와 언론인 탄압은 극에 달했다. 동아일보 기자들을 중심으로 '자유언론실천선언' 등 언론통제에 맞선 저항이 벌어졌지만 유신 정권은 광고 탄압과 폭력 진압, 대량 해고로 대응했다.

1974년 말부터 1975년 초에 걸쳐 언론 자유 보장을 주장해온 동아일보 기자 113명, 조선일보 기자 33명이 해직되었다. 동아일보 편집장 송건호는 항의의 뜻으로 스스로 사표를 냈다. 해직된 기자들은 '동아자유언론수호투쟁위원회(동아투위)', '조선자유언론수호투쟁위원회(조선투위)'를 결성하게 된다.

1980년 전두환 신군부 아래에서도 '언론인 정화'라는 이름으로 언론인 대량 해고 사태가 벌어졌다. 신군부의 공식 기록 등으로 추정해도 해직자 수는 1천여 명에 이른다. 권력에 저항했던 기자들과 저항할 만한 기자들은 사실상 모두 해직되었다고 할 수 있다.

이들 1970 · 1980년대 해직 언론인들 중 일부가 1984년 '민주언론운동협의회(언협)'를 결성하고 대항 매체 《말》을 발간했다. 1990년대 언협은 시민 언론운동 단체로 변모했다. 현재 민주언론시민연합.

"《말》이라고? 그거 변절이야."―"아니야, 주요한 '진지'야!"

[김] 운동권의 '엘리트 코스'는 포기하셨지만 그렇다고 변절이라고까지할 일이었나 싶네요. 제도언론制度言論*이 모두 권력의 하수인이던 시절에 대항 매체의 기자가 되겠다는 건데….

[최] 1980년대 말, 1990년대 초 즈음 그람시Antonio Gramsci의 헤게모니Hegemonie론이 유행하게 되잖아요. 나중에 대학원에 간 친구들과 그람시의 진지陣地론에 관해 토론하면서 언론운동을 개량주의라 비난했던경직성이 진보·개혁 진영을 위축시키고 국민과 유리시키게 된 게아닌가 반성했어요. 물론 저 혼자 반성한 것일 뿐이지만요. (웃음)

《말》지와 해직 언론인 선배들의 언론민주화운동은 기득권과 헤게모니를 다투는 중요한 '진지'였구나 생각했어요. 상처받을 건 다 받고자책할 건 다 하면서 언론운동을 하던 어느 날 그람시를 접하고 스스로의 활동을 재규정하게 된 거죠.

[김] 어떤 측면에서는 당시 해직 기자들에 대한 학생운동권의 인식을 보여주는 것 같기도 합니다. 해직된 사람들이지만 '민중'은 아니라는 거죠.

[최] 사실 저부터가 해직 기자들이 멋있어서 《말》지에 간 게 아니고소개해준 김도연 선배를 믿었던 거예요. 학생운동 출신에 재야 단체간부였으니까요. 그분이 해직 기자들은 좋은 분들이고 '우리 편'이라니 그럼 가도 되겠다고 생각한 거죠. 해직 기자들에 대한 평가, 민주화운동에 있어서의 위상을 알았던 것은 아니에요.

---

* 체제에 순응하여 그 체제를 선전하고 옹호하는 언론.

친구들에게 "나 언협에 갈 거야. 1975년에 동아일보 조선일보에서 쫓겨난 기자들, 1980년에 쫓겨난 기자들이 하는 단체니까 뭐 큰 틀에서 우리랑 같은 뜻일 거야." 이렇게 얘기하긴 했지만 그들이 역사적으로 얼마나 중요한 존재인지 설명할 근거는 없었어요. 그랬기 때문에 나도 변절이라는 것을 처음에는 심정적으로 인정을 했던 것 같아요.

김　저는 민언련에 들어와서 해직 기자 어른들을 가까이 뵙고 솔직히 좀 놀랐어요. 제가 한 번도 만나보지 못한 우아하고 교양이 넘치는 최고의 엘리트였어요. 아주 가끔은 엘리트주의적이기도 하셨죠. '민중'의 이미지와는 거리가 한참 멀었어요. 《한겨레》와 《말》은 저희 세대의 필독서였으니까 그런 매체를 만든 분들은 아주 민중적일 것이라고 생각했는데 아니었어요. 경제적으로 부유하신 분들도 꽤 있었고요. '지식인이 꼭 민중과 같아질 필요는 없지, 지성을 어디에 어떻게 쓰느냐가 중요하다' 그렇게 생각하기로 했죠.

　선배님은 해직 기자들과의 만남이 어떠셨나요?

최　무엇보다 해직 기자 선배들의 태도가 학생운동을 했던 젊은 기자들, 감옥에 갔다 온 우리에게 굉장히 우호적이었어요. 이건 아주 중요합니다. 우리는 반체제 반골 학생이고, 어디를 가나 저항하고 인정을 못 받고, 집에서조차 문제아였던 사람이었어요. 존재 자체가 집안에서 민폐인 경우가 많았으니 겉으로는 당당한 척해도 얼마나 힘들고 고달팠겠습니까. 철이 없어서 버틴 건지도 몰라요.

　운동권 학생이 있는 집안사람들은 여러 어려움을 겪었어요. 연좌제가 작동할 때라서 운동권 학생 친척 중에 공무원이나 군인이 있으면 진급이 안 되거나 옷을 벗어야 하는 상황까지 되니까 데모 학생들은 가족 내에서도 늘 위축돼 있는 거죠. 관념적으로는 세상을 바꿔

평등한 세상을 만들겠다는 의지가 충만했고 한없이 스스로가 자랑스러운데 현실에서는 자신으로 인해서 주변 사람들이 피해를 봐요. 자신으로 인해 형제자매, 그들의 자식들에게 문제가 생기지 않을까 걱정하는 존재인 거죠. 존재 자체가 민폐라고 할까요. 위축될 수밖에 없어요. 그래서 겉으로는 더 강한 척하고 그랬을 수도 있어요.

그런데 해직 기자 선배들을 만났을 때는 달랐어요. '자네들은 역사적으로 정말 훌륭한 일을 했다'는 태도를 보여주셨고 회의할 때도 늘 존중해주셨어요. 그때 박우정 선배가 제일 젊었는데도 저랑 열 살 정도 차이가 났어요. 그런데도 우리 의견을 먼저 물어주니까 그런 민주적 분위기에서 기가 살았다고 할까, 학생운동을 한 이후 그렇게 사회적으로 존중받은 적이 있나 싶었죠.

학생운동을 했다는 이유로 음으로 양으로 '압박과 설움'을 받았던 우리들의 자존감을 회복시켜준 분들이 해직 기자 선배들이었던 것 같아요. 김유진 씨가 말하는 우아한 엘리트가 이런 게 아닌가요?

김 그런 것 같습니다. 제가 말한 우아함은 형식적으로 예의를 차리는 것과는 좀 다른 차원의 무엇이었거든요. 상대가 누구든 진심으로 존중해주셨던 것 같아요.

최 해직 기자 선배들이 민중적이지 않다는 건 동의. 민중적일 수가 없어요. 그냥 다 엘리트였으니까. 학생운동 출신들은 민중이 되고 싶었지만 이분들의 생활은 '안' 민중이었어요. 송건호, 성유보, 김태홍 선생님을 빼고는 대부분 집안이 안정돼 있었죠. 그런데 그때 재야의 지식인들은 대체로 그랬어요.

1986년 박영진 열사*가 분신하는 일이 벌어지는데, 돌아가시기 전에 "나는 마지막에 컵라면을 먹었다. 밥을 먹고 싶다."는 말을 남겨요. 저에게는 그 말이 많이 충격적이었고 저 자신을 돌아보게 만드는 큰 계기였어요. 저는 밥이 먹기 싫고 라면이 먹고 싶을 때가 많았거든요. '아, 완전히 다르구나. 나와 노동자들의 사회적 처지가….' 그런데 그 사건을 놓고 재야 어른들과 얘기하게 됐는데, 누구라고 밝힐 수는 없지만 한 어른이 "나는 이상하게 대학생들이 투신하면 막 달려가게 되는데, 노동자들이 그렇게 하면 별로 마음에 감동이 안 와." 그러셨어요. 민주화운동을 하는 분들 중에도 노동자들의 처지에 잘 공감하지 못하는 어른들이 있었던 거예요. 계급적 기반이 다르니까요. 반면에 김세진, 이재호 열사**의 죽음은 지식인 사회에 충격을 불러일으켰죠. 서울대 엘리트에 다들 옥골선풍玉骨仙風이었던 학생들이었어요. 게다가 '반전 반핵 양키 고 홈'을 내건 반미운동이었으니까요.

《말》지가 문인들과 사무실을 같이 썼는데, 소설가 한 분이 "어떻게 그렇게 목숨을 내던지나?"라며 너무나 가슴 아파하고 분개했던 기억이 납니다. 오히려 우리 젊은 기자들은 죽음으로 반미운동이 시작됐다는 사실 때문에 학생들의 죽음을 단지 슬픔으로만 받아들일 수 없었어요.

재야나 지식인 사회에서 노동자들 처지에 잘 공감하지 못했던 분위기가 있었지만 적어도 언협을 꾸리고 《말》지를 만들었던 해직 기자 선배들은 안 그랬습니다. 성유보 선생님은 노동자들이 가장 좋아하는 해직 기자였어요. 김태홍 선생님도 마찬가지였고. 그분들은 언협의 사무국장을 했던 분들이죠. 성한표 선생님은 청담동 고급 빌라에 사실 만큼 부자였어요. 《말》지를 만들 때 정보과 형사들 눈을 피해 여

---

* 1986년 3월 17일 구로공단 내 신흥정밀에서 노조 민주화와 임금투쟁 중 "노동운동 탄압 말라. 노동3권 보장하라!"를 외치며 분신했다.
** 1986년 4월 28일 신림사거리 근처의 서강빌딩에서 서울대 학생들의 전방입소훈련 반대 시위를 하다가 분신했다.

기저기 옮겨 다니면서 몰래 편집을 했는데, 한번은 성한표 선생님 댁이 비밀 편집국이었죠. 거기서 우리 모두 비데를 처음 보게 됩니다. 변기 옆에 손 씻는 곳 같은 조그만 뭔가가 있었어요. 그 용도를 몰랐던 성유보 선생님이 그것을 변기로 썼다는 전설이 전해와요. 아무튼 1980년대에 비데를 둘 만큼 부유했던 성한표 선생님이 노동문제에 대한 인식이 가장 정확하셨어요. 해직 기자들은 계급적 기반을 넘어 지식인으로서 역할을 했던 분들이었어요. 결국 《한겨레》신문을 만들어냈고요.

해직 기자들이 《말》지를 성공시키고 《한겨레》신문까지 만들 수 있었던 힘은 유능함과 지성이었다고 생각합니다. 《말》지 초기의 핵심 멤버들은 그야말로 유능한 엘리트였어요. 이른바 '스카이', 그중에서도 서울대 출신들이 대부분이에요. 송건호 회장님과 임재경, 성유보, 성한표, 김태홍, 박우정, 신홍범 선생님 등등. 그냥 제도권에 얌전히 있었으면 동아일보나 조선일보 편집국장 하고, 문화부 장관도 하고 잘나갈 분들이 해직 기자가 된 거죠. 이분들의 지식과 지성의 범위는 어마어마해서 입을 떡 벌어지게 만들어요. 대화를 하면 막연한 얘기가 아니라 아주 구체적인 사실을 들고 나오죠. 해직 기자들이 대화하는 것을 옆에서 보고 있으면 대학교 수업을 듣는 느낌? 대한민국에 이런 사람들이 있다니…. 아무튼 스스로는 '안 민중'이었고 계급적 한계도 있었던 엘리트였지만 유능함과 지성으로 가장 정확하게 역사적 역할을 한 집단이 해직 기자였다고 할 수 있어요. '강남 좌파의 원조'라고나 할까요.

저는 제가 제2의 인생을 《말》지에서 시작한 것이 살면서 받은 최고의 선물이라고 생각해요. 제가 별로 운이 좋은 사람이 아니거든요. 《말》지에서 해직 기자 선배들을 만나면서 운을 다 써버렸나 혼자 생각한 적도 있어요. (웃음)

해직 기자들과의 만남, 치유

김 해직 기자들과 《말》을 만들면서 '변절의 상처'는 치유되셨겠네요.

최 서서히 변절이라는 족쇄에서 벗어났어요. 시간이 좀 걸렸지만. 취재하고 글 쓰는 일이 저에게 잘 맞았어요. 노동운동은 아니었지만 노동자들을 만나기 위해 현장을 누비고 현장의 목소리를 《말》지를 통해 세상에 알렸기 때문에 다른 형태의 자부심이 싹텄어요.

상처는 관념으로 극복되는 게 아니라 시간이 지나면서 아무는 게 아닐까 해요. 생채기가 나면 그 흔적은 영원히 가죠. 생채기 위에 새 살이 돋아 오를 수는 없어요. 주변에 새살이 돋아 생채기 흔적이 옅어지는 걸까요? 《말》지가 성공적으로 자리를 잡으면서 가슴 저 밑바닥에서부터 뿌듯함이 조금씩 차올랐어요. 제 안 어디선가 '자부심'과 '변절'이라는 두 단어가 치열하게 투쟁하다가 시간이 지나면서 《말》지에 대한 자부심이 변절을 제압했다고 봐야죠.

김 저도 학교 다닐 때 글 좀 쓴다는 소리를 들었는데, 민언련 들어와서 정말 많이 깨졌습니다. 제가 쓴 글이 빨간 펜으로 '피바다'가 되는 것도 충격이었지만 해직 기자 어른들이 짧은 글을 쓰실 때도 온 힘을 다하고, 작은 사실관계도 그냥 넘어가는 법이 없다는 것을 알고 많이 반성했어요. 선배님도 시작부터 순탄하지는 않으셨죠?

최 해직 기자 선배들은 팩트에 살고 팩트에 죽는 분들이셨어요. '사실에 기초해 진실을 만난다'는 모토였죠. 팩트를 중시하면 당연히 객관성과 공정한 태도가 기본으로 따라붙어요.

《말》지 창간호에 제가 '어느 목동 아줌마의 서울 행적'이란 글을 썼어요. 창간호가 발간된 건 1985년 6월 15일. 대학생 두 명이 미문화원을 점거하고 플래카드를 내리는 사진이 있는 표지. 잊을 수 없는 창간호죠. '대우 임금인상투쟁의 전말'이라는 기사도 있었는데, 그 기사에 들어간 사진을 제가 입수했어요.

파업 마지막 날, 노동자들이 공장에서 탈출을 하는데 그 길목에 인천노동자복지협의회가 있었어요. 저는 대우자동차 본사에 들어갈 수가 없으니 거기에서 죽치고 있었던 거예요. 매일매일 갔어요. 그러다가 노동자들이 탈출하면서 인천노동자복지협의회에 사진을 맡긴 덕분에 제가 그것을 입수했죠. 창간호부터 특종을 한 거예요. 독자들은 어디서도 못 본 생생한 파업 현장 사진을 《말》지에서 만날 수 있었던 거죠. 진정한 특종은 발로 뛰지 않으면 만나기 어려워요. '평소 공부하고 늘 발로 뛰어라' 《말》지 취재 지침은 탁상공론이 아니었어요.

'어느 목동 아줌마의 서울 행적' 같은 경우는 그 르포를 쓰기 위해서 그 지역에서 한 달을 살다시피 했어요. 목동 철거 현장에 처음 갔을 때 외면하던 주민들이 매일 현장을 찾아오는 사람을 계속 무시할 수는 없었던가 봐요. 한 번 열린 주민들의 마음은 푸근했어요. 이집 저집 다니며 이것저것 많이도 얻어먹었네요. 어느 날 한 어머니가 소주 한 병에 된장찌개를 안주 삼아 이 얘기 저 얘기 푸념하시는 겁니다. 저로서는 난생 처음 들어보는 인생극장이라 그 어머니의 한 말씀 한 말씀이 뇌리에 박혀버렸어요. 돌아와서 앉은 자리에서 50매 정도의 르포를 써버렸죠. 마음에 담아두기 힘들었나 봐요.

난생 처음 쓴 르포를 김도연 편집장께 드렸죠. 겉으로는 태연했지만 퇴짜 맞지 않을까 마음을 콩닥콩닥 졸였어요. 근데 의외의 반응이 먼저 나왔어요. "이게 손으로 쓴 거야, 발로 쓴 거야? 이것을 누가 민희 글씨라고 생각하겠어!" 김 편집장이 픽 웃더니 성유보 국장께 원고를 넘기면서 이렇게 덧붙이더군요. "읽기가 좀 곤란하시겠지만 내용은 좋아요!"

김 잠깐만요, 글씨 문제라면 저희도 힘들었습니다. 세월이 흘러도 글씨가 예뻐지지는 않으니까요. 성명서나 보도자료 수정하신 것을 보고 활동가들끼리 종종 갑론을박을 했어요. 글씨를 알아볼 수 없으니까 맥락에 따라 각자 추론을 하는 거예요. 시간이 지나면서 독해력이 좀 생겼죠. 심지어 2002년 이후 들어온 활동가들 중에 유난히 악필이 많아서 사무처에 악필이 보편화되기도 했어요.

최 그래서 인생이 반전인 건데, 제가 일종의 '얼리 어답터'였다는 거 몰랐죠? 수동 타이프, 워드프로세서에서 스마트폰까지. 그렇게 된 이유는 단 하나 '악필'이란 비웃음에서 탈출! 오죽하면 제 남친의 조건이 글씨 반듯하게 잘 쓰는 사람이었겠어요.

김 얘기가 너무 옆길로 샜네요. 선배님의 르포를 본 성유보 국장 반응은 어땠나요?

최 성유보 국장은 원고를 들자마자 자신도 모르게 인상을 쓰셨어요. 다들 그렇잖아요. 글씨가 삐뚤삐뚤 엉망이면 내용은 차치하고 읽기가 싫잖아요. 그래도 원고를 내던지지 않고 인내심을 발휘해 끝까지 읽으셨어요. 그러고는 '최민희는 르포라이터가 되겠다'고 하셨어요.

창간호 만들 때 '숨은 편집장'이던 박우정 선배는 "잘 썼는데 주관적이야" 했어요. 그나마 자기 흐름을 갖고 쭉 소설같이 쓴 글이라 손을 쓸 수가 없다며 웃으셨던 기억이 나요. 이상하죠. 1985년의 일이니까 30년이 넘은 예전 일인데 그때 선배들의 표정, 웃음이 주는 느낌까지 생생하게 떠오릅니다.

김유진 씨와 달리 저는 단 한 번도 빨간 펜을 당한 일이 없다는 말을 하고 있는 겁니다. (웃음) 그러나 나중에 알았어요. 기자에게 '주관적'이라는 평가가 최악의 평가라는 것을. 그러다가 《말》지 짬밥 6개월 정도 지났을까, 박우정 선배가 제언, 그러니까 칼럼을 써보라고 해서 쓰게 됐어요. 박우정 선배가 제 글을 보더니 아무 말도 안 해요. 한 시간 정도 후에 똑같은 내용으로 직접 글을 써서 보여주는 거예요. 빨간 펜 이런 거 하지도 않아요. 제가 창피해 할까 봐. 해직 선배들은 모든 면에서 젠틀하셨어요. 특히 여성을 대할 때 최대한 존중하기 위해 노력하셨지요.

박우정 선배가 쓴 칼럼을 보는 순간, 입이 벌어졌죠. 어찌 이리 글을 잘 쓸까 싶었어요. 제가 성명서를 썼다면 박우정 선배는 '참기사'를 썼더라고요. 그래서 혼자 박 선배의 글을 베껴 쓰며 연습했어요. 몰래. 들키면 자존심 상하니까.

창간호를 내고 2호 기자가 들어와요. 그런데 해직 기자들이 그가 쓴 기사는 손을 거의 안 대는 거예요. 그래서 읽어봤죠. 2호 기자가 쓴 기사는 박우정 선배가 쓰는 기사랑 비슷하더라고요. 있는 사실만 아주 드라이하게. 3호 기자가 들어왔는데 그는 저와 비슷하게 글쓰기를 해서 동병상련 비슷한 감정을 느꼈어요. 그래서 우리 둘이 2호 기자를 살짝 미워하고 따돌린 적도 있었던 듯해요. (웃음) 하지만 《말》지 2호 기자는 글씨를 잘 써서 제가 호감을 갖게 되었어요. 《말》지 3호 기자는 저보다는 조금 나았지만 제가 좋아하는 정갈한 글씨는 아니었던 것 같네요.

김 선배님에게 글씨를 잘 쓰는 건 정말 중요한 문제였군요. 2호님과 훗날 부부가 되셨으니. (웃음)

최 인생이 죽을 자리만 보고 찾아다니는 거라는 말이 있어요. 지금 생각하면 제가 얼이 빠진 건데요. 그땐 왜 그렇게 가난하고 똑똑한 운동권 남성이 멋있어 보였는지. 왜 그랬을까요?

아무튼 해직 기자 선배들에게 귀에 못이 박히게 들었어요. '사실을 보도하라, 논평하기 전에 사실 관계를 확인해라, 발로 뛰어라, 현장에 가라.' 그때는 제가 아는 게 없었으니까 취재를 안 하면 쓸 게 뭐가 있겠어요? 학교 다닐 때 혁명사를 공부했다고 그것을 기사로 쓸 수는 없고, 논평을 쓸 준비도 안 되었고요. 결국 발로 뛰고 취재하고 남의 말을 전하는 것밖에 없는데, '왜 다들 저런 말을 할까, 사실을 보도하는 건 너무 당연하지 않아?' 그런 생각을 했어요.

그런데 기사를 써놓고 보면 구멍이 있는 거예요. 사실 송건호 선생님은 젊은 기자들에게 글 쓰게 하는 것을 못마땅해 하셨어요. 학생운동 하다가 들어온 사람들에게 견습 기간도 없이 바로 기사를 쓰게 하는 게 말이 되냐는 거죠. 성유보 사무국장이나 박우정 편집장이 '이 친구들이 얼마나 유능한지 모른다'는 식으로 감쌌어요. 그런데 제가 쓴 기사를 보고 송건호 회장님이 이러이러한 부분이 빠졌다고 지적하시면 정말 부끄러웠죠. 한편으로는 회장님이 무슨 그런 지적을 직접 하나 불평도 했고요. 하지만 그만큼 '팩트'에 대해서 철저하셨던 분들이라 제대로 배울 수 있었어요. 요즘 제가 방송 토론하는 것을 보시고 '디테일의 제왕'이라고 칭찬해주는 분들이 있는데, 그건 다 해직 기자 선배들에게 교육을 받은 덕분입니다.

당시에 모든 언론이 신군부의 나팔수였기 때문에 《말》지가 존재만으로도 주목을 받고 뜨거운 반응을 얻었다고 생각할지 모르겠어요. 하지만 사실에 집착하는 해직 기자들의 기자 정신과 전문성이 없었다면 《말》지는 성공하지 못했을 겁니다. 그저 그런 운동권 매체로 얼마간 버티다가 사라졌겠죠.

박우정 선배 같은 분은 《말》지를 낼 때마다 국제·민족 분야 원고를 혼자서 150~200매 썼어요. 심지어 박 선배는 가장이어서 낮에는 직장에 다니고 밤에 원고를 쓰는 거예요. 외신을 구해서 그것을 다 종합해 흐름을 파악하는데 '저 지구력과 통찰력이 어디서 나오는 거지?' 놀랄 수밖에 없어요. '보도 지침'을 폭로할 때 홍수원 선생님이 보여준 집중력은 유명해요. 한여름에 에어컨은커녕 환기도 잘 안 되는 창고 같은 곳에서 땀을 뻘뻘 흘리면서 '보도 지침'을 분석하고 정리하셨어요. 그 내용을 보면 그렇게 디테일할 수가 없었어요.

김 요즘은 시사 잡지를 읽는 사람이 거의 없잖아요. 젊은 세대는 '잡지 하나가 뭐 그리 대단했겠냐' 생각할 수도 있을 것 같습니다. 당시 언론 상황에서 《말》이 어느 정도 폭발력이 있었는지 말씀해주세요.

최 전두환 정권 시대의 언론 상황은 딱 두 가지로 요약할 수 있어요. 보도 지침과 〈언론기본법〉. 잘 알겠지만 그때는 정권이 매일 언론사에 '보도 지침'을 내리던 시대예요. 정부가 싣고 싶은 것만 신문 지면에 등장하는 시대. 지금과 다르게 신문사 몇 곳, 방송사 몇 곳만 장악하면 여론을 통제할 수 있었다는 뜻이기도 해요. 정권에 불리한 건 일절 보도되지 않죠.

이런 일도 있었어요. 제가 우연한 기회에 알고 지내던 일본인 대학생이 있었는데, 이 친구가 일본 신문에서 제가 시위를 주동했다는 기사를 본 거예요. 그래서 그것을 확인하려고 한국에 들어왔어요. 저를 면회하지는 못했지만 제 친구를 통해서 자기가 왔다 갔다는 것을 알렸어요. 그런데 정작 한국 언론에서는 제가 주동한 시위를 보도하지 않았어요. 대학생들이 시위를 해도 신문에 안 나와요. 폭력 사태가 일어나면 폭력 행위만 나오고 무슨 간첩단 사건 같은 건 대서특필되죠. 제도언론은 그저 권력의 시녀였고 언론이라는 게 없었다고 해도 틀리지 않아요.

그러다가 민주통일민중운동연합, 민주화운동청년연합 같은 단체가 만들어지면서 기관지들이 나왔는데 일종의 민중 언론이라고 할 수 있겠죠. 하지만 운동 단체 기관지들은 대부분 성명서, 격문 같은 글을 실었고 대중들이 읽기도 어려웠어요.

이런 분위기에서 해직 기자들이 《말》지를 내놓은 거예요. '말'이라는 제호도 독특했죠. 신홍범 선생님이 제안한 건데 사르트르Jean Paul Sartre의 자서전인 《말Les Mots》에서 아이디어를 얻었다고 해요. 보통 운동 단체들이 내는 잡지면 '민주', '운동' 이런 말이 들어가는데 우리는 그런 단어를 안 쓴 거예요. 시쳇말로 '쏘 쿨'이죠. 레이아웃도 세련됐

〈언론기본법〉

1980년 12월 국가보위입법회의는 〈신문 · 통신사 등의 등록에 관한 법률〉, 〈방송법〉, 〈언론윤리위원회법〉 등을 통합해 〈언론기본법〉을 제정했다. 신군부는 '언론의 공적 과업을 제도화한 것'이라고 포장했지만 〈언론기본법〉은 명백한 '언론통제법'이었다. 언론이 '폭력 행위 등 공공질서를 문란케 하는 위법행위를 고무 · 찬양할 경우' 문화공보부 장관이 언론사 등록을 폐지할 수 있게 함으로써 민주화운동을 보도하는 것만으로도 언론사 문을 닫게 할 수 있었다. 또한 이 법을 근거로 문공부는 기사들에게 '보도증'을 발급하는 '프레스카드제'를 실시해 기자를 통제했다. 반정부 전력이 있거나 정부에 우호적이지 않은 기사를 쓴 기자에게는 프레스카드 발급을 하지 않았고, 프레스카드를 받지 못한 기자들은 취재 기회를 박탈당하는 등 커다란 불이익을 감수해야 했다. 1987년 11월 28일 폐지됐다.

'민족·민주·민중언론을 향한 디딤돌'을 표방하며
세상에 나온 《말》창간호

고 정치 민족 국제 사회, 이런 구성도 기존 제도권 잡지하고 똑같았어요. 무엇보다 최고의 기자들이 만든 잡지니까 내용이 충실해요.

《신동아》 같은 잡지하고 비교해도 《말》지의 내용이 우수했어요. 특히 국제 분야나 한반도 정세 같은 경우. 여기에 제도언론이 싣지 않는 노동자, 농민, 빈민, 학생들의 투쟁을 다루니까 말 그대로 제대로 된 잡지, 유일하게 정론지가 나온 거예요. '민족·민주·민중언론의 디딤돌' 이런 부제를 달고요. 정말 센세이션을 일으켰어요. 교보문고에 30부를 깔았는데 삽시간에 다 나가버려요. (물론 곧바로 교보에서는 못 팔게 됐지만) 창간호가 초판 8000부 나갔는데, 사회과학서적이 최고로 성공하면 2000부라고 할 때였으니 엄청난 성공이죠.

대박 난 《말》, 그리고 두 개의 세계

김 말하자면 창간호부터 '대박'을 친 셈인데. 1호 기자로서 정말 뿌듯하셨을 것 같아요. '내 길을 찾았다'는 생각이 드셨나요?

최 아니요. 창간호를 만들고도 저는 계속 일할까 말까를 고민했어요. 글 쓰는 게 좋았지만 문화적으로는 해직 기자들과 잘 맞지 않았거든요. 운동권 내에서 언협을 부르주아 운동 단체로 보는 시선도 여전했고요. 제가 해직 기자 선배들을 이해하고 언론인으로서 그분들의 역사적 사회적 역할을 인정하게 되기까지는 시간이 좀 걸려요. 저를 비롯한 젊은 기자들은 여전히 관념적으로 과격할 때예요. 어떤 기자는 해직 선배들을 보고 '레저 무브먼트(?)'라고 할 정도였으니까요. '나이브'하게 운동한다는 말이에요. 예를 들어 우리는 피가 뜨거워서 투쟁 현장에 가고 싶은데 선배들은 그런 곳에 잘 안 가시니까 불만이죠. 노동운동을 하는 친구들에 대해서도 여전히 열등감이 남아 있었고, 미안하기도 했죠.

관념적으로 언론이 권력의 시녀다 뭐다 비판하는 건 머릿속 일이었고, 제가 《말》지에서 계속 일해야겠다고 생각하려면 언론의 중요성에 대한 뼈저린 인식과 경험이 필요했어요. 《말》지 2호를 만들 때 그런 경험을 하게 되었어요. '무슨 언론 보도가 이래?' 하며 분노할 일이 생겼거든요. 이 세상에는 두 개의 세계가 있다는 깨달음을 얻게 되었어요. 《말》지 2호에 이른바 '소머리 시위' 기사가 실려요.

전두환 정권이 들어서면서 농민들에게 소를 키우라고 장려했어요. 일종의 부업을 하라는 건데 농민들이 농협에서 빚을 내서 소를 키우게 됩니다. 애들이 커서 내다 팔 때가 됐는데 전두환 동생 전경환이 뉴질랜드 소를 수입해요. 뉴질랜드 소가 들어오니까 한우값이 폭락하겠죠. 빚을 갚을 길 없는 농민들은 1985년 7월부터 고성을 시작으로 시위를 벌이게 됐고 시위는 전국으로 확산됐어요.

그러다가 농민들이 소를 끌고 여의도로 올라와요. 정말 많은 소들이 왔어요. 농민들이 들고 온 플래카드에 이런 말이 있었어요. '농민은 선진 조국의 머슴인가' 근데 시위 분위기가 투쟁적이질 않았어요. 버려진 국민의 자괴감이 바닥에 쫙 깔려 있는 느낌이 들었거든요. 농민 시위 현장에 가면 으레 등장하는 게 소주와 막걸리예요. 농민들이 한잔하면서 노래를 불렀어요. "뉴질랜드 소고기야 어찌하여 한국 왔냐 네가 와서 한국 농민 시름만 깊어진다" 뭐 이런 가사였어요. 농민 아저씨들의 허허로웠던 표정도 생각납니다.

그런데 그 다음 날 신문에 농민들이 폭도로 나온 거예요. 저는 현장 취재를 했기 때문에 그게 거짓말이라는 것을 너무 잘 알잖아요. 폭력이 있었다는데 그건 농민들이 주도한 폭력이 아니었어요. 소들한테 자극을 주면 걔들이 울잖아요. 그럼 가만히 있어도 시위 현장이 난장판으로 보일 수밖에 없어요. 아저씨들은 소들을 달래느라 우왕

좌왕했고요. 근데 폭도라니!

그때 생각했어요. 정말 두 개의 세계가 있구나. 진짜 세계와 언론으로 전해지는 왜곡된 세계. 그리고 농민들을 폭도로 몰았던 언론과 기자들에 대해 분노했어요. 거짓말쟁이들. '거짓말의 세계는 군부독재 정권과 한편이다' 이런 분노를 겪으면서 농민들 목소리를 생생하게 전하는 게 매우, 매우 중요한 일이다 생각하게 되었어요. 《말》지에 계속 남게 됐고, 일을 하면 할수록 언론 바로 세우기가 중요하다 싶어졌고, 그 일에 일생을 바쳐도 좋겠다고 여기게 되었어요. 그리고 《말》지 위상이 점점 높아지면서 '노동운동만큼 《말》지가 중요하다' 혹은 '《말》지가 민주화운동권의 중요한 선전 매체다'라는 인식이 자리 잡게 되었죠.

권력과 언론의 음모 – 보도 지침 폭로

김 두 개의 세계를 보았다고 하셨는데, 아마 저희 세대에 학생운동을 경험한 대부분이 공감할 것 같습니다. 특히 1991년 강경대 열사* 사건과 이어진 분신 정국을 경험한 사람들은요. 열 명이 넘는 학생과 노동자가 죽었는데 오히려 우리가 패륜 집단이 됐으니까요. 강기훈 씨는 '유서를 대필하고 죽음을 부추겼다'는 억울한 누명까지 썼고요.**

---

* 1991년 4월 26일 명지대에서 등록금 인하 시위로 체포된 총학생회장의 석방을 요구하는 집회에서 백골단의 과잉 진압으로 사망했다.

** 1991년 5월 8일 전민련 사회부장이던 김기설은 강경대의 사망에 항의하면서 서강대 본관 옥상에서 분신했다. 김기설의 유서를 전민련 총무부장이던 강기훈이 대필했다는 혐의로 구속되어 복역했다. 강기훈은 2015년 5월 재심 끝에 대법원에서 무죄 선고를 받았다. 이 사건은 1894년 프랑스 군부가 유대인이었던 알프레드 드레퓌스 대위를 가짜 필적을 증거로 간첩으로 몰아 종신형을 선고했던 사건과 흡사하여 '한국판 드레퓌스 사건'이라고도 한다.

하지만 말씀하셨듯이 바로 내 옆에서 벌어진 일이 더 큰 각성을 주는 것 같습니다. 제가 4학년 때 시위에 나간 1학년 후배가 잡혀갔는데, 정말 멋모르고 선배들을 따라갔던 거예요. 그런데 얘가 깃발을 들었다는 이유로 집회 주동자로 둔갑했어요. 너무 미안해서 밤새워 대자보를 써서 여기저기 붙이고 다녔죠.

최 김영삼 정부에서도 그랬는데 '보도 지침'이 버젓이 존재했던 1980년대는 말할 필요도 없죠. 언협은 《말》지를 통해서 권력과 언론이 만들어내는 가짜 세계와 싸운 거예요. 1986년 9월 '보도 지침' 폭로는 그 정점이라 할 수 있어요. 전두환 정권의 두 기둥, 하나가 군부이고 다른 하나는 언론이었는데 그들의 추악한 카르텔이 폭로되니까 국제적으로 반향을 일으켜요. 독재 정권의 실상을 드러낸 거고 '보도 지침' 폭로가 6월항쟁의 도화선이라는 말까지 나왔어요. '보도 지침' 재판이 진행됐을 때 엠네스티 인터내셔널^Amnesty International 같은 단체들이 나서면서 국제적 관심 사안이 되었어요. 변호인단에 여러 분들이 계셨는데 조영래, 박원순 같은 분들이 기억나네요.

하지만 폭로 과정이 순탄치만은 않았어요. 다른 곳이 아닌 언협에서 '보도 지침'을 폭로할 수 있었던 건 순전히 김태홍 국장 덕분입니다. 당시 김주언 한국일보 기자, 김도연 민통련 정책실장(기관지 편집실장 겸직), 이석원 민언협 사무차장 세 사람이 서울대 72학번 동기였어요.

김주언 기자가 매일매일 보도 지침을 복사해서 모아뒀다가 김도연, 이석원 두 분에게 이 사실을 알려요. 처음에는 아무래도 민통련 조직이 크니까 거기서 내는 게 방어하기가 쉽지 않겠냐고 얘기가 됐대요. 그때 민언련 사무국장은 김태홍 선배, 민통련 사무처장이 성유보 선배였어요. 김태홍 선배는 논리적으로 말씀하시는 게 그다지 능하지 않지만 감각이 뛰어난 분이었어요. '보도 지침'은 언론 영역인데 이것을 해직 기자들이 폭로하는 게 맞지, 민통련이 나서는 게 맞느냐고 한 거예요.

언협 내부에서도 반대가 많았어요. 언협은 조직이 작아서 탄압이 들어오면 방어를 못하고 와해될 거라고 본 거죠. 언협이 민주화운동이나 민중운동에 직접 관여하기보다 기록만 해야 한다고 생각하는 분들도 있었어요. '보도 지침' 자체는 언론에 내린 지침이지만 크게 보면 정권의 정치적인 탄압이니까 '보도 지침' 폭로는 정치운동의 영역이라는 시각이에요.

그런데도 김태홍 선배가 '이건 언협에서 폭로해야만 폭발성이 있다, 우리가 하는 게 맞다'고 막무가내로 밀어붙였어요. 이석원 선배는 주장이 강한 스타일이 아니고, 김도연 선배는 김태홍 선배가 강력하게 주장하는데다가 그 말이 타당하니 넘겨준 거예요. 김태홍 선배가 정무적 일 처리를 아주 잘 하신 거죠. 성유보, 임재경 선생님도 언협이 '보도 지침'을 폭로하는 게 맞다고 동의하셨어요. 임재경 선생님은 평소에는 정말 지식인 스타일인데 결정적 순간이 오면 투사가 되어서 싸우자는 쪽에 서세요.

'보도 지침 특별호'의 편집은 홍수원 선생님이 하셨어요. 우리는 비밀 편집실을 '아랫다방'이라고 불렀는데 그 창고 같은 아랫다방에서 오롯이 혼자 해내셨어요. 기자회견문은 신홍범 선생님이 쓰셨고. '보도 지침 특별호'에 결정적 기여를 하신 분이 또 있어요. 이분을 밝히는 건 처음인데, 이제는 밝혀도 되지 않을까 싶네요.

전휘장 씨라고 우리나라 주먹계의 대부 같은 존재였어요. 특별호 초판은 2만 2000부를 찍습니다. 인쇄소 등에 지불할 위험수당까지 준비해야 하니 그 비용이 엄청났어요. 당시 강남의 아파트 한 채 값이었다고 해요. 이분은 《말》지 초기부터 돈을 많이 내셨는데, 특별

전두환 정권의 언론통제 실상을 폭로한
《말》'보도 지침' 특집호

호 비용까지 대셨어요. 호남 출신으로 김태홍 선배에게 반해서, 민주화운동이 멋있어서 자금을 대준 의리의 사나이죠. 《말》지를 내려면 항상 돈을 많이 날려야 했어요. 위험하니까 비용을 두 배 세 배씩 내야 했고, 그러고도 경찰에 뺏기면 다시 찍고. 인쇄업자가 1쇄를 찍어주고 2쇄는 경찰에 신고해서 뺏기고, 다시 3쇄를 찍어주는 일도 있었죠.

전휘장 씨처럼 뒤에서 몰래 도와준 분들 덕분에 《말》지, 특히 보도 지침이 나올 수 있었어요.

김 　주먹계의 대부와 운동권 기자의 의리라니 영화 같은 얘기네요. 2015년에 '민언련사'를 쓸 때 '보도 지침 특별호' 비용을 누가 댔는지 조사했지만 정확하게 아는 분이 없었어요. 김태홍 선생님은 이미 돌아가셨고, 선배님도 말씀해주지 않으셨어요. 이런 사연을 정사에 기록으로 남기지 못해 아쉽네요.

'보도 지침'을 폭로한 후의 상황은 어땠나요? 와해까지는 아니어도 조직이 크게 타격을 받았고, 《말》도 한동안 못 내셨잖아요.

최 　'보도 지침' 폭로를 주도한 선배들은 모두 전문용어로 도바리(도망자의 속어) 신세가 되셨어요. 사무실에는 저와 어린 간사 둘이 남았고. 아침에 출근을 했는데 문이 깨져 있고 기물이 흩어져 있었어요. 누군가 들어와서 다 뒤진 거예요. 아마도 안기부가 아닐까 싶은데, 상식적으로 그런 상황에서 누가 사무실에 중요한 것을 두겠어요? 그때는 안기부가 무서웠는데, 지금 생각하면 그들도 허술하기 짝이 없었던 것 같아요.

현관문이 부서져 있으니 신경이 좀 쓰여서 바로 옆에 있던 자유실천문인협의회에 가서 김영진 사무국장께 말씀드렸죠. 김 국장은 얼

'보도 지침' 구속자들의 재판이 끝난 뒤 법정 앞에서
(왼쪽에서부터 채현국, 조영래, 최민희, 임재경)

척없는* 놈들이라는 둥 싸가지 없는 놈들이라는 둥 욕을 하시더니 사람이 안 다쳤으니까 괜찮다고 심드렁하게 말하시고는 가버리셨어요. 좀 있다가 송건호 회장님이 사무실이 걱정돼서 나왔다가 귀가 중 잡혀가셨어요. 송 회장님은 실무를 안 하셨으니까 잡혀가지 않을 줄 알았는데….

다행히 일주일 정도 있다가 풀려나신 것으로 기억해요. 김태홍, 신홍범 선생님과 김주언 기자는 12월경에 붙잡혀서 차례로 구속됐고 박우정, 홍수원, 박성득, 이석원, 김도연 선배도 수배 도중 잡히거나 분위기가 나아져 조사만 받고 나오거나 하셨지요.

선배들이 다 잡혀가거나 수배 중이니까 《말》지를 낼 수가 없게 됐어요. 젊은 기자들은 어떻게든 《말》지를 계속 내겠다고 했어요. 군부독재와 투쟁해야 하고 그 수단으로 《말》지를 발행해야 한다, 조직이 살아 활동하는 것을 보여줘야 한다는 논리를 앞세웠지만 당장 할 일이 없으니 버티기도 힘들었어요.

수배 중이던 김태홍, 이석원 선배도 《말》지를 내야 한다고 주장했어요. 하지만 반대하는 분들이 많았어요. '박우정도 없는데 너희들끼리 낼 수 있겠나? 지금 《말》지를 또 내면 진짜 조직이 와해될 수도 있다' 등등 《말》지 복간을 놓고 내부 진통이 심했죠. 그때 그러니까 1986년 하반기는 민주화운동 진영에 대한 전두환 정권의 탄압이 극에 달했거든요. 박종철 열사**가 남영동 대공분실에서 고문으로 사망한 게 1987년 1월이잖아요. 언협이 '보도 지침' 폭로에 이어 《말》지를

---

* '어처구니없는'의 전라도 사투리.
** 치안본부 대공분실 소속 수사관 6명은 박종철의 대학문화연구회 선배이자 민주화추진위원회 지도위원으로 수배 받고 있던 박종운을 잡기 위해서 박종철을 연행했다. 이튿날인 1987년 1월 14일 그는 치안본부 대공수사단 남영동 분실 509호 조사실에서 물고문과 전기고문을 받다가 사망했다.

6월항쟁 당시 YMCA 앞에서 계획된 시위가 무산되자
홀로 시위를 벌이는 성유보 선생(당시 민통련 사무처장)과 함께

계속 내면 버티기 힘든 탄압을 받을 거라고 판단한 것 같아요. 반대하신 분들은.

그런데 뜻밖에도 송건호 회장님이 단호하게 나오셨어요. 당장 《말》지를 내야 된다는 쪽으로 결정을 하고는 그래도 반대하는 사람이 있으니까 "더 이상 반대할 거면 조직에서 나가달라"고 하셨어요. 결정적 순간에 '이래서 송건호는 송건호다' 하는 생각이 들었어요.

우여곡절 끝에 1986년 12월 다시 《말》지를 냅니다. 1987년 들어 6월항쟁 전까지 두 번을 더 냈고요. 그때 편집팀장이 이석원 선배, 저와 김태광, 한승동, 이근영, 정의길, 권오상 기자들이 있었을 거예요.

1987년 1월 박종철 고문치사 사건이 터지고 제도언론에서 관련 보도를 잘 하지 않았어요. 그 유명한 보도 있잖아요. '탁 하고 치니 억 하고 죽었다'는 보도. 보도를 안 하거나 사건을 축소, 왜곡하는 보도 일색이었어요. 언협이 나서야 했죠. 1987년 초부터 〈말소식〉이라는 일종의 호외를 만들었어요. 속보성이 중요한 시기였거든요.

6월항쟁이 터지면서 《말》지 기자들이 전국적으로 파견돼 취재를 했죠. 그리고 6월항쟁 특집호를 냈어요. '6·29선언' 이후 7~8월 노동자 대투쟁을 특집으로 다룬 특집호를 냈고요.

6월항쟁 때 저는 부산과 대구를 맡아 취재했어요. 부산에 갔을 때에는 앞서 언급한 전휘장 님 집에 머물며 취재를 했죠. 지역의 6월항쟁은 부산카톨릭회관 농성으로 점화되어 광주카톨릭회관 농성으로 마무리됐다고 얘기하는데요, 지역적 특성이 잘 드러난 대응 같았어요. 부산이 초기에 기폭제 역할을 했다면 광주는 끈질기게 6월항쟁을 마무리하고 있었어요.

보수 언론의 권력화가 시작되다

김 6월항쟁으로 대통령 직선제를 얻었고 민주화가 시작됐지만 12월 대선에서 노태우가 당선됐습니다. 군부 세력의 일부가 선거라는 절차적 정당성을 얻어서 재집권했고 그러다 보니 수십 년 군부독재 세력, 그들에게 부역했던 집단에게 어떤 책임도 묻지 못했어요.

최 우선 그때 김대중·김영삼 후보 단일화가 됐으면 민정당이 부정선거를 해도 단일 후보가 이겼을 거라고 봐요. 선거 끝나고 안기부가 양 김 씨 진영에 자금을 대줬다는 얘기도 나왔어요. 후원금 형식으로 안기부 돈인 줄 모르게 해서. 6·29선언을 할 때 이미 김대중·김영삼이 분열하고 김종필도 출마한다면 직접선거를 해도 노태우의 승리라고 봤다는 거예요. 이른바 '안기부식 4자 필승론'인데, 인구 구성상 경상도가 가장 많았으니까요. 실제로 그렇게 됐죠.

거꾸로 민주화운동 진영 한쪽에서는 김대중 후보에 대한 비판적 지지를 하면서 '4자 필승론'을 주장했어요. '호남과 수도권의 진보적인 표가 모이면 김대중이 이긴다' 그런데 3등 했잖아요. 그때는 김영삼 후보로의 단일화가 맞았다고 저는 생각해요. YS는 1983년 단식으로 전두환 정권에 저항했고 그 후 총선에서 야당 돌풍을 일으키는 기폭제가 됐죠. 1986년부터는 전두환의 장기 집권 음모에 맞서 개헌운동을 벌였어요. 전국적으로 개헌 현판식을 통해 민주, 민중 투쟁의 장을 연 것도 김영삼이었습니다. 6월항쟁을 촉발시킨 것은 박종철 열사의 죽음이었지만 이후 정치권과 재야 민주화운동 세력, 학생이 연대해 6월항쟁을 하게 되는데요, 김영삼 단식의 나비효과가 컸다고 볼 수 있어요.

당시 민통련 선배들은 지적 능력에 있어서 DJ·YS의 차이를 어른과 아이의 차이라고 말씀들 하셨어요. 디테일로 들어가 얘기해보면 더 그랬죠. 두 분이 토론하면 수준 차이가 매우 컸거든요. 근데 그런 디테일에 빠지면 큰 판단을 제대로 하기 어렵게 되는 게 아닐까 해요. 큰 획을 그어야 하는 순간에 디테일은 핵심이 아닌 것 같아요. 역사의 전환점에는 큰 흐름이 중요하죠. 그 흐름에 있는 사람을 선택해 민주 세력이 하나 되어야 했는데 그러지 못했어요. 결국 양 김 씨의 분열이 노태우 당선으로 귀결됐어요.

세상 모든 일에는 순기능과 역기능이 있죠. 6월항쟁 평가에도 양면이 있어요.

6월항쟁 이전과 이후의 결정적 차이는 대한민국을 지배하는 핵심 세력이 전환되기 시작했다는 거예요. 이전에는 군부를 배경으로 한 군사정권이 중심이 돼서 모든 체제를 운용했어요. 그 체제에서 언론은 권력의 하수인 노릇을 했고 검찰, 법원, 심지어 정치권에도 유사 야당을 만들어 권력에 협력했을 정도였죠. 6월항쟁은 군부가 그런 힘을 발휘할 수 없는 시대로 넘어가는 계기였어요.

한편으로 6월항쟁은 노태우의 6·29선언으로 일단락된 미완의 혁명이에요. 신군부 출신의 노태우가 민정당 대통령 후보로 등장하면서 '의사 민주주의擬似 Pseudo Democracy' 시대로 갈 수밖에 없었다는 한계를 동시에 갖고 있었던 거예요. 소위 12·12쿠데타의 주역인 네 사람 중에 전두환은 대통령이 됐고 다음 차례가 노태우, 그 다음이 김복동, 이런 식으로 군부는 집권계획을 갖고 있었다고 해요. 결국 노태우가 대통령이 된 건데 총칼이 아니라 선거로 잡았으니 민주주의는 민주주의인데 온전하지 못한 민주주의가 될 수밖에요.

'더 이상 군부가 직접적으로 모든 권부를 장악하고 국민을 억압하는 체제는 가능하지 않다, 그러나 완전한 민주정부로 넘어가지 못하고 구체제 일부가 정권을 잡음으로써 의사 민주주의 상태가 됐다'는 것. 이게 6월항쟁 이후를 규정짓는 두 틀이라고 봅니다.

모순된 상황이 벌어진 거예요. 노태우는 군부 출신이긴 한데 전두환 같은 강력한 영향력은 없었고 민주적 절차는 거쳤지만 이 절차마저 부정선거 시비에 휘말렸죠. 게다가 4자 대결에서 이겼기 때문에 노태우의 득표율은 34%밖에 안 됐어요. 국민의 25%가 찬성한 정부. 노태우의 별명이 '물태우'가 된 데는 이런 배경이 있습니다.

노태우 정부에 대한 평가는 면밀하게 이뤄질 필요가 있어요. 언론과의 관계라든가 사회정책에 대한 태도, 정치권에 대한 리더십에서는 인정받지 못했지만 전두환 정권에서 키워진 '공안기술자'들, 검찰, 사법부의 공안 세력들은 그대로 노태우 정권의 기반이 됐어요. 박철언 같은 인물이 노태우 정권의 실세가 될 수 있었던 거죠. 노태우 정부의 성과라고 할 수 있는 북방정책도 이런 기반에서 추진됐어요. 기득권 세력이 자신들의 이해관계를 침해하지 않는 범위에 있어서는 노태우와 박철언이 하는 일을 묵인해줬다는 거예요. 만약 DJ 햇볕정책 흔들 듯이 언론권력과 기득권 집단이 북방정책을 흔들었으면 남북한 유엔 동시 가입이 이뤄졌을까요? 그때 러시아, 중국과도 외교 관계를 맺었어요. 아이러니예요.

6월항쟁이 왜 대통령 직선제 획득에 머물렀느냐 하는 근본적인 문제는 다른 차원에서 봐야 해요. 항쟁의 주역이 이른바 '넥타이 부대' 였다는 것. 학생들은 일종의 선도 투쟁을 한 거고요. 화이트칼라 계층의 정치혁명, 이것이 6월항쟁의 본질이라고 봅니다. 그들이 정치혁명으로서의 6월항쟁을 이끌었고 그렇기 때문에 대통령 직선제가 주요 이슈가 됐어요.

김 '온전하지 못한 민주주의' 아래서 민주화에 아무런 기여도 하지 않은 언론이 새로운 권력 집단으로 떠올랐어요. 제도언론과 싸웠던 입장에서 보면 당혹스러운 결과라고도 할 수 있는데 언론운동가로서 6월항 쟁을 어떻게 평가하시는지 궁금합니다.

최 언론운동을 했던 사람으로서 6월항쟁을 평가한다면, 〈언론기본 법〉 폐기와 《한겨레》신문의 등장을 중요 사건으로 꼽아야죠. 다른 한 편 '의제 민주주의' 시대가 시작된 계기였고 불행히도 수구·보수 언 론의 물적 기반은 탄탄한데 반해 신생 《한겨레》신문은 열세였으므로 '보수 언론의 권력화'가 6월항쟁 이후 시작된 거예요.

어떤 사회든 그 사회를 어떻게 이끌겠노라 주도하는 사람들이 있 어요. 리더십이라고 하죠. 박정희 리더십의 근원이 개인적으로는 출 세욕과 야망이지만 '나는 출세욕 때문에 대통령 될래' 이렇게는 못해 요. 5·16쿠데타를 일으킬 때 박정희는 조국 근대화, 가난 극복을 사 회적 의제로 던져서 국민들에게 다가가요.

전두환은 선진 조국 건설을 들고 나왔죠. 그런데 선진 조국이 뭔지 내용이 없어요. 시대정신을 전혀 못 담았어요. 그러니 전두환은 군부 를 기반으로 한 철권통치에 기댈 수밖에 없었던 거예요. 그러다가 6 월항쟁을 맞게 됐어요. 노태우는 '위대한 보통 사람의 시대'를 내세웠 지만 역시 알맹이가 없었고 그렇다고 전두환 같은 강력한 통제력은 없으니까 '범죄와의 전쟁'을 의제로 던졌어요. 그러다가 결국에는 공 안 정국으로 나아갔죠.

노태우 정부 시대에 우리 사회는 '권위의 공백'에 빠진 거예요. 강력 한 군사정권은 더 이상 존재하지 않고, 권위가 없는 새 정부는 의제를 제시하지 못하는 상태. 그 상징적인 장면이 노태우가 집권하고 처음 으로 언론사 편집 책임자들을 만났을 때라고 해요. 예전 같으면 언론 사 책임자들에게 촌지도 좀 주면서 앞으로 이렇게 합시다, 저렇게 합 시다 하는데 노태우는 아무것도 안 했다는 거예요. 그래서 언론사 책임자들이 '이거 어떻게 하라는 거지? 아무 지침도 안 주네?' 잠시 자유의 현기증을 느꼈다는 웃픈 얘기가 있어요. 이런 상황에서 조선일보가 치고 나와서 사람들한테 배 놔라 감 놔라 하기 시작한 거예요.

히틀러가 집권하는 과정을 살펴보면 독일이 제1차 세계대전에서 지고 황폐한 상태에서 등장해 강한 독일을 주장하죠. 어떤 상황이나 문제를 놓고 모두가 헤매고 있을 때 누군가 상황을 규정하고 의제를 던지면 끌려갈 수 있잖아요. 그런 역할을 조선일보가 하기 시작했다고 봐요. 사주가 전두환의 국가보위비상대책위원회(국보위)에 들어갔던 조선일보는 매출액에서도 전두환 정권 말기에 신문업계 1위를 차지했어요. 불행하게도 조선일보의 시대가 열리기 시작한 거죠.

반면 《한겨레》신문의 창간은 6월항쟁의 성과였어요. 노태우는 6·29선언에서 '언론 자유'를 약속했고 11월에 〈언론기본법〉이 폐지됐어요. 신문사 설립이 허가제에서 등록제로 바뀌어요. 그래서 《한겨레》신문을 만들 공간이 열린 거죠. 게다가 노태우가 대통령으로 당선되면서 많은 사람들이 허탈함에 빠졌어요. '이제 무엇을 해야 되지?' 《한겨레》신문 창간 모금은 그런 사람들에게 새로운 희망을 준 거예요. 삽시간에 50억 원이 모였고 1988년 5월 《한겨레》신문이 창간됩니다. 혹자는 《한겨레》신문 창간이 6월항쟁의 최대 성과라고도 해요.

국민주 신문 《한겨레》 창간

김 6월항쟁과 《한겨레》신문 창간이 언협과 《말》에는 시련을 가져오기도 했어요.

최 새 신문 창간이 가능해지면서 언협은 격랑에 휩싸이게 됐어요. 내부에서는 《말》지를 고수하자는 쪽과 새 신문을 창간하자는 쪽이 나뉘었어요. 앞에서도 얘기했지만 해직 기자 선배들은 애초에 신문을 만들고 싶었던 분들이에요. 그게 여의치 않으니까 《말》지를 만든 거죠. 그런데 이제 신문을 만들 수 있는 상황이 됐고 《말》지는 역할이 끝났다고 볼 수 있었겠죠.

언협과 《말》지를 주도했던 해직 기자 선배들은 대부분 새 언론 창간 준비에 참여했고 한겨레신문으로 가셨어요. 《말》지에도 해직 기자 리더십 공백이 생긴 거예요. 이제 언협은 어떻게 해야 하나? 젊은 기자들도 언협과 《말》지, 개인의 진로를 놓고 의견이 엇갈렸어요. 그때 기자들이 예닐곱 명 정도 있었을 거예요. '《말》지를 계속 만들어야 한다, 한겨레신문으로 가야 한다, 열린 공간에서 《말》지를 합법 매체로 등록시켜야 한다, 아직은 운동 차원에서 비합법매체로 남아야 한다' 등등.

저는 운동을 하고 싶었으니까 《말》지를 계속 만들어야 한다는 쪽이었어요. 기자들 중 네 사람은 한겨레신문으로 갔고 저는 언협에 남았어요. 다른 길을 간 사람도 있고. 그 즈음 기자를 충원했는데 나중에 오마이뉴스 대표 기자가 된 오연호 기자가 그중 한 명이에요.

김태홍 선배는 한동안 한겨레신문과 언협 양쪽에 관여했어요. 언협에서는 사무국장을 맡아서 《말》지 발행인 역할도 했죠. 해직 기자들이 떠난 언협을 좀 안정시킨 후에 한겨레신문으로 가셨어도 되는데, 그러기에는 좀 불안했던 것 같아요. 그렇다고 언협 일에 손을 떼고 싶어 하지도 않으셨어요. 원래 언협은 해직 기자들의 단체였는데 다들 떠나고 제가 남는 게 탐탁지 않았던 거죠. 이런저런 갈등 중에 제가 《말》지를 떠나게 되었어요.

어느 조직이든 위기 때, 그리고 아주 잘나갈 때 헤게모니 갈등이 벌어지게 되죠. 그때야말로 리더십이 필요한 시기인 것 같아요. 전환기에 리더십이 제대로 발휘되지 않으면 일도 안 되고 사람도 상처를 받게 되지요.

김 한국 사회도, 언협도, 선배님의 삶도 격변의 시기였네요.

최 해직 기자들 단체였던 언협의 주축이 교체되어가는 과정의 갈등과 시련이었다고 할 수 있어요. 《말》지 초창기에 2호, 3호 기자와 그런 얘기를 했었어요.

1985년에 이른바 문화 3단체가 생기는데 자유실천문인협의회, 민중문화운동협의회 그리고 언협이에요. 자유실천문인협의회? 문학소녀, 문학소년은 늘 있고 앞으로도 쭉 있을 거다. 민중문화운동협의회? '딴따라', 즉 예능인이나 예술가들 역시 어느 시대, 어느 사회에나 있었고 영원히 사라지지 않을 사람들이다. 그런데 언협은? 주체가 해직 언론인이란 말이에요. 이 집단은 양산되는 사람들이 아니죠. 양산되어서는 절대 안 되는 거죠.

대중조직의 기초는 회원인데 회원이 늘어날 수 없는 조직이 언협이었어요. 우리끼리 언협이 계속 가려면 어떤 집단과 연계해야 할까 토론도 하고 그랬죠. 회원을 재생산하는 구조가 없는 조직의 한계가 1987년 말에서 1988년 초에 현실로 드러났다고 할까요? 주축인 해직 기자들이 갑자기 빠져나가는 상황에서 혼란이 생길 수밖에 없었어요. 결국 《말》지는 독립된 매체로, 언협은 시민 언론 단체로 가면서 조직을 재정비하지만 그 과정이 쉽지 않았던 거예요.

《한겨레》신문 창간이 성공했다는 것만 언론사에 남아요. 그런 큰일이 성공하며 여진처럼 이런저런 일들이 생기게 되고 그 속에서 성공하는 개인이 있는 반면 추락하는 개인도 있는 거니까요. 《말》지와 《한겨레》 창간 과정을 한편의 연극이란 시각에서 보면 각자 맡은 역할이 다 다른 게 아닐까 합니다.

언론운동가의 시간

2019년 10월 9일 아침에 시작한 대화가 저물녘까지 이어졌다.
떠남과 돌아옴, 상처와 치유 그리고 극복에 관한 이야기였다.

소설가 최민희

김 1994년 언협 사무국장으로 언론운동에 복귀하셨습니다. 1988년 초에 떠났으니까 5년여 만에 돌아오신 거예요. 열정을 쏟았던 만큼 떠날 때의 상처가 깊고 오래갔을 텐데 어떻게 돌아오실 생각을 하셨어요?

최 솔직히 언협을 나와서 한동안 '말'이라는 말만 들어도 가슴을 불로 지지는 아픔을 느꼈어요. 물론 더 깊은 고통을 겪고 사는 사람도 많지만, 같이 일하던 윗사람에게 내쳐졌으니 힘들었을 겁니다.
《말》지는 제 딴에는 청춘을 바치겠다고 마음먹었던 곳이에요. 선배들이 다 잡혀가고 돈이 없을 때 제가 총무였는데, 월급 받아서 모아둔 돈으로 후배 기자들 월급도 주고 그랬죠. 그런데 다른 기자들은 한겨레신문으로 가고 언협에 남아서 운동을 계속하고 싶었던 저는 아무것도 못하고 헤맨 거예요. 저에게는 김태홍 사무국장 개인이 저를 쫓아낸 것이 아니라 언협 전체, 《말》지 전체가 나를 버린 것처럼 생각됐어요. 단 한 명도 나에게 구원의 손길을 내밀지 않았다는 생각. 고독이라는 말조차 싫었어요. '고독이 몸부림칠 때' 이런 말은 '색 色'과 연결되어서 정서적 사치 내지는 욕망의 과잉이라고 느꼈어요.

그때 큰애를 임신한 것을 알았고 그래서 소설을 쓰게 됐어요. 적어도 저에게 소설은 상처받은 영혼이 스스로를 치유하는 과정이었어요. 상처받은 몸과 상처받은 마음의 이야기를 썼죠. 〈성난 휠체어〉라고 산재 노동자의 이야기로 정식 등단했어요. 산재 노동자가 세상과 맞서다 스스로 목숨을 끊는 장면이 나오는데 과거의 내가 그와 함께 죽는다고 생각했어요. 1988년 《창작과비평》 여름호였죠.

김 정식 등단이라고 말씀했는데, 그러면 그 이전에도 소설을 쓰셨나요?

최 《말》지 2호 기자가 《민족이여 통일이여》라는 책을 낸 적이 있었어요. 그 책에 〈그 여름의 일지〉라는 단편을 쓴 일이 있어요. 노동 현장에 위장 취업한 대학생의 노동 현장 투쟁기라고 할까 뭐 그런 소설이었는데요. 그 소설을 《창작과비평》의 최원식 교수께서 읽고 실무자를 통해 원고 청탁을 해와 쓴 소설이 〈성난 휠체어〉였어요.

김 이렇게 저렇게 《말》지 2호 기자와는 인연이셨어요.

최 그와 함께 아이를 낳았는데 태어난 아이 얼굴을 보는 순간 '내가 이 세상에 온 것은 단 하나의 얼굴을 만나기 위해서였다' 그런 생각이 들더라고요. 이후에 소설을 네 편 더 썼어요. 모두 저의 상처와 관계된 것들이에요. 〈동그라미〉, 〈사돈 팔촌〉, 〈사랑은 아름다워라〉.

〈사돈 팔촌〉은 저의 정치적 활동으로 인해서 우리 집안이 반목했던 경험을 쓴 자전적 소설이었어요. 제 사촌 동생이 안기부에 지원해서 우수한 성적으로 1차, 2차 붙었는데 3차 면접에서 저 때문에 떨어졌어요. 그 아이에게 안기부는 아주 어린 시절부터의 꿈이었어요. 그래서 방황을 많이 했대요. 제가 한 인간의 앞길을 막았다는 자괴감과 미안함, 화목한 집안을 갈라지게 만들었다는 죄책감으로 아주 괴로운 시기를 보냈죠. 그때 평소 말이 별로 없으신 엄마가, 집안의 화목이 깨지고 작은댁과 관계가 소원해지니 힘드셨나 봐요. "내가 너를 잘못 키웠는갑다" 그러셨어요.

그게 엄마가 저에게 했던 가장 잔인한 말이었어요. 아무에게도 얘기할 수 없던 상처를 스스로 치유하기 위해 소설로 썼던 것 같아요. 돌아보면. 살기 위해서.

자유기고가로 여러 잡지에 글도 썼어요. 《신동아》, 《여성동아》, 《뿌리 깊은 나무》, 《샘이 깊은 물》 같은 곳이요. 그것을 보고 《말》지 신준영 기자가 연락을 했던 것 같아요. 《말》지에 '분단과 사람들'이라는 연재를 맡아달라고 했죠. 그 연재가 복귀의 시작이었어요. '말'이라는 단어를 입에도 못 올리고 살았는데, 《말》지와의 관계를 다시 맺은 거니까요. '분단과 사람들'을 1990년 10월부터 연재했는데 반응이 좋았어요. 그러다가 1992년에 언협 중앙위원으로 복귀해요. 지금으로 치면 운영위원 정도. 사무국장은 1994년 12월에 맡았지만 그전에 이미 조직에 관여하기 시작한 거예요.

사무국장 제안을 받았을 때 남편도, 친구들도 모두 말렸어요. 왜 그런 꾀죄죄한(?) 조직에 다시 들어가려 하냐고. 그때 언협이 《말》지와도 분리되고 여러 모로 형편이 안 좋았어요. 답을 할 수 없었죠. 그 사람들은 저의 상처를 모르니까. 저에게 언협 복귀는 최민희를 쫓아낸 게 잘못됐고, 언협이 계속 부침을 겪는 상황에서 최민희가 필요하다는 것을 확인하는 것으로 받아들여졌어요. 일종의 신원이 되는 것이라고 말하면 될 듯도 해요. 저를 내친 조직이 제게 SOS를 청하고 있다는 사실에 그냥 스스로 복권되는 느낌을 받은 거예요. 말을 하지는 않았지만. 그러면서 소설로밖에 달랠 수 없었던 상처가 현실 속에서 해소되어가는 거죠.

김 〈성난 휠체어〉는 알고 있었는데 네 편을 더 쓰신 줄은 몰랐네요. 왜 소설을 계속 쓰지 않으셨어요? 1980년대 후반에 등단해서 1990년대 초중반부터 주목받은 여성 작가들이 많았잖아요. 선배님도 계속 소설을 쓰셨다면 많은 게 달라졌을 수 있었겠네요.

최 제가 등단 전에 〈그 여름의 일지〉라는 노동소설을 썼다고 했잖아요? 1988년에 등단을 해서 이후 3편을 1년도 안 돼서 냈어요. 모두 다 머릿속에서 나온 소설이 아니라 《말》지 기자로 현장을 누비면서 경험한 사실들이라 현장감이 있고, 중성적 필체에 섬세한 묘사가 평론가들로부터 좋은 평가를 받았다는 이야기도 들었어요.

소설을 계속 못 쓰게 된 데 이유가 있을까요? 으음. 생각해보면 아이 키우느라 정신없었다고 말하는 게 솔직할까요. 꼭 그런 건 아닌 것 같고요. 제가 '소설을 썼다'라는 말이 좀 안 맞는 것 같아요. 쓴 게 아니라 쓰인 것이라고 해야 하나…. 그땐 하루하루가 힘겨워서 뭔가를 써야 살아 있는 느낌이었거든요. 마음의 상처가 제 가슴을 비집고 나와 글이 되어 원고지 위에 내려앉는 그런 거였어요.

첫아이를 낳고 키우면서 마음의 상처가 저의 내면 어디론가 숨어버린 거예요. 다시 상처 난 마음을 끄집어내어 날선 상태로 사는 것을 견딜 수 있었을까. 그런 식이면 안 되지 않을까요. 엄마가.

두 번째는 당시에 자연건강법을 알게 되면서 '도(?)'를 닦게 됐어요. 사람의 생과 사를 옆에서 보는 그런 상황이 되면서 병원에서 버림받은 사람들을 보다 보니까 소설이 얼마나 한가한 일인가 하는 생각에 빠져 있었죠. 제가 어떤 선배 소설가에게 '이렇게 소설 쓰고 앉아 있는 시간에 좀 더 민중들에게 다가가서 몸을 움직여야 하지 않을까요?' 얘기하니, '너는 소설을 못 쓰겠다' 하더라고요. 한마디로 피가 너무 뜨거워서 소설을 쓰지 못한다는 거죠. 제 본성이 뭔가 몸을 움직여야 하는 상황….

소설을 연달아 발표했다고 했잖아요? 임신하고 몸을 못 움직였을 때 주로 쓴 것들이에요. 지금도 〈제인 에어〉나 〈인간의 조건〉, 〈데미안〉 같은 단 한 편의 소설을 쓰고 죽고 싶다는 소망은 마음에 남아 있죠.

시민운동으로 발전한 민주언론운동

김 1994년의 언협은 《말》지를 만들 때와는 전혀 다른 조직이잖아요. 사회적 위상, 역할, 사람 등등 모든 면에서요. 무엇보다 그때는 '시민운동' 초창기여서 뭐랄까 조직 운영의 롤 모델 같은 것도 없었습니다. 시민운동, 민중운동 같은 개념 자체가 논쟁이 되던 시기였는데 시민단체로서의 언협을 떠맡는 게 부담스럽지 않으셨나요?

최 1992년에 중앙위원으로 언협에 돌아왔더니 분위기가 완전히 바뀌어 있었어요. 해직 기자 선배들이 떠난 자리에 젊은 회원들이 들어왔고 그 중심에 언론학교가 있었죠. 언론학교는 1991년부터 시작한 대중 강좌였는데 아주 좋은 기획이었습니다. 당시에 김택수 정책실장이 기획했다고 알고 있는데 정확히 누구의 아이디어인지는 잘 모르겠네요. 아무튼 언론학교 덕분에 언협은 시민운동 단체로 빠르게 변모할 수 있었어요. 언론학교를 수강한 학생들, 일반 시민들이 동창회를 만들고 다양한 모임을 만든 거예요.

회원이 되어서 신문방송 모니터에 참여하는 사람들도 있었죠. 1992년 총선과 대선에서 언협은 선거보도감시연대회의라는 연대 단체를 만들어서 언론 감시 활동, 수용자운동을 했어요. 물론 회원 규모는 아주 작았어요. 재정 구조도 회비 중심이 아니었고요.

제 기억으로 1994년에 사무국장으로 복귀해서 보니 회비가 20만 원인가밖에 안 됐어요. 그래도 어쨌든 시민운동 단체로 방향은 제대로 잡은 거예요. 어떤 운동이든 현실의 필요에 따라 등장하고 발전하다가 이론이 정립돼간다고 생각해요. 6월항쟁 이후에 언론이 권력화되고 정치권력과 자본에 유착하니까 시민들이 언론을 감시, 비판하는 운동이 시작된 거죠.

문제는 회원 중심의 안정된 재정 구조를 만들고 언론 감시 활동을 비롯해서 언론운동을 일상적이고 체계적으로 하는 일이었어요. 좀 더 운동 조직답게 만드는 일이라고 할까. 당시 언협은 《말》지에서 월 200만 원 정도 후원금을 받고 있었어요. 1989년에 《말》지가 정기간행물 등록을 하고 1990년이 되면 주식회사로 바뀌어요. 언협은 형식상 대주주였지만 사실상 둘은 별개의 조직으로 떨어진 거예요. 그리고 《말》지가 언협의 운영비를 주는 기형적인 구조였죠. 그러다 보니 회원들의 회비가 그다지 절박하지 않았어요. 게다가 《말》지가 소유권을 놓고 내부 갈등까지 겪고 난 후여서 조직 정비가 시급했어요. 사무국장을 영입해도 오래 버티지 못하는 상황이 벌어지니까 저에게 복귀 요청이 온 거죠. 조직을 좀 추슬러달라는.

일단은 언협이 시민단체로 독자성을 가지려면 《말》지에서 재정적으로 독립하는 게 최우선 과제였어요. 한겨레신문으로 간 《말》지 출신 기자들, 운동권 선후배들을 다그쳐서 월 5만 원씩 내는 특별 후원 회원 20명을 모아 기본 회비 100만 원을 만들었죠. 그 다음 '일반 회원 회비를 어떻게 늘여야 하지?' 고민도 많이 했고 토론도 했어요. 《한겨레》신문에 회원 모집 광고를 하자는 등의 제안이 나왔지만 그건 아니라고 봤습니다. 시민들이 이 단체에 참여해서 후원을 해야겠다는 생각을 하게 하려면 우리가 운동으로 뭔가를 보여줘야 하잖아요. 어떻게든 언론학교 수강생을 늘리고, 이 사람들을 회원 가입하게 만들고, 회원에 가입한 사람들은 회비 내는 진성 회원으로 만드는 일. 동시에 언론 모니터, 언론 감시 활동의 수준을 높여서 언협을 대중적으로 알리는 일이 필요했어요.

언론학교는 1995년부터 일 년에 네 번으로 정례화하고 홍보는 《말》지 광고에 의존하기보다 포스터를 만들어서 대학교들을 돌아다니며 붙이는 데 더 치중했어요. 대학 언론 강좌라고 대학 학보사 기자들에게 기사 작성법을 가르치는 강좌가 있었는데, 그것을 강의 중심에서 첨삭 지도 중심으로 바꾸었고요.

이렇게 말로 하니까 일사천리로 진행된 것 같은데 전혀 그렇지 않았어요. 재정 구조를 바꾸고 회계를 까다롭게 관리하는 것에서부터 홍보 방식을 바꾸는 일, 자원봉사를 하는 회원들에게 달마다 회비까지 꼬박꼬박 내라고 독촉하는 일까지 쉬운 게 없었어요. 활동가도 새로 뽑았습니다. 그때까지는 주로 대학 학보사 기자 출신들이 간사로 들어왔는데, 처음으로 공채를 했어요. 그렇게 들어온 공채 1기 활동가가 김유진 씨고요. 1990년대 학번이 상근자로 들어온 것도 처음이고. 신문방송학과를 나온 학생운동 출신이라고 당시 정책위원이던 김동민 교수님과 제가 강력히 밀었어요. 한마디로 기초를 세우느라 운동 방향 같은 건 고민할 시간도 없었어요. 초기엔.

김 저는 언협이 겪은 내홍은 말할 것도 없고 조직 정비 과정에서 공채를 처음 시도했다는 사실도 전혀 몰랐어요. 들어와서도 한동안 얼떨떨한 상태여서 막상 시민운동 하겠다고 했는데 이게 뭐지 싶었습니다. 활동가도 저 말고는 달랑 선배 한 사람밖에 없어서 당황했고요.

최 그때 우리 형편을 정확히 알았으면 왔겠어요? 부산에서 서울까지 오직 언협에서 일하겠다고. 활동비도 월 40만 원밖에 안 됐잖아요.

김 일단은 왔을 거예요. 졸업할 무렵에 선배들, 친구들이 학생운동 5학년을 하자고 했어요. 졸업하면 학생 신분을 잃으니까 몇 과목을 낙제하고 1년을 더 다니면서 총학생회 일을 하는 거예요. 그런데 저는 집안 형편이 도저히 그럴 수 없었던데다가 학생운동은 정상적으로 학교 다닐 때만 해야 한다는 '개똥철학' 같은 게 있었거든요. 선배들이 5년, 6년 계속 학생운동 조직을 차고 앉아 있으면 타성에 젖는다고 생각했어요. 그래서 선배들이 술을 아무리 많이 먹이고 온갖 논리로 설득해도 버텼어요. 학점은 나빴지만 기어이 졸업을 했고요. 졸업 후에는 아르바이트를 하면서 언론사 입사 준비를 했어요.

90년 중반에 언론사는 인기가 정말 많아서 저처럼 공부를 전혀 안 했던 애들은 1년으로도 부족했습니다. 졸업할 때까지 토익, 토플 이런 건 구경도 해본 적이 없었으니까요. 그런데 제가 학교를 나오고 얼마 안 되어서 총학생회에서 일하던 선배, 동기들이 거의 다 잡혀가고 감옥에 갔어요. 우리 학교 총학생회장 선배가 한총련 의장이었거든요. 제가 5학년을 했으면 저도 그냥 잡혀가는 건데, 얄밉게 쏙 빠져나온 거예요. 마음이 너무 괴롭고 공부도 잘 안 됐어요. 이렇게 공부해서는 언론사에 들어갈 수 있을 것 같지 않았고 언론사에 들어간들 제대로 하겠나 싶기도 했어요. 잡혀간 친구들이 풀려난 뒤에도 미안해서 연락을 못했어요. 졸업 후에 1년 반 정도를 죽도 밥도 아닌 상태로 방황하면서 보냈습니다.

그러다가 1995년 9월에 《한겨레》신문 생활 광고에서 '민주언론운동 협의회 간사 모집 광고'를 보게 됐어요. 인터넷도 없는 시절이어서 자세한 정보를 찾아볼 수는 없었지만 어쨌든 운동 단체이고 보도 지침이나 《말》 정도는 알고 있었으니까 여기에 가면 운동하고 살 수 있지 않을까 생각했어요. 한 번도 말하지 못했던 친구들에 대한 부채감 같은 것도 조금 내려놓을 수 있을 것 같았고요.

최 1990년대 운동권도 그 나름의 고뇌를 안고 언협에 들어온 거네요.

김 그런데 아주 솔직히 말씀드리면 처음 출근하고 나서 당황했어요. 일단 분위기가 제가 생각했던 운동 조직과는 달랐어요. 면접 볼 때 선배님 눈에서는 레이저가 나왔는데, 그래서 바짝 긴장하고 왔는데 막상 사람들도, 분위기도, 일도 다 느슨했습니다. 회원들은 '애기 간사'가 왔다고 다들 너무 잘해주었어요. 언니 오빠들 같았어요. 좋기도 했고 이상하기도 했어요. 저한테 밥 사주고 술 사주는 분들 중에는 회비를 잘 안 내는 분도 있었어요. (웃음) 회비 문화가 정착되지 않아서 익숙하지 않으셨던 거예요.

'활동비는 적지만 여기서 일하면 감옥갈 일은 없겠네' 이런 직감이 확 왔어요. 학생운동 물을 다 빼지 못한 건방진 상태에서 강좌 준비하기, 수강생 챙기기, 글쓰기 따위는 운동처럼 느껴지지도 않았거든요. 한동안 친구들한테 가장 많이 받은 질문은 "손석희 실제로 보니까 어떠냐?" 였어요. 언론학교 강의하실 때였으니까요. "야, 당연히 잘 생기고 멋있지. 그런데 내가 손석희 아나운서 실물 보려고 여기 온 건 아닌데…."

그랬는데 시간이 지나면 지날수록 일이 점점 많아지고 팍팍해졌어요. 선배님이 말씀하신 운동 조직다운 운동 조직이 되어가는 과정이었던 거예요. 언협이 시민운동 단체로 성장하는 과정을 직접 경험한 것은 저에게 큰 자산이 됐다고 생각합니다. 애기 간사 때부터 선배님이 직접 원고 교열을 봐주셨고, 아주 가끔은 성유보, 임재경 선생님 같은 분들도 제 원고를 고쳐주셨어요. 저만 누렸던 특혜였어요.

점차 시민운동에 대한 자부심도 가지게 됐는데, 특히 기억에 남는 건 1996년 신문 지국 살인 사건이에요. 저는 언협이 대중적으로 주목받는 것을 그때 처음 경험했거든요.

최 재정이 안정되면서 '일'을 구상하기 시작했어요. 저는 스스로도 못 먹여 살리면서 거창하게 운동, 운동 하는 일은 못하겠더라고요. 다른 한편 회비를 내는 회원들 입장에서 보면 뜻만 좋다고 계속 회비를 낼 수도 없는 거니까요. 언론운동 단체답게 '일'을 해야 했어요. 그래서 가장 핫한 이슈였던 신문 시장 관련 논평도 냈고 동아일보사 앞에 가서 시위도 했어요.

신문 지국 살인 사건

1995년 말부터 중앙일보, 문화일보, 경향신문 등 재벌 기업을 모기업으로 하는 신문사들이 부수 확장을 위해 위성 수신용 안테나, 구두 상품권 등을 사은품으로 주거나 1년 이상 신문 대금을 받지 않았다. 경품과 무가지를 통한 부수 확장 경쟁에 조선일보와 동아일보까지 뛰어들면서 신문 시장은 더욱 혼탁해졌다.

1996년 7월 15일 새벽 경기도 고양시 중앙일보 남원당지국 직원들이 조선일보 직원들과 보급권 문제로 시비를 벌이다 칼을 휘둘러 조선일보 직원 한 명이 숨지고 한 명이 중태에 빠지는 사건이 벌어졌다.

김 제가 언협 간사로 자부심을 느낀 사건이 하나 더 있는데, 선배님은 우리가 뭘 했는지 기억을 못하실 수도 있어요. 이것도 1996년 여름, 정확히는 8월에 일어난 사건입니다.

최 1996년 여름이면, 뭐가 있었을까….

김 '연대 사태', 보통은 그렇게 부르고 운동권 학생들은 '연대 항쟁'이라고 부르는 사건이요. 기억하시죠? 연세대에서 열린 범민족대회에 참가했던 한총련 학생들을 경찰이 봉쇄하면서 엄청난 충돌이 일어났잖아요. 일주일 동안 수천 명이 갇혀 있다가 진압됐는데 그 과정에서 전경 한 명이 사망했어요. 학생은 5천 명이 넘게 연행됐고요. 구속자만 수백 명이었을 거예요. 문민정부에서 벌어진 일이라 학생운동권도 굉장히 당황했던 것 같고, 학생운동을 바라보는 사회 분위기는 정말 험악했어요. 그 사건으로 한총련이 이적 단체가 됐고 한총련 가입만으로도 수배자가 됐으니까요. 학생운동이 급격하게 몰락한 계기였다고 해도 될 거예요. 아무튼 당시에 시민단체도 경찰의 과잉 진압을 비판하지 못할 만큼 학생운동에 대한 여론은 나빴는데, 여기에는 언론의 왜곡 과장 보도가 한몫을 했어요. 한총련을 난동 집단, 북의 대남 행동대 뭐 이런 식으로 썼어요. 학생들이 건물에 갇혀서 엄마가 보고 싶다고 창문에 써 붙이니까 조선일보가 '엄마작전'이라고 비아냥거렸던 게 아직도 기억납니다. 제 후배 중에도 연세대에 갇혔던 애들이 있다는 얘기를 들어서 저는 너무 괴로웠죠. 다들 어떻게 됐는지, 뭐라도 하고 싶은데 운동 단체에 있다면서 이렇게 무력해도 되나 싶었어요.

그런데 선배님이 명동성당 앞에서 기자회견을 하자고 하셨어요. 언론의 마녀사냥식 왜곡 보도와 경찰의 과잉 진압을 비판하는 내용으로요. 그 엄혹한 분위기에서 누가 와주겠나 싶었는데 회원들, 언론학교를 다녔던 수강생들이 꽤 왔어요. 기자회견 소식을 듣고 연세대에서 빠져나온 학생들도 좀 온 것 같았어요. 거기서 제 대학 동창을 만났거든요. 수배 중에 연세대에 갇혔다는 소식을 들었는데 용케도 빠져나와서 거기까지 왔더라고요. 저한테 살짝 다가와서 눈을 찡긋했어요. 지금은 저명한 분이 되어 있어서 누군지는 비밀입니다. (웃음)

아무튼 제가 그날 기자회견문을 읽었는데 목소리가 막 떨렸어요. 제가 그런 데서 떨고 그러지 않는데 진짜 의미 있는 곳에서 일하고 있다는 생각이 들어서 떨렸어요. 그 기자회견이 민언련 공식 자료에는 '언론 제자리 찾기를 위한 시민대회' 이렇게 돼 있어서 기록으로만 보면 그 내용을 알 수 없을 거예요. 역사에서 정사보다 야사가 중요한 대목이 있는 것 같아요.

최 맞아, 그런 일이 있었어요. 우리가 성명서 같은 것도 내지 않았나요?

김 네, 먼저 성명서를 한 차례 냈어요. 강제 진압 들어가기 전에. 제목이 참 용감했는데 '한총련도 우리 자식이다'였어요. 딱 '최민희 스타일'이었죠.

최 잘 알겠지만 저는 어떤 정치적인 사안이 발생했을 때 중립적인 태도를 취하지 않았어요. 기자회견 명칭을 '언론 바로 세우기' 뭐 이렇게 에둘러 표현한 건 아마 내부에서 문제 제기가 나올 수 있어서 그랬을 거예요. 1996년이면 김영삼 정부에 대한 비판적인 여론이 뜨거워지면서 정권 반대 투쟁을 벌일 것이냐, 말 것이냐 이런 논쟁이 일어났을 때고, 범민련과 범민족대회는 진보 진영, 시민단체들 사이에서도 일종의 뜨거운 감자였으니까요.

김영삼 정부는 초기에 금융실명제, 하나회 해체 등을 이루고, 남북 정상회담을 추진하려고 물밑에서 많은 노력을 했어요. 그래서 한동안 김영삼 대통령 지지율이 고공 행진을 했죠. 그런데 1994년 남북 정상회담이 날짜까지 잡힌 상황에서 김일성 주석이 갑작스럽게 사망해요. 그러면서 이른바 조문 정국이 시작되는데 김일성 조문을 할 것인가를 놓고 엄청난 갈등이 벌어졌어요. 야당과 진보 진영은 정상회담까지 하려던 마당에 조문으로 남북 관계를 개선하자고 주장했지만 정부는 조문 행위를 사법 처리해버려요. 조문 파동이죠. 이때 〈국가보안법〉 구속자가 확 늘면서 김영삼 정부판 공안 정국이 조성됐어요. 거기다가 김영삼 정부가 노태우에게 수천억 원의 대선 자금을 받았다는 의혹까지 터지면서 학생운동권에서 정권 퇴진 구호도 나왔던 것으로 기억해요.

노동운동 쪽에서는 김영삼 반대 투쟁을 일찌감치 시작했을 거예요. 김영삼이라는 인물 자체가 민주화운동을 했다고 하지만 노동문제에 대해서는 천착이 없었던 것 같아요. 대규모 사업장에서 파업이 일어나면 대표적인 노동 악법으로 꼽히던 '3자 개입 금지' 이런 것으로 노동자들을 잡아들였어요. 아무튼 전반적으로 집권 초기의 좋았던 분위기는 사라지고 노동계, 학생운동에서는 반대 투쟁까지 일어나니까 김영삼 정부도 뭔가 돌파구가 필요했다고 봐요. 그래서 시민단체들도 선뜻 옹호하지 않는 범민련과 범민족대회가 강경 진압의 타깃이 된 게 아닐까요?

그래도 김영삼 대통령은 민주화 투쟁을 했던 인물이라 전쟁만은 막았던 것 같아요. 1994년에 북미 관계가 극도로 악화돼서 미국이 북폭 하려고 했잖아요. 그때 김영삼 대통령이 클린턴에게 직접 전화해서 북폭을 막았다고 하죠. 북폭 하면 북한의 대응 폭격으로 남한 국민 수백만이 죽는다고.

아무튼 민언련은 직접적으로 어떤 이념을 주장할 필요가 없고 언론의 보도 태도를 비판하는 단체라서 정치적으로 예민한 사안에 대해서도 발언할 수 있었다고 봐요. 그때 언론들이 학생들을 일방적으로 매도하니까 그런 보도는 잘못됐다는 형식으로 개입했던 거죠. 크게 보면 학생운동의 씨를 말리는 건 사회적으로 바람직하지도 않고요. 무엇보다 제가 학생운동을 한 사람이라 정파 이런 것을 떠나서 운동권 후배들에게 애정이 있을 수밖에 없잖아요. 젊은 시절에 자기 살 길만 챙기지 않고 대의를 고민한다는 태도가 중요했거든요. 제 관점에서는.

민언련 화양연화

김 언협이 재정 형편도 좋아지고 활발하게 활동하게 되니까 사무국장에서 물러나셨어요. 그해에 언협은 사단법인이 됐고 '민주언론운동시민연합(민언련)'으로 이름도 바꾸면서 한 단계 도약할 것 같았는데, 얼마 못 가서 다시 어려워지더라고요. 저는 1999년 말에 공부를 하겠다고 민언련을 잠시 떠났는데 조직 형편이 어려울 때 나오려니 마음이 좋지 않았습니다. 그런데 2000년에 선배님이 사무총장으로 복귀하신다고 해서 안심을 했죠.

최 정확하게 말하면 1998년에 아예 그만둔 건 아니고 비상근으로 '기획관리국장' 직은 갖고 있었어요. 조직을 어느 정도 안정시켰으니까 구원투수로 최소한의 역할을 했다고 생각했어요. 하루 주점을 열어서 2500만 원 정도 기금을 만들어놓는 일까지 해놓고 사무국장에서 물러났어요.

둘째를 임신했기 때문에 다시 사무처 책임자로 복귀할 거라고는 꿈에도 생각하지 않았어요. 큰애를 제 손으로 못 키웠고 친정엄마께 많은 폐를 끼쳤기 때문에 둘째는 정말 잘 키우고 싶었어요. 이제 다시는 사회운동을 하지 않으리라는 마음이었습니다.

그때 제가 자연건강법에 심취해서 강의도 많이 하고 책을 준비하고 있었어요. 첫애가 많이 아파서 병원에 지겹게 다녔는데 약으로 고치는 게 불가능해진 상황에서 자연건강법을 만났죠. 그 방법으로 애를 고치다 보니 공부를 깊이 하게 된 거예요. 그러던 중에 둘째를 낳아서 임신, 태교, 출산, 육아를 자연건강법으로 접근하는 책을 준비하고 있었어요.

그런데 민언련에서 또 저를 찾았어요. 재정이 너무 어렵다는 거예요. 이사장이셨던 성유보 선배가 몇 번을 찾아와서 복귀를 부탁했어요. 남편도 처음에는 '나가지 마라, 할 만큼 했다'고 말렸는데, 계속 사람들이 찾아오고 단체가 점점 더 어려워지고 있다니까. 결국 2000년 3월에 다시 돌아왔어요. 사무국장 직함이 사무총장으로 바뀌어 있어서 사무총장이 됐어요.

지금 생각하면 잘못한 거예요. 그때 우리 딸 윤서가 겨우 8개월이 있는데 애를 떼어놓는 과정이 너무너무 힘들고 고통스러웠어요. 제가 민언련에 나가자마자 애가 폐렴 걸려 고생했어요. '내가 모성애가 부족한가?' 아이에 대한 죄책감과 여러 복잡한 생각이 들었어요. 엄마로서의 역할이 가장 중요하다고 생각했는데 다른 한편으로는 언론운동, 공익적인 일을 해야 한다는 생각 때문에….

인간이라는 게 철들기 시작한 어느 시점부터 순간순간의 선택의 결과로 오늘의 그 사람이 있는 건데 그때만 해도 찬물 더운물 잘 못 가렸던 것 같기도 하고. 저는 학생운동을 하면서 세웠던 선택의 기준에서 벗어나지 못한 거였어요. 공익이나 언론 민주화를 선택 기준으로 삼았고, 그건 시위 주동을 하기 전에 두려움에 떨면서도 결국 하

2000년 민언련 사무총장으로 복귀해 신발이 닳도록 뛰어다녔다.
사무실 옆 골목에서 잠깐의 휴식

게 되는 것과 같아요. 선택을 하면 그 선택에 대한 책임을 져야 됐고. 복귀할 때 재정만 안정시키면 그만두겠다고 했는데 그게 되나요. 결국 2006년 7월까지 내리 하게 됐죠. 나중에 운동권의 사람들이 저를 '젊은 원로'라고 불렀어요. 진보연대 박석운 위원장은 머리 때문에 젊은 원로였고, 저는 너무 오래돼서. 공개 기구 활동가들은 저를 민청련 초기 시절부터 본 거잖아요.

김   정확하지는 않지만 아마 2000년 무렵이었을 거예요. 무슨 토론회에서 선배님이 토론자로 참석했는데, 윤서를 데려오셨어요. 저는 민언련 활동가는 아니었지만 토론회에 갔었고요. 윤서가 아직 말도 못하는 아기여서 저와 다른 활동가들이 돌아가면서 윤서를 안고 업고 돌봤어요. 칭얼거리면 '엄마 저기 있네' 하면서 앞으로 데려가서 엄마 얼굴 보여주고. 윤서가 대여섯 살쯤에는 민언련 사무실에서 거의 살다시피 했던 것 같아요. 활동가들이 다 이모, 삼촌이었잖아요.
   저는 그때 두 가지를 절감했는데, 첫째는 여성이 아이를 낳고 키우면서 사회생활을 하는 게 얼마나 고달픈가 하는 것이고 둘째는 불행히도 선배님은 제가 만난 사람들 중에 가장 건강하고 체력이 좋은 사람이라는 사실이었어요. 민언련 일만 하신 게 아니라 자연건강법 단체까지 만들어서 운영하셨잖아요. 심지어 윤서는 모유로 키우시고…. 그런데도 복귀하신 후에 민언련이 속된 말로 가장 잘나갔어요. 일을 정말 많이 벌여서 선배님 밑에서 일하는 게 죽도록 힘들었어요. 건강하고 일 욕심 많은 사무총장님 밑에서 병약한 저는 정말 온 힘을 쥐어짜서 일했어요.

최   그렇게 온 힘을 쥐어짜는 것 같지는 않았는데…. 제가 자연건강법으로 몇 년을 살아서 그런지 건강하긴 했죠. 그런데 그보다는 제가 개인적으로 작은 일에 어마어마하게 성실한 사람이에요. 뭔가 시작했는데 열심히 안 하면 죄책감이 들어요. 이건 어떤 이념 때문이 아니라 그냥 우리 가족의 보수적 성실성을 닮은 거예요. 우리 집안에서 제일 안 성실한 사람이 저일 거예요.

그런 보수적 성실성이 민언련 활동으로 발현되는 좀 이상한 조합이었다고 할까요? 어떤 일이든 잘 해야 됐어요. 시민단체 민언련이 언론노조에 종속되는 것도 싫었고, 민언련보다 규모가 큰 시민단체에 무시당해도 안 되는 거죠.

기억나요? 시민단체들 사이에서 '등 단체'라는 말이 있었잖아요. 어떤 시민단체가 주도한 활동이든 언론이 보도할 때는 참여연대, 환경연합 등' 이런 식으로 큰 단체들 이름만 써줬어요. 그래서 열심히 활동하지만 드러나지 않는 작은 단체들은 스스로를 '등 단체'라고 자조했고, 큰 단체들은 부담스러워하고 미안해했죠. 제 기준에서는 민언련이 '등 단체'가 되는 건 절대 안 될 일이에요. 그러니까 열심히 해야 하는 거예요.

2000년에 복귀하고 나서 사무실을 다시 허름한 건물로 옮기고 신발이 한 달에 두세 켤레 떨어질 만큼 회원가입서를 들고 돌아다닌 게 제일 기억나요. 김유진 씨가 돌아온 2002년 말은 그렇게 해서 재정이 안정된 이후였어요. 회비가 1000만 원쯤 됐을 거예요. 교육사업도 잘 됐고. 그래서 그때부터 더 활동을 많이 할 수 있었던 거죠.

김 신발이 닳을 정도로 회원가입서 들고 다니신 건 활동가들이 여러 번 얘기해줬어요. 모두에게 인상적인 일이었던 것 같습니다. 그런데 저는 민언련 밖에 있어서 재정 문제는 체감하기 힘들었어요. 그보다는 복귀하신 후에 민언련이 다시 대외 활동을 활발하게 한다는 인상을 받았죠. 민언련을 중심으로 '조선일보반대시민연대(조반연)'가 만들어진 것. 2001년 언론사 세무조사 국면에서 민언련이 조중동에 맞서서 세무조사의 필요성을 주장했던 것 등이요.

그 즈음에 선배님도 한겨레신문이 뽑은 '21세기를 이끌 100인'인가에 나오셨던 것 같은데요.

최 언론운동의 방향을 정하고 구체적인 일을 기획하는 건 제게 어려운 일이 아니었어요. 전체 정치 상황, 언론 상황을 쭉 보고 하루 이틀 자료를 꼼꼼히 읽고 나면 기획이 가능했으니까요. 솔직히 저에게는 회원 늘리고 재정 안정시키는 일이 난제 중 난제였어요. 제 기억 속에 가장 각인된 과제여서 제일 먼저 떠올랐는데, 시민단체 입장에서 보면 사회적으로 큰일이 많았네요.

2000년에 총선시민연대가 떠서 크게 주목받기도 했고. 그 시기가 시민단체들이 전반적으로 성장하던 때였어요. 중앙일보가 그중에서도 민언련을 '5대 시민단체' 중 하나로 꼽고 그랬으니까 민언련이 조직 규모에 비해서 여러 가지 일을 한 거예요. 한겨레신문이 뽑은 100인은 참여정부 출범 후의 일이에요. 그때 조국 교수, 박석운 위원장 등과 함께 선정되었던 것 같아요.

언론사 세무조사는 시기적으로 너무 늦었던 게 아니었나 싶어요. 1998년에 언론개혁시민연대가 만들어졌어요. 언론노조와 민언련이 중심이 되고 보도 지침 폭로로 신망이 높은 김주언 선배를 사무총장으로 모셨어요. 민언련은 일상 대중 사업이 있고 언론노조도 자기 조직의 사업을 해야 하니까 제도 개선에 집중하는 조직이 필요했던 거예요. 언개연은 그때부터 언론사 세무조사 실시를 촉구했죠.

그런데 김대중 정부는 초기부터 언론사와 적대적 관계를 맺고 싶어 하지 않았어요. 김대중 대통령이 당선자 신분으로 조선일보 방우영의 고희 출판기념회에 직접 가기도 해서 비난을 받았어요. 김대중 정부의 실세였던 박지원 씨는 과거 정부들의 이른바 '캐시 앤 위스키'

정책을 벗어나지 못했어요.

정권 말기라고 할 수 있는 2001년에 언론사 세무조사를 하게 된 건 '옷 로비 사건', 정확하게 말해 신동아그룹의 외화 밀반출 사건 때문이라고 봐요. 신동아그룹 회장의 아내가 김태정 법무부 장관 아내에게 옷을 사 주면서 남편을 구해달라고 로비했다는 의혹이 불거지는데 이게 이희호 여사까지 확산돼요. 조선일보 등 보수 언론이 실체도 없는 의혹을 확산시켜서 '옷 로비 사건'이라는 프레임이 만들어진 거예요. 그러니까 김대중 정부 입장에서는 더 이상 안 되겠다 싶었던 거죠. 그런데 정권의 힘이 다 빠진 뒤 위기에 몰려서 세무조사를 하니까 언론사들은 언론 탄압이라며 반발했어요. 당연한 일이죠.

1999년에 보광그룹 탈세로 홍석현 씨가 검찰 조사를 받으러 갈 때를 생각해보세요. 중앙일보 기자들이 부끄러운 줄도 모르고 '사장님 힘내세요' 피켓을 들고 홍 씨를 응원하잖아요.

세무조사를 언론 탄압이라고 물타기 하는 건 충분히 예상할 수 있는 상황이에요. 그러니까 당선된 직후부터 언론개혁 방안을 준비하고 세무조사도 집권 초기에 실시했어야 하는 건데, 정치권이라는 게 일단은 언론과 잘 지내려고 하는 속성이 있으니…. 김대중 정부가 'DJP 연합'이라는 '묘기'로 집권을 했고, 김종필 총리를 지명했는데 국회 인준을 못 받아서 총리서리 상태로 거의 반년을 끌었잖아요. 그만큼 정권의 기반이 취약했으니 언론개혁을 밀어붙이기 어려운 조건이기도 했죠.

신문사 소유 지분의 제한 주장은 타당했을까

김 제도개혁운동 얘기가 나왔으니 신문개혁운동, 구체적으로 〈정간법〉*개정운동에 대해서 얘기해보고 싶은 게 있어요. 말씀하신 것처럼 언개연을 중심으로 해서 2000~2001년에 신문개혁운동이 굉장히 활발하게 일어났어요. 2002년부터는 약간 소강상태랄까. 그러다가 노무현 정부 들어서면서 다시 논의가 활발해졌죠. 특히 17대 총선에서 열린우리당이 탄핵 효과로 과반이 넘는 의석을 차지하고 〈국가보안법〉, 〈사립학교법〉, 〈과거사진상규명법〉, 〈신문법〉** 등 언론 관계 법을 '4대 개혁 입법'으로 설정하면서 큰 이슈가 됐어요. 시민단체들도 개혁 입법 통과를 촉구하면서 2004년 마지막 날까지 국회 앞에서 밤샘 집회를 했던 기억이 생생합니다.

하지만 연내 처리된 건 언론 관계 법뿐이고 그나마 언론 단체들이 요구했던 핵심 내용은 다 빠져서 '누더기'라고 비판을 많이 했어요. 신문사 소유 지분의 제한이 무산되고 편집위원회, 편집규약 같은 편집권 독립 방안은 권고에 그쳤으니까요.

당시에 저는 열린우리당이 법안들을 '4대 개혁' 이런 식으로 묶은 것이 잘못이라고 생각했어요. 개혁을 패키지로 묶으면 저항도 패키지가 되니까요. 〈국가보안법〉이야 사회적 갈등이 불가피하겠지만 다른 법안들 특히 〈과거사진상규명법〉은 굳이 '개혁'이라는 말을 붙일 필요가 있었을까. 〈사립학교법〉도 '개혁'보다는 '사립학교 정상화' 뭐 이런 식의 프레임을 만들어야 했던 게 아닌가 생각했어요. 조용히 처리할 수 있는 법안은 최대한 조용히 처리했으면 싶었죠.

그런데 시간이 지날수록 그런 전술적 문제보다 우리가 요구한 언론 관계 법 자체를 성찰하게 되더라고요. 신문사 사주의 지분을 제한한다는 게 가능했던 일인가, 사주 지분을 30%로 제한한다고 영향력이 사라졌을까 하는. 다른 한편으로는 그런 내용이 아니었다면 법제개혁의 포

---

* 정식 명칭은 '정기간행물의 등록 등에 관한 법률'이다.
** 정식 명칭은 '신문 등의 자유와 기능 보장에 관한 법률'이다.

인트는 무엇이 됐어야 했나 싶기도 하고요.

최 당시 여론조사를 하면 4개 입법에 대한 찬반 비율이 차이가 났어요. 언론개혁에 관해서는 55% 정도가 찬성했어요. 〈과거사진상규명법〉, 〈사립학교법〉은 70%까지 간 적도 있었던 것 같고. 찬성이 가장 이 낮았던 건 〈국가보안법〉 폐지였는데 최고치가 40% 초반이었어요.

의문사 진상 규명이나 친일파 청산 같은 건 이념적으로 논쟁할 사안도 아니니까 따로 처리하는 게 더 낫지 않았나 싶어요. 나머지는 논쟁이 치열한 법안들이에요. 〈사립학교법〉은 겉으로는 첨예한 문제가 아닌 것 같지만 사실은 한나라당과 기득권 세력들이 가장 반대가 심했던 법안이었고요. 쟁점이 외부 감사를 두는 것과 친인척 이사 수를 제한하는 건데 사립학교가 얼마나 제멋대로 운영됐으면 이 정도를 못 받겠다는 건지 이상하긴 했죠. 따로 떼어서 가도 저항은 심했을 거예요. 그래도 우리가 4개 법안을 각각 접근했으면 어떤 건 통과되고 어떤 건 안 됐을 수 있는데, 결과적으로 다 실패한 셈이 됐어요. 〈국가보안법〉은 완전히 실패했고. 〈사립학교법〉은 그래도 의미 있는 조항을 담아서 통과됐다가 그나마 박근혜의 〈사학법〉 재개정 장외 투쟁으로 몇 달 만에 재개정되면서 무위로 돌아갔죠.

4개 법안을 묶는 순간 〈국가보안법〉이 핵심으로 떠오르고 다른 법안은 여기에 딸려가게 되는 운명이었어요. 한국 사회에서 〈국가보안법〉은 그만큼 파괴력 있는 사안이니까요. 노무현 대통령이 '〈국가보안법〉을 박물관으로 보내야 한다'며 공개적으로 〈국가보안법〉 폐지에 힘을 실었지만 손도 못 대고 끝났거든요. 한나라당은 더 난리를 치고 '4대 개악 입법'이라고 치고 나왔죠. 여론도 〈국가보안법〉 폐지에 부정적이니까 4대 개혁 입법이라는 묶음을 밀어붙일 힘이 떨어지는 거예요.

야당이나 수구·보수 언론들이 〈국가보안법〉이 없으면 당장 안보에 구멍이 생길 것처럼 공세를 편 것도 영향이 있었고 일반 국민들이 실제 생활에서 〈국가보안법〉의 폐해를 느끼고 살지는 않잖아요. 그러니까 〈국가보안법〉을 '굳이 폐지까지 할 필요가 있나, 독소 조항만 좀 고치면 되는 거 아닌가' 이런 정서가 생길 수 있죠.

당시에 박근혜 쪽에서는 〈국가보안법〉의 이름을 '자유민주질서수호법'으로 바꾸고 독소 조항 없애는 건 합의하겠다고 했어요. 그쪽 논리는 북한이 존재하는 상황에서 뭔가 대응하는 법이 있어야 한다는 건데, 대중에게 통할 수 있는 얘기였죠. 그런데 진보 진영에서는 반민주 악법을 완전 폐지해야 한다는 입장을 포기할 수 없어요. 여당 내부에서도 의견이 엇갈렸고. 4대 개혁 입법이 사실상 전패하면서 진보 진영의 기세가 꺾였다는 점이 안타까워요. 결이 다른 개혁 정책들을 한 보따리로 묶어서 싸우는 방식은 패착이었어요.

언론 관계 법에 대해서 얘기를 해보자면, 당시에 신문사 소유 지분의 제한이 언론개혁의 핵심인 것처럼 인식되고 있었어요. 잘 알겠지만 신문사 사주 일가가 100%의 지분을 갖고 있다고 치면 이것을 30%만 남기고 70%를 다른 사람에게 팔라는 얘기잖아요. 저는 속으로 이 부분에 대해서 정말 가능할까 싶었어요.

자본주의 사회에서 소유 지분이 일반적인 법제로 제한되지 않는 상황인데 신문사 소유 지분의 제한을 반자본주의 정책이라고 몰아붙이면 여기에 어떻게 대응할 수 있을까? 물론 우리 대응 논리가 있었죠. 은행 독점을 막기 위한 〈은행법〉, 〈방송법〉 등 현실 사례를 들어서 언론의 공익성을 위해 소유 지분의 제한이 가능하다고 주장했어요. 또 우리 〈헌법〉이 재산권 행사에 있어 공공복리에 적합할 것을 요구하고 있기 때문에 언론이 공적 기능을 담당하고 있다는 점에 비춰볼 때 논쟁 대상이 아니라고 했지요. 구체적으로 〈헌법〉 제23조는 재산권에 대해 공익 등 필요한 경우 법률로 제한할 수 있다고 돼 있고, 제119조는 기업과 관련해 균형 있는 경제의 성장, 분배와 시장 지배 남용을 방지하기 위한 규제를 명시하고 있다는 등이 근거였어요. 다른 나라들의 유사한 사례들을 제시하기도 했고요.

그런데 30%로 소유 지분을 제한하면 정말 대주주의 영향력에서 자유로울 수 있을까? 태영이 30% 지분으로 SBS를 다 지배하고 있었기 때문에 저는 솔직히 소유 지분의 제한이 신문 지면을 바꾸는 지름길로 보이지 않았어요. 물론 밖에 나가서 '소유 지분의 제한을 반대한다'고 말하지는 않았죠. 언론운동 전체의 요구에 보조를 맞췄어요. 그렇다고 소유 지분의 제한이 핵심이라고 강력하게 주장할 수도 없었어요. 그건 제 소신이니까. 언론 관계 법이 국회에서 통과되고 난 후에 언론운동 내부에서 최민희와 민언련 때문에 소유 지분의 제한이 빠진 것 아니냐고 욕도 먹었어요. 그런데 또 언론운동 밖에서는 제가 민언련 사무총장이니까 소유 지분 30% 제한을 주장하는 대표 선수처럼 인식되기도 했어요. 역설적으로. 안에서는 욕먹으며 논쟁하는데 밖에서는 대표 선수처럼 보였던 거죠.

김 그때 저는 소유 지분의 제한이 타당하다고 생각했어요. 러시아혁명 때 볼셰비키가 언론 자유를 부정하면서 이런 근거를 들어요. '자본가가 소유한 인쇄기계, 용지를 그대로 두면 자본가들이 독점적으로 반혁명 여론을 만들게 된다. 인쇄 시설은 언론 자유가 아니라 사적 소유라는 측면에서 몰수해야 할 대상이다'라고. 신문 제작 수단을 소유한 사람이 여론을 좌우할 수 있다는 인식은 100년 전에도 확실했던 거예요. 물론 민주주의 사회에서 볼셰비키 방식은 불가능하고 옳지도 않지만, 여론 다양성을 보장하는 것은 민주주의의 대전제잖아요. 그러니까 아무리 신문사가 사기업이라고 해도 여론 독점을 막기 위한 어느 정도의 지분 제한은 명분 있고 타당하다고 생각했어요. 사민주의* 복지국가에서 공익을 위해 사유재산을 제한하는 경우도 많고요. 그런데 2004년 한국 사회라는 현실을 고려했을 때 가능하지 않았다는 생각이 들어요. 지금은.

최 원래 운동이라는 게 최대치를 요구하고 60~70%를 얻는 거니까 소유 지분의 제한을 요구하는 것은 의미가 있었다고 봐요. 다만 100을 요구했는데 얻는 게 너무 적었다는 게 문제였죠. 편집규약이나 편집위원회 같은 것도 다 권고 사항이 돼버렸으니.

신문사가 사기업인데 사적 소유를 제한하는 법이 가능하냐는 문제를 두고 민언련 내부에서 사적으로 난상토론을 벌인 적도 있어요. 현실에서는 소유 지분의 제한은커녕 시장점유율에 따른 지원 제한도 위헌판결을 받았잖아요. 만약에 그때 소유 지분의 제한이 통과됐다 해도 신문사들이 헌법 소원을 냈을 테고 헌재는 위헌판결을 내렸을지 몰라요.

당시 제가 생각하기에 가장 합리적인 제도 개선 방법은 신문 시장 정상화였어요. 신문사 소유는 사유재산이고 신문 지면은 언론 자유의 영역이지만 공정한 시장 경쟁은 부정할 수 없는 자본주의의 룰이니까요. 신문사들이 구독료보다 비싼 경품을 주면서 부수를 늘리는 건 독자 매수 행위예요. 그렇게까지 하는 이유는 부수 많은 신문이 광고를 많이 유치하기 때문이고. 신문 지면의 질이나 논조와 관계없이 경품 많이 뿌릴 수 있는 신문사들이 시장을 지배하는 구조부터 바꾸는 게 우선이라고 봤어요. 노무현 정부 출범 전부터 공정위가 신문 시장 단속에 나서라고 민언련, 언론인권센터 등이 시위도 하고 캠페

---

* 사회민주의. 프롤레타리아 독재를 부정하고 의회와 노동조합을 통하여 합법적이고 점진적으로 사회주의의 실현을 꾀하는 사상.

인도 하고 그랬죠.

민언련은 독자감시단을 만들어서 실태조사도 했고. 특히 신고포상제, 그러니까 불법 경품을 신고하면 포상금을 주는 제도에 심혈을 기울여서 결국 2005년 4월 1일부터 시행이 됐는데, 이게 신문 시장에 경종을 울리고 일시적인 효과도 거뒀죠. 시민들이 능동적으로 참여할 수 있는 근거를 마련했다는 것도 의미가 있었어요. 무슨 일이든 시민들이 직접 참여해야 세상이 바뀐다고 생각을 해요. 그래도 끝내 불법 경품을 근절하지는 못했어요. 지금도 경품을 제시하면서 신문 판촉을 하는 사람들이 있긴 있더군요. 신문 경품이 규모가 줄어든 건

〈신문법〉의 위헌판결

2006년 6월 29일 헌법재판소 전원 재판부(주심 주선회 재판관)는 〈신문 등의 자유와 기능 보장에 관한 법률(신문법)〉 제17조와 제34조에 대해 각각 위헌 결정을 내렸다. 당시 〈신문법〉 제17조와 제34조는 전국 신문 발행 기준으로 1개 신문사의 시장점유율이 전체 시장의 30%를 넘어설 때, 3개 신문사의 시장점유율이 60% 이상일 때 〈공정거래법〉상 시장 지배적 사업자로 규정하고 신문발전기금 지원 대상에서 배제하고 있었다.

헌재는 결정문에서 '독자의 개별적, 정신적 선택에 의해 시장 지배적 지위가 형성되는 만큼 불공정 행위를 초래할 위험성이 특별히 크다고 볼 수 없다'며 '신문사업자를 일반사업자에 비해 쉽게 시장 지배적 사업자로 규정하는 것은 불합리하다'고 위헌 이유를 설명했고, 제34조에 대해서는 '합리적인 이유 없이 발행 부수가 많은 신문사업자를 차별하는 것은 평등 원칙에 위배된다'고 설명했다.

언론 환경이 급변하고 종이신문 시장이 위축된 영향이 크죠. 죽어가던 종이신문을 살린 건 종편 도입이라고 할 수 있어요.

'노사모'에 배우다

김 2004년 노무현 대통령 탄핵 얘기도 해야 할 것 같아요. 헌정사상 최초이기도 했지만 탄핵에 이르기까지 조선일보를 중심으로 한 조중동의 대통령 공격이 정말 대단했잖아요. 저는 아침마다 《조선일보》를 보는 게 너무 싫었는데, 노무현 대통령에게 자꾸 인간적으로 연민이 느껴져서요. 제가 노 대통령의 열렬한 지지자도 아니고 노동, 경제 같은 분야의 정책은 못마땅한 것도 많았는데, 《조선일보》를 보면 대통령이 진짜 불쌍한 거예요. 대통령이 욕먹는 자리이긴 하지만 조선일보는 정책 비판이 아니라 인격적으로 모욕하고 이죽거린다고 할까, 그런 비난이 일상적이었어요.

그런데 2004년 1월 1일 조선일보가 노무현 대통령 탄핵에 찬성하는지 반대하는지 묻는 여론조사 결과를 기사로 실었어요. 당시 한나라당 일부에서 탄핵을 언급하는 경우가 있긴 했지만 조선일보가 여론조사 방식으로 대놓고 의제화하는 것을 보니 뭔가 분위기가 이상했어요. 그리고 얼마 안 가서 한나라당과 민주당 일부가 정말 탄핵을 하더라고요. 조선일보가 진짜 무서운 존재라는 생각이 들었는데, 더 놀란 건 탄핵 직후 시민단체들이 보인 반응이었어요. 국회가 탄핵을 가결한 다음 날로 기억하는데 시민단체들이 민언련 교육관에 모여서 대응을 논의했잖아요. 저는 실무만 잠시 준비했는데 분위기가 예상과 달랐어요. 탄핵 반대는 당연하고 어떻게 싸울지 논의하는 자리라고 생각했는데 그렇지 않더라고요.

최 아직도 날짜가 정확히 기억나요. 2004년 3월 12일. 오전 11시쯤 탄핵이 가결됐을 거예요. 그때 노사모*를 중심으로 시민들 수백 명 정도가 국회 앞에서 모여 있었고 우리 민언련 활동가들도 몇몇 있었을걸요? 탄핵 가결 소식이 알려진 뒤, 국회 앞에서 민언련이 시민들과 '민주주의 장례식'을 했어요.

오후 5시쯤에 최초의 탄핵 반대 집회가 시작돼요. 노사모가 중심이 됐는데 탄핵 소식을 듣고 시민들이 점점 몰려들어서 저녁에는 여의도 국민은행 앞 도로를 꽉 메웠어요. 집회에는 연사가 있어야 하잖아요. 그런데 마이크를 잡으려는 사람들이 없었어요. 시민단체 중에서는 저와 당시 김상희 여성단체연합 대표만 연단에 올랐던 것으로 기억해요. 그날 노사모가 그 자리에서 마이크를 잡고 2천여 명 정도 되는 시민들과 밤을 새워 집회를 했어요.

김유진 씨가 기억하는 회의는 탄핵 다음 날 13일 낮이 맞아요. 앞서서 탄핵 당일에도 몇몇 시민단체 사람들이 긴급회의를 했는데 뭘 할지 결론을 못 냈어요. 13일 회의 때도 '신중론' 내지 '중립론'이 꽤 있었어요. 그런데 민중연대 박석운 집행위원장이 입장을 확실하게 취해줬어요. '헌정 질서에 대한 도전, 민주주의의 위기'라고. 민중운동 진영이 노무현 정부에 대해 비판적일 수밖에 없는 상황이었는데도 탄핵 반대 입장을 분명히 한 게 오히려 의외였죠. 주요 시민단체들 중에서는 민언련, 여성단체연합 정도가 반대 입장을 분명히 했어요.

그리고 그날 저녁 7시에 광화문에서 노사모가 탄핵 반대 집회를 여는데 대략 8만 명 정도가 와요. 시민단체들이 '탄핵무효국민행동' 논의를 하고 탄핵반대운동에 본격적으로 참여한 건 그 이후예요. 8만의 시민들이 시민단체들을 탄핵 반대로 견인한 거라고 할 수 있어요.

---

* '노무현을 사랑하는 사람들의 모임'의 준말.

김 처음에 시민단체들은 왜 탄핵 반대에 나서기를 주저했을까요?

최 당시 시민단체들은 총선시민연대 활동 등을 거치면서 우리 사회에서 위상이 높아졌고 일정한 지위를 갖게 됐어요. 말하자면 어느 정도 제도화되었다는 거죠. 탄핵 가결 직후에 탄핵 반대 여론이 90%가 넘었어요. 대구에서도 80% 정도 됐을 거예요. 어처구니없는 이유로 대통령을 탄핵하니까 이념이나 지지 정당을 떠나서 '상식적으로 이게 말이 되냐' 그런 여론이 압도적이었던 거죠. 시민단체들이 일반 시민들의 생각을 좇아가지 못했다고 봐요.

시민단체는 재야 운동이 반독재민주화운동을 이끌어왔던 시대에서 시민의 삶을 바꾸는 운동, 참여 민주주의 등을 표방하면서 안착했어요. 민언련도 시민언론운동으로 방향을 바꾸었잖아요. 그 지향은 맞았어요. 문제는 시민운동이 상층부 엘리트 중심으로 움직였다는 거죠. 그렇다고 시민들과 유리됐다고 말하면 안 되고요, 참여연대나 환경운동연합 같은 단체들은 회원이 2~3만이나 됐으니까. 시민들이 시민운동의 실제 주체가 되는 데는 한계가 있었다고 할 수 있을 거예요. 거기다가 몇 년 동안 주목받으면서 잘나가다 보니 새로운 흐름에 대해 보수적인 태도를 취한 게 아닐까 싶어요.

반면에 노사모는 기존 시민단체와는 전혀 다른 정서를 갖고 있었고 놀랄 만큼 자발적인 방식으로 움직였어요. 시민사회에 나타난 일종의 새로운 현상이었어요.

제가 그때 진짜 놀란 건 탄핵 반대 집회가 본격적으로 시작된 후에 노사모가 보여준 모습이에요. 조선일보 등이 탄핵 반대 집회를 '친노 집회'로 몰아가니까 시민단체 내부에서는 노사모와 같이하는 것을 꺼려하는 분위기가 있었어요. 그래서 제가 노사모 집회를 이끌었던 이상호 씨에게 부탁했어요. 탄핵 반대는 시민 집회가 돼야 하니까 노사모 깃발이나 노란 옷 같은 것을 갖고 나오지 않았으면 좋겠다고요. 그랬더니 정말 노란색이 사라졌어요. 노사모에서 자원봉사자만 1천 명은 꾸렸는데 티를 안 내요. 노무현을 구하는 일만 중요해서 자신들의 존재감을 드러내거나 하는 게 전혀 중요하지 않았던 거예요. 엄청난 동원력, 자발성, 대중적 감각 이런 것을 보면서 기존의 시민단체는 시대의 흐름에 밀려나고 있다는 생각이 들었어요. 운동이 정치적 문제를 놓고 대중의 요구를 수용하지 못하면 호응을 못 받게 되고 결국 헤게모니 교체가 이뤄지는 거잖아요.

뒤에 다시 얘기하겠지만 검찰개혁 촛불집회는 노사모가 불씨를 당긴 2004년 탄핵 반대 집회 때와는 또 다른 진화였어요. 노사모도 어쨌든 일종의 조직이잖아요. 그런데 이번에는 조직이라는 게 없었어요. 〈시사타파〉라는 개인 유튜브 방송이 시작을 해서 시민들이 모여든 거니까요.

김 민언련은 참여정부 시기에 조직적으로 많이 성장했어요. 그런데 다른 한편으로는 '친노'라는 공격과 비난을 받기도 했어요. 탄핵 반대에 적극적으로 나서기도 했지만 일상적으로 조선일보의 왜곡 편파 보도를 비판하다 보니 노무현 정부를 결과적으로 방어하는 경우가 잦았던 것 같아요. '친여 단체'는 그나마 점잖은 표현이고 '홍위병', '친노', '좌파' 등등 수구·보수 언론들과 야당은 민언련에 부정적인 낙인을 찍었어요. 진보 진영 일각에서도 민언련을 '친노'라고 보는 시선이 있었고 심지어 민언련 내부에서도 지나치게 정부에 우호적인 활동을 한다는 비판이 나왔어요.

최 우선 민언련이 조직적으로 성장할 수 있었던 건 회원들과 활동가들이 열심히 헌신적으로 활동한 덕분이에요. 여러 가지 사업을 벌이고 열심히 활동하니까 회원들도 늘었고. 그때 민언련 사무실에 오는 사람들은 다 놀랐어요. '여긴 젊은 사람들이 왜 이렇게 많아?' 시민단체를 보고 '시민 없는 시민운동'이라고 비판하는데 민언련은 분위기가 역동적이고 시끌벅적했잖아요.

실제로 회원 모임이 굉장히 활발해서 공간이 부족할 정도였고 민언련이 주최하는 행사에 참여하는 회원들도 많았고. 황금기였죠. 민언련은 정부가 공모하는 지원 사업을 얼마 하지도 않았지만 조선일보가 하도 시비를 걸어서 그조차 중단해버렸어요. 민언련의 조직적 성장과 '친노' 논란은 아무 관련이 없다는 것을 분명히 해야 돼요.

다만 노무현 대통령이 조선일보와 싸우면서 언론개혁에 대한 시민들의 관심이 커졌다는 사실은 부정할 수 없어요. 2002년 민주당 경선 때 조선일보, 동아일보가 자신을 하도 공격하니까 "조선, 동아는 민주당 경선에서 손 떼라"고 정면으로 받아쳤잖아요. 조선, 동아일보가 뭔가 문제가 있다는 메시지를 그보다 더 강렬하게 대중에게 전달한 사람은 없었어요. 힘 있는 정치인들은 심하게 말하면 조선일보에 빌붙어서 자기 명성을 키우려고 하는 게 일반적이었죠. 그런데 대통령이 되겠다는 사람이, 실제로 대통령이 되어서도 조선일보와 싸운다는 게 언론운동 하는 제 입장에서는 반가웠어요. 물론 대통령이 언론을 비판하니까 언론 탄압이라는 반발을 불러오지만.

민언련이 '홍위병', '좌파', '친노' 이런 공격을 받은 건 사실이지만 우리 단체만 그랬던 건 아니었어요. 시민단체가 던지는 개혁 의제와 노무현 정부가 내세우는 개혁 의제가 일치하는 경우가 많았기 때문에 불가피한 측면이 있어요. 그런데 여기서 판단이 갈리는 거예요.

오해를 받을 수 있으니 의식적으로 정부와 거리를 두어야 한다는 쪽, 시민단체가 주장하는 개혁 과제가 성공하려면 정부가 힘을 실어주는 게 도움이 된다는 쪽. 저는 사실 후자였어요. 제 개인의 성향도 반영된 건데, 내가 홍위병이든 말든 언론운동이 잘 되는 게 더 중요하다는 생각인 거예요. 대통령이 조선일보와 싸우니까 안티조선운동을 하는 사람들이 필연적으로 '친정부'라는 공격을 받게 되는데, 어쩌겠어요? '홍위병이라고 비난하려면 해라.' 안티조선운동에 노사모 사람들이 열심인데 '이들이 '친노'라서 우리가 거리를 둬야 한단 말인가?' 민언련은 어마어마하게 힘센 조선일보와 싸워야 하는데 대통령이든 노사모든 같이 싸우면 좋다고 생각했어요.

'언론과 싸우는' 대통령

김 그러니까 시각 자체가 달랐다고 할 수 있을 것 같아요. 보통은 정치권력을 중심에 놓고 친정부냐 아니냐를 판단하는데 선배님은 언론운동을 중심에 놓고 대중 정치인이 같은 목소리를 내는 게 유리하냐 불리하냐를 따졌던 거예요.

솔직히 저는 노사모나 노무현을 지지하는 분들의 사고방식이 낯설어서 함께 일할 때 당황스러운 적이 꽤 있었어요. 하지만 그분들이 조선일보의 문제를 대중들에게 확산시키는 데 기여한 건 동의할 수밖에 없어요. 유인물 한 장을 뿌려도 노무현을 사랑하는 애끓는 마음으로 뿌리는 것과 언론개혁의 당위로 뿌리는 건 열정에서 차이가 나요. 우리 활동가들도 헌신성에서는 정말 최고였는데 그분들 중에는 말 그대로 밤새워서 우리가 모니터한 조선일보 왜곡 보도를 인터넷에 퍼 나르는 분이 있더라고요.

노무현 대통령의 언론정책 혹은 언론 대응에 대해서는 개인적으로 아쉬움이 있어요. 말씀하셨듯이 그는 후보 시절부터 조선일보, 동아일보와 싸운 정말 희귀한 정치인이었어요. 하지만 결과적으로 조선일보를 중심으로 한 언론권력을 직접적으로 약화시키지는 못했다고 생각합니다. 결국 노 대통령은 퇴임 후 검찰과 언론의 협공을 받아서 가장 처절한 방식으로 저항해야 했어요.

최 노무현이라는 인물은 정치권의 돌연변이였어요. 돌연변이는 조건이 있잖아요. DNA 변화를 가져와야 하고 대물림돼야 해요. 과거의 정치는 권위 있는 보스를 중심으로 쫙 줄서는 정치, 의제보다는 돈으로 조직을 움직이고 야합하는 정치, 계파에 따라 움직이는 정치였어요. '보스, 돈, 계파'가 동력이었죠.

그런데 노무현은 복종하는 보스도 없고, 돈도 없고, 계파도 없었어요. 심지어 이렇다 할 학벌도 없어서 학연도 없고. 그저 끓어오르는 열정과 서민에 대한 무한한 믿음을 가지고 정치를 하겠다고 나타난 인물이었던 거예요. 이런 사람이 정치의 DNA를 바꿨다는 건 권위주의를 깼다는 데 있어요. 그 방식이 첫째는 시민 참여 정치를 시작한 것, 두 번째는 소수 기득권 엘리트 중심의 밀실 정치에서 광장의 너른 정치로 나왔고 그러기 위해서 인터넷 정당정치를 시작한 것이에요. 이건 필연적으로 기존 언론을 부정하는 방향으로 가게 돼 있었어요. 이게 핵심이었고 지역주의 타파나 지역 균형 발전, 언론과 맞서싸운 것은 그 다음이라고 봐요. 기득권 엘리트에 대해 저항의 정치를했기 때문에 공격받고 탄핵 위기에 몰리고, 기득권의 핵심인 검찰과 언론에 사실상 타살당하게 된 거예요.

만약 노무현 대통령이 서울대를 나왔다면, 돈이 많았다면, 소위 중앙 정치에 인맥이 빵빵했다면, 하다못해 학생운동이라도 했다면 인맥이 있었을 텐데… 이 중에 단 하나라도 가졌으면 그렇게 돌아가시지 않았을 거라고 생각해요 저는. 아무것도 가진 게 없으니까 기득권의 중심인 수구·보수 언론과 태생적으로 갈등 관계일 수밖에 없는거예요. 대통령이 되는 과정도 개인기와 열정, 카리스마에 노사모라는 외인 구단의 힘 덕분이었잖아요. 민주당 주류는 마지막까지 후보를 교체하려고 했고. 가진 것 없이 모든 권위에 도전하면서 대통령이 됐으니 그 순간 갈등이 시작된 거예요. 탄핵은 예정돼 있었던 것이나 마찬가지였어요. 1973년에 칠레 대통령 아옌데Salvador Allende가 친미 쿠데타에 맞서서 총 들고 싸우다가 대통령궁에서 죽잖아요. 탄핵 전에 노무현 대통령과 참모들이 아옌데 얘기를 했다고 들었어요. 기득권 세력에게 제거당하는 두려움을 늘 갖고 있었던 거죠.

김 저도 노무현 대통령이 아옌데를 언급했다는 얘기를 들은 적이 있어요. 최근 칠레에서 경제적 불평등에 항의하는 반정부 시위가 격렬하잖아요. '단결한 민중은 결코 패배하지 않는다'는 노래가 다시 불린다고 하더라고요. 아옌데 정부 때 나온, 우리로 치면 〈임을 위한 행진곡〉 같은 곡인데 피아노 변주곡으로도 작곡돼서 연주되거든요. 저는 그 곡을 들으면 아옌데와 함께 노 대통령이 떠올라요. 부질없는 가정일 수도 있지만 2002년 대선 때 정몽준과 단일화가 깨지지 않았다면 노무현 정부는 어떻게 됐을까. 2005년에 '삼성 엑스파일' 사건으로 홍석현 씨가 주미대사에서 낙마하지 않고 중앙일보가 '반노'에 서지 않았다면 노무현 대통령의 마지막이 좀 달랐을까 이런 생각을 종종 했습니다.

최 단일화가 안 깨졌다면 어땠을까… 너무 복잡한 상황이라 예상할 수 없을 거 같네요. 두 번째 가정은 중앙일보라도 노무현 정부를 흔들지 않는 상황을 말하는 거죠?
　노무현 대통령이 홍석현 씨를 주미대사로 임명했을 때 민언련을 비롯해서 시민단체들은 비판을 했어요. 하지만 저 개인적으로 의견을 물어봤을 때는 비난하지 않았어요. '조중동'이 하나로 똘똘 뭉쳐 있으면 너무 강하니까 중앙일보라도 다른 목소리였으면 좋겠다고 생각했어요, 솔직히. 그리고 실제로 당시에 중앙일보는 남북 관계나 KBS 정연주 사장 등 몇 가지 문제에서는 조선일보보다 유연한 모습을 보이기도 했고요.

홍석현 씨 건과는 별개로 제가 '조중동'이라고 붙이지 말자고 주장하기도 했잖아요. 군이 표현하면 조선일보는 이념형 수구 언론, 중앙일보는 실용형 보수 언론이라고 구분했어요. 조선일보는 수구·보수 이데올로그ideologues이고, 중앙일보는 삼성과 특수한 관계이지만 어쨌든 자본이니까 최소한의 실용성이 있을 거라고 봤던 거예요. 그래서 조선, 중앙, 동아가 다 다르니까 '하나로 묶어서 뭉치게 하지 말자, 조선일보가 핵심이다' 이렇게 주장했죠. 셋이 붙어 있으면 너무 세니까. 이것으로 진보 진영 내에서 엄청 비난받았어요. 중앙일보를 수구·보수 언론에서 빼주자는 주장이라고 와전되기도 했고, 일부에서는 조선일보는 수구·보수 이데올로그지만 기업적 기반이 없기 때문에 소멸할 수도 있는 반면 중앙일보는 삼성과 연결돼 있고 우리 사회의 모든 폐해가 삼성에서 비롯되므로 중앙일보가 더 나쁘다고 봤어요.

만약에 '삼성 엑스파일' 사건이 안 터지고 홍석현 씨가 주미대사에서 낙마하지 않았다면 어땠을까? 어떻게 알겠어요. 흔히들 정치는 생물이라고 표현하잖아요. 노무현 정부는 실패할 수밖에 없었다는 식의 결정론에는 동의하지 않아요. 노무현 정부가 성공할 가능성의 문은 언제든 열려 있었다고 생각해요. 다만 주어진 요소들을 어떻게 잘 버무려서 성공적인 작품을 만드느냐의 문제였는데 그럴 역량이 부족했던 거예요.

김 언론과 싸우면서 매우 시끄러웠던 것이 참여정부였는데, 막상 참여정부의 언론정책하면 떠오르는 게 많지 않습니다. 뭐가 있을까요.

최 근본적으로 정부가 언론정책으로 언론 보도를 공정하게 만든다는 말 자체가 민주사회에서 성립할 수 있을까 고민하게 됩니다. 사실 노무현 대통령과 조중동 등의 갈등은 정부 대 언론의 갈등이라고 보기 힘들어요. 조중동은 언론의 중립성을 가장해 개혁 정부를 흔든 것인데, 정부는 정공법을 쓸 수밖에 없었기 때문에 결과적으로 정부가 무력하게 보였던 거죠. 정부가 쓸 수 있는 수단은 시장 질서를 교란하는 데 대한 법적 처벌, 탈세 같은 불법행위에 대한 세무조사 실시, 그 외의 불법·탈법 시장 교란 행위에 대한 행정 조치 등뿐이잖아요.

참여정부의 대북평화번영정책을 흔든다고 해서 그 신문의 논조에 대해서 정부가 직접 관여해 기사 내용을 바꿀 수는 없는 것이니까요. 그래서 언론 관련 시민사회의 역할이 매우 중요했던 겁니다. 시민이 언론 보도와 논조에 대해 비판하고 거부할 권리가 있고, 이 또한 시민적 언론 자유니까요.

노무현 대통령은 언론개혁에 대해서 낭만적인 생각도 하고 계셨던 것 같아요. 한번은 언론사 소유 지분 문제를 일종의 공동소유의 한 형태인 총유 자본 형식으로 풀자고 말씀하신 적이 있어요. 언론은 공공재이고 이 공공재를 사적·정파적 목적으로 악용하는 행태를 두고 볼 수 없었던 거죠. 어쩌면 신문사 소유 지분의 제한보다 더 진전된 공유 자본의 형태일 수도 있는 총유 자본을 언급하는 것을 보고 잠깐 '참으로 낭만적이시다'라고 생각했던 기억이 떠오르네요.

그러나 '권력은 권력의 길을 가고, 언론은 언론의 길을 가야 한다'든가 '심판을 봐야 할 언론이 선수로 뛴다'든가 그로 인해 '진보·개혁 세력에게 늘 기울어진 운동장으로써 정치 지형이 이뤄진다'는 등의 정리는 노무현 대통령이 아니면 할 수 없는 말들이었다고 생각해요. 그나마 신문 시장 정상화를 위해 '신문고시(신문업 불공정거래 행위 기준 고시)'를 개정하고 언론 관계 법을 정비한 것도 중요한 언론정책의 성과라고 봐야죠. 또 제도적 성과로 나타나지 못한 많은 것, 언론에 대한 국민들의 태도가 바뀐 것, 언론이 거짓말을 할 수도 있다는 것을 국민들이 알게 된 것, 조중동 등 메이저 언론이 기득권 세력 편이라는 것 등등의 국민적 인식은 이후 1인 미디어 시대를 여는 밑바탕이 됐다고 봅니다.

안티조선, 최전선으로!

2019년 10월 21일 저녁 두 번째 대화.
조선일보, 안티조선 이야기는 세월이 흘러도 여전히 뜨겁다.

조선일보라는 '사우론'

김 조선일보와 안티조선운동은 좀 더 깊게 얘기를 해봐야 할 것 같아요. 안티조선운동의 흐름을 대략적으로 정리해보면 처음에는 지식인이 중심이 됐고 그 다음은 네티즌, 이어서 진보 진영과 시민단체, 일반 시민으로 운동이 확장됐습니다. 개별 지식인 차원의 조선일보 비판은 1990년대 중반 강준만 교수로부터 시작했다고 할 수 있고, 이어 네티즌들이 '안티조선 우리 모두'라는 사이트(www.urimodu.com)를 만들면서 안티조선이라는 말이 일반적으로 통용되었어요. 시민단체들의 조직적인 대응은 1998년 '조선일보허위왜곡보도공동대책위원회', 2000년 '조선일보반대시민연대'를 중심으로 이뤄졌고요.

그런데 저는 늘 안티조선운동을 단순 명쾌하게 규정하기 어려웠어요. 운동이 확장되는 과정에서 동기, 목표, 이념이 정말 다양해졌기 때문에요, 반민주, 반통일, 반노동, 친일, 친재벌 등등 집단마다 개인마다 조선 일보에 반대하는 이유가 각양각색이었고 제도개선운동처럼 구체적으로 합의된 목표를 설정할 수 없었어요. 조선일보의 비대한 영향력을 줄여야 한다는 주장에서부터 폐간을 시켜야 한다는 비현실적인 주장까지 스펙트럼이 넓었으니까요. '안티'라는 말 외에는 이 운동을 한마디로 표현하기 힘들었던 것 같아요. 다만 조선일보가 '일개 신문'이 아니라는 전제는 모두 공유했다고 봐요. 극우 보수의 이데올로그 혹은 컨트롤타워, 기득권 세력을 대변하는 권력 집단이라는 거죠. 저희가 홍보물 같은 것을 만들 때 종종 J. R. R. 톨킨의 소설 《반지의 제왕》에 나오는 어둠의 마법사 사우론을 조선일보에 비유하고는 했잖아요. 요정족, 난쟁이족, 호빗족, 인간이 힘을 모아 무찔러야 하는 악의 우두머리. 사회운동을 과학적으로 분석해야 옳지만, 안티조선운동의 양상을 쉽게 표현하면 딱 이랬다고 생각해요. 온갖 종족들이 연대해 각자의 방식으로 사우론에 맞서 싸우기.

그런데 여기서 근본적인 질문이 생겨요. 어쩌다 조선일보가 '사우론'이 되었을까? 1970년대까지만 해도 조선일보보다는 동아일보의 영향력이 더 컸고요, 1990년대 들어서야 조선일보가 중앙일보의 매출액을 따라잡거든요. 그런데 언젠가부터 조선일보가 언론권력의 상징이자 실세로 자리 잡으면서 안티조선운동이라는 개별 언론사를 상대로 한 대중운동까지 벌어지게 됐어요. 조선일보가 이렇게 수구·보수의 이데올로그로 떠오르게 된 결정적 계기가 뭐라고 보세요?

최 한마디로 얘기하면 1992년 대선 때 조선일보의 '김영삼 대통령 만들기' 성공이죠. 그러나 그렇게 간단한 이야기는 아니에요. 1970년대에 동아일보가 조선일보보다 영향력이 더 컸다는 건 맞아요. 동아일보는 호남을 기반으로 성장한 언론이라고 볼 수 있기 때문에 상대적으로 민주화운동 보도에 덜 인색했다고 봐요. 박정희 정권 때 제한

적이었지만 재야민주화운동을 가끔은 다뤘으니까요. 1974~5년 자유언론수호투쟁도 조선일보보다 훨씬 세게 일어났죠. 결국 사주가 박정희 정권에 굴복했지만 동아일보가 호남 자본을 기반으로 만들어진 신문사여서 권력의 압박에 상대적으로 좀 버틴 게 아닌가 싶어요. 조선일보는 유신을 더 노골적으로 찬양했고 여기에 반발하는 기자들을 가차 없이 해고했죠. 그러면서 사세를 키우는 데 일본 차관으로 코리아나호텔을 짓는 등의 특혜도 누렸어요.

전두환 신군부의 쿠데타는 조선일보 사세 확장에 결정적 호재가 됐어요. 1980년 5월 광주항쟁을 진압한 직후에 신군부는 이른바 국가보위비상대책위원회를 만드는데, 조선일보 방우영이 국보위원이

국가보위비상대책위원회

광주항쟁을 총칼로 진압한 신군부는 1980년 5월 31일 이른바 '국가보위비상대책위원회(국보위)'를 설치했다. 대통령자문위원회 형식으로 만들어졌지만 실상은 전두환을 중심으로 한 신군부가 국무회의와 행정 각 부의 기능을 빼앗은 기구였다. 국보위는 중요 사안을 상임위원회에 위임해 심의·조정할 수 있게 했는데 전두환이 상임위원장을 맡았다. 상임위원회 아래는 13개 분과위원회가 설치됐고 여기서 각 분야별 기획·조정·통제 업무가 이뤄졌다.

국보위는 안보 태세 강화, 경제 난국 타개, 사회 안정을 통한 정치발전, 사회악 일소를 통한 국가 기강 확립 등을 내세워 각종 억압정책을 집행했다. 공직자 숙정이나 부정 축재자 일소, 과외 금지 같은 명분 쌓기용 대책을 끼워 넣었지만, 실제 목표는 야당 지도자들의 정치 활동 규제, 민주화운동가 체포·구금, 삼청교육대 설치, 언론·출판 탄압과 같은 공포정치의 기반 마련에 있었다.

돼요. 지금까지 회자되는 조선일보의 그 유명한 전두환 찬양 기사 '인간 전두환'이 그냥 나온 게 아니에요. 허문도, 김윤환, 김용태, 최병렬 같은 조선일보 출신들도 전두환 정권에 합류해서 권언 유착의 인적 구조까지 만들게 돼요. 아무튼 사주가 국보위에 참여했으니 조선일보가 언론 통폐합 대상에서 제외되는 건 당연한 일이었겠죠. 언론통폐합으로 중앙지는 조간 3개, 석간 3개밖에 안 남아요. 조선일보를 비롯해서 살아남은 신문사들은 일종의 과점 체제를 만들면서 기업적으로 성장할 수 있었어요. 전두환 정권은 윤전기 도입에 세금을 깎아준다든지 기자아파트를 지어주는 등의 '당근'도 줬죠. 조선일보가 중앙일보 매출을 따라잡은 건 1990년 이후일지 몰라도 전두환 정권 아래서 매출액이 급증했고 그러면서 중앙일보를 따라잡은 거예요.

1987년 6월항쟁 이후 '권위의 공백' 시대를 거쳐, 정치사회적으로 조선일보가 영향력을 극대화한 계기는 1992년 대선이라고 봐요. 조선일보가 김영삼 대통령 만들기에 '올인'을 해서 성공을 한 거예요. 김대중, 김영삼 두 후보의 표 차이가 200여만 표였는데, 이건 당시 영호남의 인구수 차이였어요. 조선일보는 지역감정 부추기기, 색깔론 등으로 김대중 후보를 공격해서 김영삼 대통령 만들기에 성공했어요. 그러고는 김영삼 정부의 인사와 정책에 사사건건 간섭을 시작했어요. 그 대표적인 사례가 한완상 부총리 겸 통일원 장관과 김정남 청와대 교육문화사회수석이고요. 월간조선이 두 사람에 대해 사상공세를 펴서 결국 낙마시키잖아요. 김대중 정부 들어 1998년에 월간조선이 또 최장집 교수를 사상 검증하고 이에 대한 사회적 반발이 거셌던 것은 김영삼 정부 때 한완상, 김정남 낙마 전례가 있었기 때문이라고 봐요.

조선일보가 김영삼 정부에 간섭한 방식이나 범위에 대해서는 여러 '설'들이 있는데 인사를 할 때 조선일보 허락을 받고 했다거나 조선일보가 사법부의 판단까지 영향을 미쳤다는 말이 돌 정도였어요. 이런 말이 나오는 것 자체가 조선일보의 '권력화'를 보여준다고 할 수 있는 거죠. 조선일보 회장이 '밤의 대통령'이라고 불리게 되는 것도 김영삼 정부 즈음이었을 거예요.

김영삼 정부도 언론권력이 비대해지는 건 당연히 경계했겠죠. 1994년에 언론사 세무조사를 하겠다고 나선 것도 언론과의 관계에서 일방적으로 밀리지 않으려고 꺼낸 카드였다고 봐요. 그때 내부에서도 '나라가 뒤집어질 일'이 생길 거라며 세무조사를 반대했다는 얘기가 돌았어요. 아무튼 세무조사 결과도 공개하지 못하고 유야무야 끝나고 말아요. 조선일보는 한편에서는 자신들의 이익을 챙기고 다른 한편에서는 김영삼 정부를 간섭하며 지지하는 친여 매체로써 역할을 했다고 할 수 있어요. IMF 외환 위기 직전까지 한국 경제의 기초가 튼튼하다, 위기 해결이 가능하다고 보도해줬잖아요.

김 자기들이 만든 정권에 개입하기 시작하면서 조선일보의 권력화가 심화되어갔다고 보시는 건데요. 1987년 대선에서도 신문들이 노태우 후보에게 유리한 보도를 했다고 평가하지 않나요? 예를 들면 KAL 폭파 사건을 대서특필하면서 안보 위기를 부각한다던가 하는 식으로요. 실제로 1988년 '5공 청문회' 때 드러난 자료를 보면 1987년 대선 직전에 조선일보 간부가 문공부 관료에게 '노태우가 승리할 가능성이 높다, 김영삼이 당선되면 시국이 혼란해져서 쿠데타가 일어날 것이다' 이런 말을 했다고 하니까 그때도 노태우를 밀었던 건 분명해요.

최 물론 1987년 대선 때에도 대부분 언론들이 노태우에 유리한 보도를 했어요. 하지만 1987년 선거에서 노태우가 이긴 건 언론의 힘이라고 보기 힘들어요. 정치 공학의 결과죠. 김대중, 김영삼 두 사람이 분열하면 노태우가 당선될 수밖에 없다는 거예요. 하지만 1992년 선거는 조선일보가 작정하고 언론의 힘으로 대통령을 만들어보겠다고 나섰고 그게 실제 영향을 미쳤다고 봐요.

그리고 6월항쟁 이후에 언론의 권력화가 시작된 건 맞지만 노태우 정부 때는 뭐랄까 정치권력과 언론권력의 조정기라고 할 수 있어요. 전두환 정권 아래서 언론은 그저 권력의 하수인 정도였잖아요. 민주화가 됐다고 갑자기 하수인이 주인 노릇을 할 수는 없는 거죠. 정치권력의 통제에서 점차 벗어나면서 의제 설정을 통해 사회적·정치적 영향력을 키우는 과정이 필요했어요. 앞에서도 얘기했지만 노태우 정부는 선거로 세워졌지만 군부의 잔존 세력인데다 선거에서 36.6% 밖에 표를 얻지 못했기 때문에 국민적 지지 기반이 약한 정부였어요. 절대적인 힘을 가졌던 정치권력이 약화된 공간에서 언론은 우리 사회의 의제 설정이란 것을 할 수 있게 됐고, 1992년 선거에서 조선일보가 언론의 힘으로 대통령을 만들어낸 거예요. 그리고 자신들의 입맛에 맞지 않는 인사나 정책을 흔들기 시작했고요.

1997년 대선에서도 조선일보의 이회창 대통령 만들기, 김대중 죽이기 보도는 극심했어요. 하지만 실패했죠. IMF 사태가 집권당에 불리하게 작용하기도 했겠지만 'DJP 연합'이라는 정치 공학적 카드가 옳든 그르든 성공을 거뒀다고 봐야겠죠. 조선일보는 이회창 만들기에는 실패했지만 이때는 이미 막강한 언론권력이 되어 있었고, 수구 기득권 집단의 이데올로그로 김대중 정부 흔들기에 나선 거예요. 대표적인 게 '햇볕정책' 흔들기잖아요. 이게 '대북 퍼주기' 프레임으로 노무현 정부까지 이어지니까 참 집요하죠.

김 사실 김대중 정부는 IMF가 요구하는 신자유주의 구조 조정을 받아들였고 경제 분야에서 진보적인 정책을 펴지 못했잖아요. 그나마 정권 교체를 통해서 가능했던 가장 차별화된 정책이 햇볕정책인데, 조선일보는 이조차 좌초시키려고 했고 그 과정에서 무리한 사상 검증을 벌인 거예요. 최장집 교수가 내각이나 청와대에 들어간 것도 아니고 대통령자문기구 위원장이었는데 이런 인물에게까지 색깔론을 펴서 공격하니까 지식인과 시민사회가 안 되겠다 싶었던 것 같아요. 이렇게 만들어진 게 '조선일보허위왜곡보도공동대책위원회'고 대중운동으로서 안티조선운동의 출발이니 결국 조선일보가 권력화되어서 횡포를 부리다가 저항을 초래한 셈이에요.

최 맞아요. 강준만 교수를 필두로 일부 지식인들이 조선일보의 문제를 의제로 제기했지만 시민단체들이 조직적으로 조선일보에 맞선 건 최장집 교수 사건이 최초라고 할 수 있으니까요. 그 과정에서 친일, 독재 정권에 부역한 행위까지 들춰졌고 2000년대로 넘어가면 조선일보 반대의 논리는 더 확장되고 참여하는 시민들도 급격히 늘어나죠. 조선일보 권력화의 폐해가 심해질수록 여기에 맞서는 운동도 다양해지고 확장됐다고 할 수 있어요.

조선일보의 친일 DNA

김 최근 일본의 수출 규제에 대한 조선일보 보도를 보면서 반성을 많이 하고 있어요. 제가 2002년 하반기에 민언련에 돌아와서 2003년부터 조선일보반대시민연대 실무를 했잖아요. 그때 조선일보의 친일 행적을 폭로하고 비판하는 것이 안티조선운동의 중요한 축이더라고요. 필요한 일이었지만 '친일 신문' 프레임이 지금의 조선일보를 비판하는 데 얼마나 효과적일까 하는 의문을 가졌습니다.
　조선일보가 친일 행위에 대해 사과를 하거나 유감이라도 표명한다면 더 이상 문제 삼을 수 없는 것 아닌가 싶기도 했고요. '그래 우리 옛날에 친일했다, 어쩔 수 없이 그랬다, 미안하다' 하면 어쩌겠어요. 그러면 운동의 힘이 빠지니까 과거의 친일 행각보다는 지금 벌어지고 있는 반인권인 행태나 반노동적 논조 같은 것을 드러내는 데 더 집중하는 게 낫지 않을까, '친일 문제는 너무 앞에 내세우지 않았으면 좋겠다' 이런 생각을 했어요. 토론회에서 발표도 했고요.

물론 제 걱정(?)과 달리 조선일보는 친일 행적을 사과하지 않았고 《친일인명사전》 제작이나 친일 청산을 비난하는 적반하장의 태도를 보였죠. 저는 거참 이상하네, 그냥 쿨하게 사과 한마디 하는 게 더 낫지 않나 싶었어요. 제가 친일 청산을 관념으로만 받아들였지 실제 한국 사회에서 친일이라는 문제가 얼마나 뿌리 깊고 첨예한 사안인지 몰랐던 거예요.

그러다가 아베의 경제 보복 조치 덕분에 깨달았습니다. 우리 사회에 숨어 있는 친일파들이 정말 많았구나, 조선일보는 친일이 부끄러워서 부인한 게 아니라 잘못이라고 생각하지 않는 거였구나! 우리 정부와 일본 정부가 극단적으로 대립하는 상황이 되니까 그들의 본심이 적나라하게 드러났고 그제야 저는 알아차린 거예요. 조선일보가 아직도 존재하는 친일파의 이데올로그였다는 것, 조선일보의 친일 행적은 더 열심히 싸웠어야 할 의제였다는 걸요.

최 우리가 안티조선운동을 하며 조선일보의 친일 문제에 천착한 게 2003년부터인데 김유진 씨가 조선일보의 친일 문제의 역사적 맥락을 깨닫게 된 게 2019년이니 참으로 오랜 시간이 필요했군요.

아무튼 저는 안티조선운동이 친일 문제를 더 내세워야 된다고 생각했어요. 조선일보가 과거 청산 노력을 흠집 내는 적반하장 격 보도를 한 건 사실이지만, 자신들의 구체적인 친일 행위에 대한 문제 제기에는 수세적인 태도를 보였어요. 일단 뭉개는 거예요. 일단 상대가 수세적인 부분은 공격의 포인트가 되잖아요. 그리고 친일이라는 문제는 진보·보수를 모두 아우를 수 있는 의제예요. 다행히 민족문제연구소가 안티조선운동에 적극적으로 참여한 덕분에 친일 문제를 다양한 방식으로 제기할 수 있었어요. '조선일보 반민족 행위에 대한 민간 법정'도 두 번 열었는데, 호응이 컸어요.

김유진 씨는 조선일보가 사과를 하지 않는 게 이상하다고 여겼다는데, 저는 조선일보가 친일 행위를 사과할 거라고 생각한 적이 없어요. 우리 사회 기득권의 인적·물적 토대의 기반이 친일파로부터 비롯됐다는 현실적인 판단 때문이에요.

우리가 친일 청산을 못한 것은 친일 적폐가 반공주의와 결합하며 친미로 옷을 갈아입었고 그 뿌리가 깊고 질기기 때문이라고 봐요. 해방 후에 〈반민족행위처벌법〉이 이승만에 의해서 무력화되고 반민특위(반민족행위특별조사위원회)가 해산된 것은 두고두고 회한으로 남아 있죠. 우리의 민족적 DNA 속에 친일은 한으로 남아 있다고나 할까. 일제의 강제 점령 동안 당했던 일들이 집단의 한으로 쌓였는데 친일파, 매국노를 처벌하지 못했으니까 한을 풀지 못한 거죠. 그래서 친일은 아직도 대중의 공분을 일으켜요.

뿐만 아니라 친일파 박정희의 18년 독재로 대한민국은 정의 개념이 제대로 자리 잡기가 힘들었어요. 그러나 '친일'이라는 단어에는 다들 알레르기 반응을 보여 왔죠. 조선일보가 뒤늦게 친일을 사과하는 순간 오히려 친일 신문으로 각인되는 거예요. 사주가 친일 매국노였는데 어떤 대가도 치르지 않았고 오히려 1등 신문이라고 내세워 왔잖아요. 사과할 수 있겠어요? 그러니까 자기들도 일제에 탄압을 받은 적이 있다는 궁색한 논리를 펴는 거예요. 1920년대 잠시 동안 민족주의자, 사회주의자들이 편집권을 갖고 있을 때 벌어진 일을 내세우면서 말이죠. 이때 탄압을 받다가 방응모에게 넘어가서 친일 신문이 되는 건데….

　친일 문제는 현재의 문제이기도 해요. 일본이 사라진 나라라면 또 모르겠는데 바로 이웃하고 있는 나라이고 우리와 늘 정치적, 외교적으로 긴장 관계에 있어요. 독도, 역사 교과서 왜곡으로 늘 분쟁이 있는 나라잖아요. 일제강점기 36년은 현재에도 이어지고 있는 거예요. 이런 인식이 국민들 사이에 암묵적으로 공유돼 있다고 생각해요.

　우리나라와 현재 영토 분쟁을 일으키고 있는 나라가 '적'이죠. 한미일 3각 동맹이라고 하지만 그동안 미일한 수직 구조였던 게 사실입니다. 문재인 대통령은 진정한 3각 동맹으로 바꾸려고 애쓰고 있다고 봐요. 저는 조선일보가 아베의 경제 보복에 대해서 우리 정부 대응을 비판하고 '매국 정권'이라고 비난한 일본어판을 냈을 때 제2의 안티조선운동을 벌이고 싶은 심정이었어요. 언론 단체들이 지금 벌어지고 있는 조선일보의 친일 행각에 대해서 좀 더 적극적인 운동을 벌여주면 좋겠어요.

택시 기사도 알고 있던 안티조선

김　조선일보반대시민연대가 대중 사업을 여러 가지 했지만 민언련은 그중에서도 조선일보의 왜곡 편파 보도를 비판하는 일에 집중했어요. 특히 2003년부터는 일종의 팩트 체크 방식을 도입했잖아요. 모니터 보고서는 대중적으로 읽히기 힘드니까 짧게 사실 관계를 정리하고 '주간 안티조선'이라는 제호를 달아서 시민단체, 개인들에게 팩스로 뿌렸어요. 제 기억으로는 최소한 500곳 이상이었어요. 요즘처럼 SNS나 유튜브, 팟캐스트 같은 수단이 있었다면 팩트 체크 결과를 훨씬 효과적으로 활용할 수 있었겠지만 그래도 당시에는 나름 획기적인 생각이었어요.

최 앞에서도 잠깐 얘기가 나왔지만 민언련이나 언론운동 단체들은 안티조선운동에 대해서 합의된 목표를 갖지 못한 상태에서 이 운동의 중심에 서게 됐어요. 안티조선운동의 다양함은 운동의 폭발성을 안고 있기도 하지만 단일한 운동으로서의 일사 분란함을 갖기 어려웠죠. 노무현을 흔드는 조선일보를 반대하는 노사모 그룹, 조선일보의 반민족적인 본질을 파헤치겠다는 민족문제연구소, 대북 문제에 대해서 반통일 논조를 갖고 있는 조선일보를 반대하는 통일운동 진영 등등. 그런데 반민주, 반민족, 반통일 논조 때문에 조선일보를 규탄하는 것은 사회운동의 영역이고 그들은 조선일보 폐간을 주장할 수 있다고 생각했어요.

반면에 언론 단체인 민언련 입장에서는 반민족 행위는 허용할 수 없겠지만 '반통일적이거나 반민주적인 입장을 가진 신문이 존재할 수도 있다, 극우 신문도 민주사회에서는 존재할 수 있다'고 봐야 하잖아요. 다만 우리 사회의 불행은 조선일보 같은 수구·보수 신문이 마이너가 아니라 메이저로 존재한다는 거죠. 극우 신문이 메이저인 사회가 어떻게 건강할 수 있겠어요. 그럼 이것을 사람들에게 알려야 하는데, 조선일보가 거짓말을 하고 있다는 사실을 집중적으로 알려야겠다고 생각했어요. 그런데 그 계기가 있어요.

택시를 탔는데 우연히 조선일보 얘기가 나왔어요. 기사가 '민주주의에 보수적인 신문도 있고 진보적인 신문도 있는 거지, 왜 신문의 논조에 반대하느냐고 했어요. 우연히 만난 기사가 안티조선운동을 알고 있다는 사실에 흥분도 됐지만 '아차, 언론운동가로서 내가 뭔가 잘못하고 있구나'라는 생각을 하게 됐어요. 그에게 조선일보가 사실을 왜곡한 기사를 얘기했는데, 아마 민주노총 소속 노동자의 임금 건이었던 것 같아요. 그랬더니 그게 사실이라면 문제라고 하더라고요. 안티조선운동이 대중적으로 벌어지니까 조선일보가 〈독자와의 대화〉

이런 사외보까지 만들어서 대응을 했었는데 안티조선운동이 자신들의 논조에 반대하는 운동인 것처럼 다뤘어요. 그런데 실제로 일반 시민들에게 안티조선운동이 그런 운동으로 인식되고 있었던 거죠.

언론운동으로서의 안티조선운동은 조선일보가 거짓말을 한다는 사실, 조선일보의 허위 왜곡 보도를 알리는 데 더 집중해야겠다고 생각했어요. 그래서 《주간 안티조선》을 내게 됐고, 나중에 책으로 묶어서 내기도 했죠. 그때 우리가 조선일보가 보도하는 수치 하나하나까지 따졌는데, 우리 스스로도 놀랐잖아요. 조선일보의 왜곡 보도가 심각하다고 알고 있었지만, 이 정도로 교활하고 치밀하게 사실을 왜곡할 줄은 몰랐었다고.

김 그런데 일주일에 한 번씩 짧게는 A4 두 페이지에서 길게는 대여섯 페이지의 분량을 만드니까 정말 많은 인력이 필요했어요. 편집, 발송까지. 조선일보반대시민연대 사무국장과 민언련 활동가 서너 명에 선배님까지 매달렸어요. 민언련 활동가들은 민언련의 다른 업무가 또 있으니까 너무 힘들었죠. 그때 선배님이 저희를 정말 힘들게 하셨어요.

최 실무자들이 진짜 고생을 많이 했어요. 그런데 조선일보의 허위 왜곡 실상을 폭로하려면 근거가 있어야 하니까 어쩔 수 없었어요. 대충하면 조선일보가 가만히 있겠어요. 그러니까 아주 작은 것까지 따지고 또 따지게 되고…. 그 어려운 작업을 해낸 거예요, 실무자들이. 운동과 주체가 따로 가는 게 아니잖아요. 운동이 성장하면 그 주체인 언론운동가도 성장해요. 여러 가지 측면에서 다.

'팩스 신문' 만드는 일은 활동가들에게 순기능과 역기능이 다 있었어요. 순기능은 조선일보의 왜곡 보도 실상을 아주 구체적으로 인지하면서 활동가들이 단단해진 거예요. 역기능은, 이건 정말 마음이 아픈 일인데 조선일보를 꼼꼼하게 읽으면서 정서를 다치게 되는 거에요. 김유진 씨도 여러 번 토로했잖아요. 조선일보 모니터를 하면서 성격이 나빠지는 것 같다고.

김 그건 너무 부드러운 표현이고요. 저는 어떤 때 조선일보가 진보 진영이나 노무현 대통령을 공격하는 표현을 보면 끔찍했어요. 인간성의 가장 밑바닥에서 끌어올린 것 같은 문장들이요. 그냥 읽는 것만으로 저까지 인간성이 오염되는 느낌이에요. 얼마나 상대를 저주하면 이런 말을 할 수 있을까 싶었어요. 기억하실지 모르겠는데, 제가 이런 말을 했어요. '조선일보가 가장 악의적으로 공격하는 대상 1, 2, 3위가 노무현, 민주노총, 전교조인데 이 사람들은 어떻게 견디는지 궁금하다⋯.'

최 그 말은 기억이 잘 안 나지만, 김유진 씨처럼 성깔 있는 사람조차 조선일보 보는 일을 힘들어한다는 건 확실하게 알았어요. 지금도 생생하게 남아 있는 건 이지혜 부장이에요. 민언련 활동가 중에서 가장 유순하고 착한 사람인데 조선일보 모니터를 하면서 어느 날부터 육두문자를 막⋯. 일종의 산업재해라고 했죠, 우리가. 다들 너무 고생을 했어요.

김 그때 제 옆에 이 부장이 등을 보이고 앉아 있은 구조였거든요. 보고서를 쓰면서 혼자서 중얼거리는데, 대체로 욕설이었어요. 진짜 심한 말을 했을 때는 제가 잘못 들었나 싶었죠. 그래도 그 상태를 이해할 수 있어요. 저는 지금도 악의적인 보도들이 생생하게 기억나요.

최 저도 몇몇 기사들이 지금도 잊히지 않아요. 무엇보다 2002년 12월 19일 대선 당일 조선일보 사설 '정몽준, 노무현 버렸다'. 그 사설을 보고 정말 깜짝 놀랐어요. 제목을 보고 헉 하고 놀랐고 사설 내용을 보면서 이게 기사인지 선동문인지 헷갈렸습니다. 한마디로 정몽준이 노무현 버렸으니, 유권자들도 버리라고 선동하고 있었거든요.

그리고 2004년에 헌재의 탄핵 심판을 앞두고 17대 총선이 치러지 잖아요. 그때 조선일보가 탄핵으로 궁지에 몰린 새누리당과 박근혜 대표를 위해서 정말 안간힘을 썼는데, 총선 직전에 나온 기사 제목 이 '불어라 박근혜 바람, 수도권까지'였어요. 따옴표를 붙이긴 했지만 '정몽준, 노무현 버렸다' 이후에 가장 간절하게 조선일보의 희망 사항 을 담은 기사 제목이 아니었나 싶어요.

10년 넘은 일들이라서 정확하게 날짜나 기사 내용을 기억할 수는 없지만, 노무현 대통령에 대한 인격 모독으로 지면이 채워진 적이 한 두 번이 아니었죠.

김 저는 사소한 듯, 조롱하면서 정서를 파고드는 기사들도 기억에 많 이 남아요. 예를 들면, 참여정부 홍보수석의 조상이 동학농민전쟁을 불 러온 고부군수 조병갑이라거나, 노무현 대통령이 국회에서 탄핵당하고 직무 정지 중에 청와대 경내에 감을 땄다는 보도 같은 거요. 뭐 어쩌라 는 건지 알 수도 없는 흔들고 비웃기. 이런 기사들이 수없이 많았어요.

최 조선일보가 우리를 경악시킨 대목은 할 수 있는 모든 수단을 동 원해서 노무현 흔들기를 한다는 것이었어요. 당시 노무현은 말이 많 다, 언행에 문제가 있다 등등의 인신공격성 말들이 떠돌아다녔는데, 추적해보면 대부분이 언론 보도로부터 비롯된 것들이었어요. 대통령 은 말이 많을 수도 있고 적을 수도 있고 스타일이 있는데, 유독 노무 현에 대해서만 '말이 많고 신뢰를 주지 않는다'는 이미지를 부각시킨 거죠. 말이 많기로 따지면 김대중, 김영삼도 만만치 않았는데. 대통령 후보였던 이회창도 은근 문제성 발언을 많이 했었다고 하고요.

이러한 정서적 접근은 나도 모르게 내 뇌리에 파고들어 '어쩐지 노무현은 불안하다'는 느낌을 남기기 때문에 개혁 대통령 흔들기에 아주 유효한 수단이 되었죠. 지금 돌이켜보면, 말 많다던 노무현 어록의 내용은 시대 상황을 꿰뚫는 혜안과 촌철살인의 지혜로 가득 차 있습니다. 노무현 대통령은 어떻게 그렇게 쉽게, 정확하게 정곡을 찔러서 대중에게 메시지를 전달할 수 있었을까 감탄을 자아냈었죠.

'안티조선'을 둘러싼 논쟁

김 안티조선운동은 내부 논쟁도 많은 운동이었어요. 특히 2000년 9월에 조선일보반대시민연대가 만들어지고 안티조선운동이 대중운동으로 확장되면서 더 심해졌죠. 1998년에 '조선일보허위왜곡보도공동대책위원회'가 조선일보 안 보기, 기고 · 인터뷰 거부하기 등을 제안했을 때도 시민사회 내부에 이견과 갈등은 있었거든요. 그런데 조반연이 생긴 후에는 논쟁이 더 심화된 것 같아요. 민언련 내부에서도 이견이 있었다고 들었어요.

최 정책위원이었던 김동민 교수가 조반연을 제안했던 것으로 기억해요. 그보다 앞서서 김 교수는 '조선일보반대지식인선언'을 주도해서 성사시켰죠. 저는 조반연을 적극적으로 추진하자고 주장했어요. 그런데 민언련 내부의 반발이 컸어요. '특정 언론을 찍어서 반대운동을 하는 것이 점잖지 못하다'는 반대에 직면했어요. '점잖지 못하다'는 말은 제가 만든 게 아니에요. 실제로 그렇게 표현하신 분이 있었어요. 그때는 민언련이 정책위원회 중심으로 운영이 됐을 때인데, 정책위원 다수가 찬성해서 조반연 결성을 민언련이 주도적으로 진행했어요.

이건 민언련 운동의 한 장이 바뀌는 장면이었다고 생각해요. 안티조선운동은 수구 기득권 이데올로기와 진보적인 이데올로기가 첨예하게 맞붙는 최전선인데 여기에 민언련이 서겠다는 거잖아요. 이것을 '점잖지 못하다'는 표현으로 반대했지만, 한편으로는 조선일보에 대한 두려움, 조선일보에 찍히면 피곤하지 않을까 하는 정서적 흐름이 있었다고 봐요. 그런 점에서 '조선일보반대지식인선언'을 주도하고 조반연에도 적극적으로 나섰던 김동민 교수의 행보는 학자로서 정말 쉽지 않은 거예요.

김 시민사회에서 안티조선운동을 두고 일어난 논쟁은 크게 두 갈래였어요. 하나는 조선일보에 대한 문제 제기는 동의하지만 취재 거부와 같은 방식은 동의하지 않는다, 또는 동의한다고 해도 현실적으로 동참하기는 어렵다. 또 다른 하나는 안티조선운동 자체에 동의할 수 없다.

전자의 경우부터 얘기를 해보면, 조선일보에도 진보의 목소리를 반영해야 하기 때문에 취재·기고·인터뷰 거부 같은 방식은 바람직하지 않다는 주장, 시민단체가 현실적으로 특정 언론의 취재를 거부하는 것이 어렵다는 주장 등이 있었어요. 운동 방식 자체에 동의하지 않는 분들은 생각이 다르니 어쩔 수 없는데, 조반연에 참여하겠다고 이름을 걸어놓고 조선일보의 취재에 응하는 경우는 갈등이 일어나게 됐죠.

서로 잘 아는 활동가와 얼굴을 붉히며 언쟁한 적도 있어요. 다른 한편으로는 안티조선운동을 지지하는 사람들이 조선일보에 기고나 인터뷰하는 지식인들을 무작정 맹비난하는 경우도 있었어요. 조선일보에 인터뷰를 할 것이냐 말 것이냐는 개인의 판단인데 비난이 과하다고 생각했어요. 하지만 안티조선운동이 워낙 '백가쟁명百家爭鳴'식으로 벌어져서 뭔가 합의된 지침 같은 것을 만들기 힘들었어요. 그런데 돌이켜보면 이렇게 논쟁이 일어난 자체가 시민사회에서 '조선일보'를 화두로 만들고 언론권력을 어떻게 견제할 것인지를 의제로 만드는 과정이었던 것 같아요.

2000년 조선일보반대시민연대가 결성되었고 보다 대중적인
안티조선운동이 벌어졌다. 사진은 민언련이 주최한 토론회에서
사회를 보고 있는 모습 (왼쪽에서 세 번째)

최 안티조선운동은 늘 논쟁 속에 있었어요. 그때 안티조선운동에 적극적으로 참여하지 않은 시민단체나 진보 진영의 입장도 이해할 수 없는 건 아니었어요. 어쨌든 단체가 크려면 언론에 많이 보도돼야 했으니까. 당시에도 시민운동, 노동운동 세력이 약했잖아요. 가장 규모가 큰 참여연대도 1994년에 생겼으니까 채 10년이 안됐을 때고 민주노총은 조직률이 낮았을 뿐 아니라 늘 언론의 공격을 받았으니 어떻게든 자신들 입장을 대중에게 알리고 싶었을 거예요. 부수가 가장 많고 영향력도 제일 큰 조선일보를 외면하기 힘들죠. 물론 이것을 '언론 활용론'으로 착각한 '비굴함'이라고 비판하는 주장도 있었어요.

2000년 총선시민연대 낙천낙선운동을 생각해보면 조선일보가 정부 여당을 위한 운동이라고 엄청 공격했어요. 그런데 총선시민연대가 처음 떴을 때는 조선일보도 비교적 우호적으로 보도해줬고, 총선시민연대가 알려지는 데 도움이 됐어요. 그러다가 막상 낙선 대상자 다수가 한나라당 후보가 되니까 총선시민연대를 비난한 거예요. 조선일보가 시민단체에 우호적으로 보도해주는 건 기득권 집단을 위협하지 않을 때인데, 시민운동은 근본적으로 기득권 집단, 권력 집단과 싸우는 거잖아요. 시민운동이든 노동운동이든 조선일보를 활용하는 건 한계에 부딪힐 수밖에 없어요. 열악한 조건에서 운동하는 아주 작은 시민단체나 지역 단체 같은 경우는 '조선일보 활용론'을 주장해도 비판하기가 좀 힘들었어요. 예를 들어 조선일보에서 '풀뿌리 민주주의 시리즈' 같은 것을 실어서 이런 단체를 소개해주면 운동을 알리는 데 실제로 효과가 있을 테니까요. 하지만 안티조선운동이 벌어지는 중에 조선일보가 시민단체들을 접촉하고 키워주는 기사를 쓰는 건 일종의 분열을 노리는 거라고 생각했어요.

조선일보와 시민단체가 결정적으로 갈라서고 대립한 시점은 2004년 탄핵이라고 봐요. 노무현 정부가 출범한 직후만 해도 조선일보가 시민운동 전반에 그렇게 적대적이지 않았어요. 시민운동의 명망가들도 종종 다뤘을 거예요. 그런데 탄핵이라는 명확한 전선이 생겨버린 거죠. 시민단체들이 어쨌든 모두 탄핵 반대에 나섰으니까 조선일보 입장에서는 다 '친노'에 '좌파' 세력인 거예요.

김 진보 진영 내에서 안티조선운동 자체에 대한 회의론도 나왔어요. 왜 굳이 조선일보만 상대로 싸우느냐, 예를 들어 경제나 노동 분야 보도를 보면 중앙일보나 경제신문들의 왜곡 보도가 더 심할 때도 많다는 거예요. 좀 더 근본주의적인 시각에서는 한겨레신문도 오십보백보 아니냐는 주장도 있었던 것 같고요.

최 그런 반론은 저도 많이 받았죠. 저는 이렇게 말했어요. 일단 영향력이라는 점에서 조선일보는 경제 신문들과 비교할 수가 없고, 중앙일보 역시 수구 기득권 집단의 이데올로그 지위에 있지는 않다는 거예요. 그리고 조선일보는 경제, 노동에서만 기득권의 시각을 대변하지 않는다, 남북 관계나 외교 · 환경 · 교육 · 역사관 등등 '모든 분야에서 기득권의 이익을 대변한다. 기득권 이데올로기의 총합이 조선일보 지면이다.'

김 논쟁이 많았지만 어쨌든 그런 과정을 거치면서 시민단체나 진보 진영에서는 조선일보의 취재를 기피하는 분위기가 만들어졌어요. 특히 2008년 광우병 쇠고기 반대 촛불집회 때 워낙 조중동이 악의적으로 촛불집회를 왜곡하고 공격했기 때문에 조중동 반대, 조선일보 반대 기류가 공고해졌고요. 조중동이 종편에 진출한 이후에는 종편에 대해서도 비슷했어요. 정치권에서도 민주당과 진보정당 인사들이 한동안 종편 출연을 기피하거나 거부했는데, 이 때문에 종편 출연을 둘러싸고 민주당 내에서도 이견이 있었던 것으로 기억합니다. 그러다가 점차 출연하는 쪽으로 분위기가 바뀌었어요. 2013년에 JTBC가 손석희 사장을 영입하고 세월호 보도에 앞장서면서 시민사회에서도 종편에 대한 입장이 바뀌어요. 종편 전반에 대한 보이콧 분위기는 사라졌지만 여전히 TV조선이나 채널A는 퇴출 대상이었어요. 그런데 2016년 총선 이후에 선배님이 TV조선을 시작으로 종편에 출연하셨어요. 시민단체나 진보 진영에서는 당연히 비판이 나왔죠. 안티조선운동에 앞장섰던 인물이 TV조선에 출연하니까.

최 김유진 씨는 어떻게 생각했는데요?

김 제 생각은 단순했어요. 선배님은 이미 정치인이잖아요. 운동하는 마음으로 정치를 한다고 하시지만 그건 마음가짐이고, 현실은 정치인이라고 생각했어요. 정치인에게 시민운동가처럼 판단하라고 할 수 없는 일이에요. 시민운동가에게 정치인처럼 판단하라고 하면 안 되는 것처럼요. 그리고 누구든 어떤 선택을 했을 때 그에 따르는 칭찬이든 비난이든 온전히 그 사람의 몫이니까, 선배님의 선택에 대한 평가는 정치인 최민희로서 감당하셔야 한다고 생각했어요.

최 제가 TV조선에 출연한 것은 개인적인 판단이 아니었어요. 문재인 캠프의 대선 전략의 일환이었죠. 당시에는 이 얘기를 할 수 없었어요. 2012년 대선 패배 요인을 분석하면서 허구한 날 시사토론프로그램을 내보내는 종편에 민주당 패널들이 출연하지 않음으로써 일방적인 새누리당 주장만 50대·60대에게 전달됐고, 그것이 패배의 한 요인이라는 분석이 있었거든요. 우리가 모르는 사이 종편이 선정적 시사토크프로그램으로 고령층 유권자들에게 파고들었다는 거죠. 실제로 지역에서 보면 50대·60대 여성들이 종편의 거의 독설에 가까운 시사 토론의 재미에 빠진 것을 많이 보았어요. 종편 시사토크프로그램을 보다가 지상파 시사프로그램을 보면 밋밋해서 재미가 없다고 하시더라고요. 종편이 시청률은 낮았지만 열성 시청층을 확보하고 있었어요. 2017년 대선을 앞두고 대선 전략을 짜면서 적극적인 종편 활용론이 나왔고, 저도 출연을 하게 됐어요.

김 진보적 인사들의 종편 출연 문제는 뜨거운 감자였죠.

　지금은 종편 시사프로그램에서 정치적으로 민감한 주제를 다룰 때 여·야, 보수·진보 균형을 맞추지 않고 패널을 구성하면 시민단체도 비판을 하고 방심위에서도 문제가 돼요. 그러니까 TV조선이나 채널A도 패널 구성은 균형을 맞추는 척하죠. 그런데 진보 쪽 패널이라고 나온 사람이 진보가 맞나 싶은 경우가 있어요. 진보 인사가 맞는데 토론을 잘 못하는 경우도 있고요. 요즘은 그런 상황을 보면 솔직히 저 자리에 선배님이 나갔으면 저렇게 하지는 않을 텐데 그런 생각이 들어요. 선배님은 그때 종편 출연이라는 선택으로 비난도 받고 논란도 불러왔지만, 그 선택에 따르는 일정한 성과를 내셨다는 것을 인정해요.

최 유시민 작가가 팟캐스트 '다스뵈이다'에서 똑같은 얘기를 했다던데요. 저런 때 최 모라면 사회자를 따끔하게 질책했을 거라고. (웃음) 누군가는 저의 TV조선 출연을 비난했겠지만 대선 과정에서 민주당 패널들의 종편 출연이 자기 역할을 충실히 했다고 생각해요. 세상 살아가는 데 칭찬만 받고 살 수 있나요 뭐.

'안티조선운동'이 남긴 것

김 '안티조선'이라고 딱 이름 붙이지는 않았지만 1992년 대선 때 언론

단체들은 조선일보의 '김영삼 대통령 만들기'를 비판했고 이후에도 조선일보의 왜곡 편파 보도를 계속 감시 비판해왔어요. 그렇게 보면 안티조선운동의 역사가 짧게는 20년, 길게는 30년 가까이 되는 셈입니다. 2007년 즈음부터는 '조선일보반대시민연대'가 사실상 활동을 중단하지만 조선일보 또는 조중동을 비판하는 언론 단체나 시민들의 활동은 다양한 방식으로 지금까지도 계속되었다고 볼 수 있으니까요.

시기마다 양상이 다르긴 하지만 넓은 의미의 안티조선운동이 우리 사회에 남긴 성과가 무엇일까요?

최 언론운동의 성과라는 것을 수치로 개량화하기는 힘들다고 봐요. 안티조선운동이 '조선일보를 폐간시키지 못했다'는 데 주안점을 둔다면 성공하지 못했다고 볼 수 있겠죠. 그러나 '1등 신문'을 자처하던 조선일보가 친일 신문으로, 반민주 신문으로, 반통일 신문으로 조롱받고 사회적 위상이 떨어진 것 자체가 조선일보로서는 매우 아팠을 거예요. 특히 민언련의 허위 왜곡 보도 지적은 뼈아팠을걸요?

수치로 드러난 것도 있긴 합니다. 2007년부터 '시사인'이 매년 실시하는 언론 신뢰도 조사에서 조선일보는 10년 가까이 가장 불신받는 매체로 꼽혔어요. 2017년 조사에서 MBC가 22.4%로 1위를 차지하는 바람에 20.7%를 받은 조선일보가 불신 2위로 밀리는 '불상사'가 생기긴 했죠. 2018년 조사에서는 조선일보와 TV조선이 가장 불신하는 언론 1, 2위를 나란히 기록하기도 했어요. 해당 조사에서 조선일보 불신률은 20.5%였는데, 10%가 넘는 불신률을 기록한 언론사는 조선일보가 유일했습니다.

김 안티조선운동의 성과에 대해서 저는 좀 이랬다저랬다 했던 거 같아요. 어떤 때는 우리가 안티조선운동을 열심히 한 보람이 있구나 싶다가도, 또 어떤 때는 안티조선운동이 아무 소용없었단 말인가 좌절하기도 했거든요.

제가 2007년에 1년 정도 민언련을 떠나 있다가 이명박 정부 출범 즈음해서 돌아왔어요. 그때 사무처장이 되자마자 광우병 쇠고기 반대 촛불집회가 시작돼요. 조중동이 과거에 자기들이 했던 보도를 뒤집으면서 '미국산 쇠고기가 안전하다'고 주장하고 촛불집회를 동원된 집회라고 음해하는 기사를 쏟아냈잖아요. 저희가 그것을 모니터해서 별도의 홈페이지를 만들어 올리고 유인물도 만들었어요. 그런데 유인물을 촛불집회에 가져가면 뿌릴 필요가 없었어요. 시민들이 순식간에 2만 부 정도를 스스로 가져가더라고요.

조선·중앙·동아 신문사 앞에는 시민들이 몰려와서 소규모로 규탄집회가 열리기도 했고, 집회 끝날 때 거리 청소를 하면서 모아온 온갖 쓰레기를 조선일보나 동아일보사 앞에 쌓아두었어요. 제가 그것을 보면서 안티조선운동이 헛되지 않았구나 싶어 감격했어요. 그때 저는 시민들이 혹시 신문사 건물을 훼손하지는 않을까 살피면서 너무 과격하게 나서는 사람들을 말리는 일을 했어요. 시민들이 언론노조 명의의 스티커를 동아일보사에 덕지덕지 붙이는 것을 보면서, 우리는 스티커 만들면 안 되겠다는 생각도 했죠. (웃음) 민언련 명의가 드러나는 스티커가 붙어 있으면 조선일보가 또 무슨 트집을 잡을지 모르니까요.

아무튼 2008년 촛불집회 때 처음으로 조선일보와 싸워온 것이 이제야 성과를 내는구나 싶었어요. 시민들이 앞장서서 조중동과 싸워주니까 그렇게 좋을 수가 없더라고요. 활동가들이 거의 매일 새벽까지 다들 홀린 것처럼 열심히 했어요.

좌절의 순간은 수없이 많았던 것 같아요. 노무현 대통령이 돌아가셨을 때, BBK 특검이 코미디처럼 끝났을 때, 박근혜가 대통령에 당선됐을 때, 그리고 온갖 실정에도 지지율이 50%를 넘어갈 때 등등. 그 외에도 조선일보의 영향력이 여전하다는 생각이 들 때마다 자괴감에 빠졌어요.

최근에 조국 사태를 지켜보면서는 두 가지 감정이 다 있었어요. 조선일보의 영향력이 여전한 것 같기도 하고, 아닌 것 같기도 해서 아직 혼돈의 상황이랄까요.

최 이번 조국네 사태는 언론 보도만 따로 떼어내어 평가하기 어려워요. 조국네 사태를 조국네 사태로 만든 핵심 요인은 검찰의 '참전'입니다. 검찰이 참전하기 전에는 조선일보를 비롯한 대다수 언론과 자유한국당 같은 야당이 아무리 조국네를 흔들어도 여론이 조국 장관에 대해서 우호적이었어요. 이 기조가 흔들린 것은 조국 장관네 주변에 대한 검찰의 압수수색이 실시되는 순간부터였습니다.

무얼 말하고자 하는 것이냐. 과거에는 조선일보가 중심에 서고 다른 언론이 따라오면서 검찰이나 보수 세력이 조선일보의 지휘를 받는 형국이었다면, 지금은 검찰이 중심에 서고 검찰 출입 기자들이 검찰이 흘리는 듯한 피의 사실로 기사를 써서 프레임을 설정하는 식으로 바뀌었다는 거죠. 언론이 의제 설정에 있어 검찰을 보조하는 역할을 한 거라고 봅니다.

이번 사태는 수구·친일·기득권, 반문 세력의 문재인 대통령 흔들기 결정판이고 조국 장관을 털어서 난 티끌은 총공세의 빌미가 되었다고 봐야죠. 그리고 검찰이 끊임없이 독점적인 수사 및 압수수색 영장 청구로 확보한 일부 티끌을 던져주면 언론이 이를 과대 포장해서 확대재생산 했다고 봐야죠. 예전 같으면 끔찍한 불상사도 일어나고 문재인 대통령의 입지도 크게 흔들렸을 텐데 수구 기득권 세력에 대항하는 1인 미디어와 대안 미디어의 활약으로 'VS 여론'이 뒤늦게나마 형성되면서 촛불정부를 떠받친 형국이죠.

바로 그 순간 대통령은 반란군 지도자와 전화 통화를 하고 있었다. 그는 대통령에게 가족과 함께 나라를 떠날 수 있도록 군 비행기를 제공하겠다고 제의했다. 그러나 대통령은 당장 떠나라는 통지서를 받고 자기들의 나라를 떠나 쫓겨난 다른 지도자들과 어느 먼 곳에서 망명자가 되어 여생을 하릴없이 보낼 그런 사람은 아니었다.

"매국노들 같으니. 나에 대해 잘못 생각하고 있소. 민중들이 나를 이 자리에 앉혔고 여기를 떠날 유일한 방법은 죽어서 나가는 것이오."

— 이사벨 이옌데 지음. 박영조 옮김. 《영혼의 집》(창현문화사, 1993) 중에서

노무현을 만나
'어공'이 되고
정치의 길을 가다

"'노무현'이란 독특한 정치인을 만나 처음으로 '정치인'을 사랑하게 되었다. 심지어 그는 조선일보와 싸우고 있었다.

'언론을 바꾸면 세상이 바뀐다'고 믿고 있던 나는 언론과 맞서는 '희귀종 정치인 노무현'과 '혼자(?)' 마음속으로 동맹을 맺고 동지가 됐다.

대통령이 언론개혁을 말하는 것은 때로 힘이 됐고 때로 상황을 더 힘들게 했다. 그러나 어떤 순간에도 나는 '동지' 노무현과의 의리를 저버리지 않았다.

2006년 7월 노무현 대통령이 '방송위원회 부위원장'으로 발탁해 나는 '어공'이 됐고 시민운동과 이별했다.

'MB와 권부의 공작' 결과 그가 이 세상에서 사라졌다. 2002년 12월 19일 그는 수많은 대중에게 심장이 터질 것 같은 희열을 주더니 2009년 5월 23일 가슴이 찢어지는 슬픔을 주었다.

내게 세상은 2009년 5월 23일 이전과 이후로 나뉜다. 문성근 배우의 제안으로 '야권통합운동'을 시작한 것도, 결국 정치권에 발을 디딘 것도 모두 '노무현' 때문이다."

40대 · 여성 · 운동권 출신
방송위원장 직무 대행

2019년 11월 3일 세 번째 대화.

새로운 선택에는 이유가 있는데, 돌이켜보니 한 번도 물어보지 않았다.

언론운동 이끌 상상력 고갈

김   2006년 7월에 방송위원회 부위원장직을 수락해서 민언련을 떠나셨어요. 방송위가 무소속 독립 기구이긴 하지만 어쨌든 방송정책을 총괄하는 기관이고 위원은 대통령이 임명하는 차관급 정무직 자리니까 '시민운동가의 길'에서 벗어난 것이잖아요. 선배님의 삶이 전혀 다른 방향으로 바뀌는 선택이었어요.

최   단도직입적으로 답해야겠네요. 언론운동을 이끌어갈 상상력이 고갈됐기 때문입니다. 더 이상 버티기가 힘들었어요.

  저는 민언련 활동이 매우 필요한 일이라 생각했고 민언련과 함께하는 게 자랑스러웠습니다. 늘 고단한 하루하루가 흘러갔고 때로는 견딜 수 없는 헤게모니 투쟁의 중심에서 놀림감이 된 적도 있었지만 조선일보를 비롯한 수구 언론, 수구·보수 세력과 싸우는 일이 제게는 너무 중요해서 놀림 따위는 대수롭지 않게 여겼어요.

헤게모니 투쟁이란 게 웃기는 거잖아요. 파이도 별로 없는 시민단체에서 권력 갈등이 벌어지는 건 어색하기도 하고 더 웃기죠. 하지만 둘 이상만 모이면 벌어지는 게 헤게모니 갈등이고 시민단체가 세를 불려가던 때라 그런 갈등이 생길 수도 있었겠죠.

하여간 각자 가진 여러 동기에 의해 누군가를 흔들다가 걷잡을 수 없는 상황이 되고는 하는 게 헤게모니 갈등인데 시작은 별게 아닌 경우가 많아요. 대개 삼삼오오 무리를 지어 입으로 시작하는 거죠. 누가 어느 단체에서 장기 집권 하는데 이렇다더라, 누가 활동비를 얼마 받는다더라, '뒷담화'를 하다가 그게 엉뚱하게 조직적 움직임으로 커지기도 하고 그런 거죠.

민언련의 경우 언론노조와의 관계가 중요했는데, 언론운동에서는 노조의 영향력이 절대적이라 시민 언론 분야를 노조가 컨트롤했다 해도 과언이 아닌 상태에서 제가 사무국 책임자가 되었어요. 노조 프로젝트로 사업을 받아 시민언론운동을 하는 행태를 보고 속으로 놀랐죠. 어려운 시민단체를 도와주는 노조에 고마운 마음이었지만, 한편으로는 자존심도 상했어요. 노조란 기본적으로 이익 단체인데 군부 권위주의 잔재가 남아 있는 한국적 현실 때문에 때로 민주언론투쟁에 노조가 참여하기도 하는 거잖아요.

저는 민언련의 독자적 생존과 시민언론운동의 정체성을 정립하는 게 중요하다고 봤고 민언련 조직을 정비하는 한편 독자적인 운동 전략과 전술을 수립해갔죠.

제가 민언련 사무총장일 때 민언련 정책위원회가 가장 내실 있게 운용되지 않았나 싶어요. 신태섭 정책위원장과 호흡이 잘 맞았고 제가 무엇이든 정책위와 의논하고, 대외적 인센티브가 생기면 정책위를 우선적으로 배려했으므로 정책위가 활발하게 돌아갈 수 있었어요. 대다수 정책위원들도 민언련의 독자적 시민언론운동을 중시했고 당연히 노조와 갈등이 생길 수밖에 없었어요.

어떤 분야든 바꾸는 데는 진통이 따르는 것이니까요. 민언련 내부 일부도 언론노조와의 친밀도에 따라 다소 입장이 다른 경우도 생겼고, 무엇보다 언론노조가 민언련의 홀로서기에 우호적이지만은 않았습니다. 그러나 언론노조와 '따로 또 같이' 하겠다는 제 결심은 확고했어요. 민언련 홀로서기 과정에서 제가 사무총장에서 쫓겨날 뻔하기도 했는데, 정책위원들과 사무처 활동가들의 지원 덕분에 '강제 해고'를 면했어요.

헤게모니 갈등이 위험한 건 인간관계를 다치게 한다는 겁니다. 그때 가장 상처가 됐던 건 제가 오래 존경해왔던 선배 한 분이 외부 단체와 함께 저를 사퇴시키려고 했던 것입니다. 그렇다고 관계를 해칠 수도 없었고 벌여놓은 일들을 중단할 수도 없었으므로 마음 한편에 아픔을 안고 몸을 움직일 수밖에 없었어요. 이후 다시는 그분께 이전과 같은 마음으로 돌아가지 못했어요.

다른 한편 당시에는 늘 바빴고 1분 1초를 쪼개서 살아야 하는 제게는 헤게모니에 허비할 시간이 아예 허락되질 않았어요. 적어도 표면적으로는 '민언련 사무총장 강제 해고 사건'은 잘 마무리됐고 민언련은 평온해 보였어요. 우리가 하는 게 시민언론운동인데 왜 외부에서 개입해 민언련을 흔드는지 이해하기 힘들었지만 그 단체와도 협력을 계속해갔어요.

조선일보가 의제를 설정하는 사회는 병든 사회다, 권력이 조선일보 등에 의해 좌지우지되면 대한민국 민주주의는 왜곡되고 그 결과 서민들이 고통을 받게 된다, 조선일보 등은 극우 상업주의에 빠져 한반도 평화와 통일조차 자사 이기주의에 악용한다 등등의 생각으로 어떻게 하면 시민들이 내 생각을 공유해줄까 고민하며 온 정신을 그일에 쏟고 있는 상태였어요. 그래서 돌이켜보면 욕도 많이 먹었고 흔드는 사람들도 있었는데 흔드는 내용이 제게 잘 전달되지 않았죠. 누가 이런저런 말을 전하면 '바빠 죽겠는데 뭔 소리래⋯' 싶었어요.

무슨 일이든 그렇지 않나요. 직진할 때도 있고 우회할 때도 있으며 심정적으로 활기차게 밀고 나갈 때도 있지만 오래 버티면서 견뎌야만 뭔가가 이뤄지는 거 아닌가요. 버티고 견디는 힘은 미래에 대한 비전 혹은 희망 같은 것에서 오는데 2006년 현재 민언련은 잘 운용되고 있었지만 미래 비전이 안 보였어요. 제게는.

헤게모니 갈등이나 외부적 압박 같은 건 제 선택에 거의 영향을 주지 못해요. 조금 피곤하긴 했겠죠. 중요한 건 내적 동력인데 그게 고갈된 상태였던 거죠. 열심히 일하는 자신이 별로 자랑스럽지를 못했어요. 꾸역꾸역 버틴다는 느낌으로 민언련에 남아 있음 안 된다 생각했어요.

김 민언련 상임대표를 맡으시고 얼마 되지 않았을 때라 선배님의 선택을 두고 내부에서 논란이 있었고 노골적으로 비난하는 분도 있었어요. '최민희'는 민언련에서 상징 같은 존재였고 '언론운동의 대모'로도 불렸잖아요. 사실상 2000년부터 시민언론운동을 끌어온 인물이니까 그 정도의 후폭풍은 예상된 일이었다고 생각해요. 그런데 선배님이 시민언론운동에 대한 아이디어가 고갈되었다거나 한계에 부딪혔다고는 아무도 생각하지 못했을 거예요. 그러고 보니 한 번도 여쭤본 적이 없네요. 왜 방송위원회로 가셨냐고.

최 그러게요. 이런 대화를 누구와 나눠본 적이 없었던 것 같기도 해요. 이리 뛰고 저리 뛰다 돌아본 어느 날 갑자기 회의가 들기 시작했는데, 이런 겁니다.

제가 1995년 1차 복귀해 사무국장을 맡았었고 조직을 정비한 뒤 임상택 총장에게 사무국 책임자 자리를 넘겼어요. 2000년에 민언련에 재복귀하고 2006년까지 사무총장을 했으니 6년간 '장기 집권' 했는데, 민언련에는 그런 전례가 없었어요. 다른 문제보다 보통 사람들은 체력상 못 버티죠. 민언련이 매일매일 보수 언론 지면을 모니터하고 논평이나 성명서, 보고서를 몇 건씩 냈는데 그 일 하나만으로도 제대로 하면 힘에 부칠 일이었어요.

모니터만 한 게 아니었잖아요. 그 시절에는. 안티조선운동에 언론제도개혁운동까지, 비디오 저널리스트 강좌부터 사진 강좌, 퍼블릭엑세스public access 준비까지 당시 민언련이 처한 조건에서, 제 머릿속에서 나올 수 있는 시민언론운동의 구상으로 할 수 있는 건 다했다고 생각해요.

성과도 있었어요. 민언련이 단순한 신문방송 모니터 활동을 넘어 언론운동의 의제를 주도하는 단계로 한 걸음 나아갔고, 안티조선운동을 통해서 민주적 담론으로서의 언론운동까지 벌였는데 거기까지였어요.

퍼블릭엑세스운동의 흐름을 타고 관련 강좌를 열기도 하고 시민영상제 같은 것도 진행했는데 퍼블릭 엑세스 개념이 언론계에 어떤 변화를 가져올지 예측하기 힘들었고, 새로운 미디어 환경에서는 언론운동도 바뀌어야 할 터인데 방통 융합 환경 속에서 더 이상 언론운동을 이끌어갈 수 없겠다고 생각했어요.

제가 '기계치'예요. 어쩐지 곧 다가올 미래에는 정보통신 기술을 기반으로 한 새 흐름이 형성될 거다, 그 시대 언론운동도 시대에 맞게 바뀌어야 하는데 그 주역이 저는 아니다, 생각한 거죠.

견디기 힘든 지겨움도 있었어요. 참여정부 들어서고 아침에 출근

할 때마다 두려웠어요. 오늘은 또 조선일보에 어떤 사설이 나올까, 또 어떤 기사가 노무현 정부의 개혁적인 정책을 흔들까? 만일 조선일보 등이 참여정부의 잘못된 정책이나 행태를 팩트에 기초해서 비판하는 기사를 썼다면 우리는 언제든 중립적으로 모니터할 준비가 돼 있었죠.

그런데 조선일보는 정말 디테일하고 치사하게 참여정부를 흔들었어요. 청년 실업이 심각하다는 프레임을 만들기 위해 청년 실업율 수치를 가지고 장난쳤죠. 이를 테면 청년 실업률이 가장 높은 2월 통계를 한 해 통계로 쓰는 방식이었어요. 국민들은 자기 생활로 다 바빠요. 그런 치졸하고 디테일한 조작을 알기 어렵지요. 수구·보수 언론들은 노동계가 파업을 할 때 비가 안 오면 '이 가뭄에 웬 파업이냐'는 식의 말도 안 되는 억지를 부렸죠. 파업에 강경 대응하지 않는다는 이유로 정부를 공격했고요. 괴롭혔죠.

제가 자주 쓰는 비유인데, 사람 몸에 비유하자면 언론은 피와 같고 언론기관은 혈맥과 같아요. 건강한 피가 온몸을 돌면 건강하게 오래오래 사는 거고 암세포를 유발하는 피가 온몸을 돌면 세포가 오염되고 인체는 암에 걸려 죽어가게 돼요. 언론이 잘못된 정보를 사회 구성원들에게 전달하면 사람들 생각이 암에 걸려요. '생각의 암'은 한 번 걸리면 불치에 가깝다고 할 정도로 치유가 어렵죠.

끊임없이 수구·보수 언론은 우리들에게 '사람은 평등하지 않다, 타고난 능력이 다르다, 불평등은 당연한 거다, 참여정부는 악이고 한나라당은 선이다, 대북화해정책은 악이고 대결정책은 선이다, 박정희는 선이고 김대중과 노무현은 악이다'라는 식의 발암적 정보들을 쏟아냈어요. 우리는 그 신문들을 모니터해서 인간은 평등하며, 능력의 평등이 아니라 기회의 평등이 보장돼야 민주사회이며, 대북화해정책만이 대한민국의 미래를 열 새로운 블루오션이라는 등등의 주장을 간접적으로 되풀이했죠.

그것도 한계점에 다다랐어요. 어느 순간, 조선일보를 봐야 한다고 생각하면 욕지기가 날 지경이 됐어요. 아, 이건 성실하게 꾸준히 수구·보수 언론을 모니터한 사람이 아니면 공감하기 어려울 거라 생각합니다. 매일 누군가를 욕하는 기사를 보는 것 자체가 고통스러웠어요. 더구나 논리적으로 앞뒤도 안 맞는 기사를 보도랍시고 모니터하고 합리적으로 비판하는 논평을 써야 하는 상황이 못 견디겠더라고요. 조선일보로부터의 도피였나. (웃음)

참여정부 파격 인사, 외면한 언론

김 그때 선배님이 우리 나이로 겨우 마흔 일곱이었어요. 만 45세의 여성 부위원장은 참여정부여서 가능했던 엄청난 파격이었다고 생각해요. 교수나 변호사 같은 전문직 아니면 방송사 현업 출신의 50대·60대 남성이 방송위원직의 '상식'이었잖아요. 그 후로도 40대 여성 위원은 없었어요. 선배님만 의외의 선택을 하신 게 아니라 참여정부도 의외의 선택을 한 거예요. 저는 참여정부의 선택에 대해 불만의 목소리를 직간접으로 들었는데, 거기에는 일종의 편견과 시샘이 곁들어 있었어요. '운동권에만 있던 40대 여자'가 무슨 전문성이 있다고 부위원장을 맡느냐는…. 그때 '운동권에만 있던 30대 여자'였던 저는 진보·보수 이런 것과는 상관없는 거대한 벽을 보았다고 할까요, 그랬어요.

최 이러저런 말들이 많았겠죠. 그런데 알았다고 해도 제 코가 석자였으니까 별로 신경을 안 썼을 거예요. 내가 더 이상 언론운동의 미래를 개척하면서 이끌어갈 역량이 없는데, 그런데 나는 아직 에너지가 남아 있다, 그런 40대·운동권·여성은 어떻게 해야 할지 고민이 많앉어요.

당시 저를 청와대 시민사회수석으로 임명해야 한다는 기류가 있었고, 그 이야기를 비공식적으로 들었을 때 당연히 거부할 수밖에 없었어요. 시민단체에 있다가 청와대에 곧바로 들어간다면 민언련 대표로서 조직에 너무 큰 정치적 부담을 주게 되니까 수용하면 안 되는 것이었어요.

방송위원회 위원으로 저를 추천한 건 열린우리당 쪽이었어요. 언론개혁에 대해서 민언련의 조언이나 주장이 정치권에 대한 영향력이 좀 있었기 때문에 열린우리당 중요 정치인들은 저를 잘 알고 있었어요. 정동영 의장과 김한길 원내 대표, 정청래 의원이 저를 강력히 추천했어요. 당시 열린우리당 문광위원들이 투표를 했을 때 한 명만 제외하고 모두 제가 방송위원이 되는 것에 찬성했다고 들었어요. 반대한 한 명이 누군지도 알게 되었죠. (웃음)

방송위가 무소속 독립 기구이고 국회 추천 몫이어서 상대적으로 부담이 적은 선택이었던 거예요. 그런데 어쩌다 보니 부위원장까지 됐는데, 이게 차관급에 사실상 방송위 실무를 총괄하는 자리였어요. 참여정부 아래서 가능했던 파격 인사는 맞아요. 그래도 언론이 전혀 주목하지 않더라고요.

같이 상임위원을 했던 아무개 위원이 이런 말을 했어요. "40대 여성이 방송정책을 실무적으로 총괄하는 상근 부위원장인데 왜 언론이 주목하지 않을까요. 최 부*가 너무 센 거 아니요?"

언론은 주목하거나 우호적 기사를 써주기는커녕 제 뒷조사를 통해 저를 끌어내릴 계획을 가지고 있었다고 나중에 전해 들었어요. 언론 비판이 직업이었던 사람이 언론을 통해 스포트라이트를 받으려 하면

---

* '최민희 부위원장'을 줄여서 부른 말.

136

안 되죠.

하필 왜 방송위를 택했는지 궁금하죠? 일의 행정적 처리가 제게 잘 맞아요. 아버지도 평생 공무원, 오빠도 언니도 공무원. 창의력이 많지 않은 집안 막내딸이거든요.

시민언론운동과 미디어의 미래를 이끌어갈 창의적 상상력은 없었지만, 언론운동을 하면서 벌여놓은 여러 가지 현안을 마무리하는 일은 잘 할 수 있을 것 같았어요. 당시 현안이 경인민방 재허가, 한미 FTA 방송 협상, 방송통신위원회 설치 등등 민감한 것들이 많았는데 대개 다 정리하고 나왔어요.

사실 참여정부는 좀 더 파격적인 제안을 했어요. 이상희 방송위원장이 일신상의 이유로 방송위원장직을 사임하셨는데, 방송위원장을 맡는 게 어떻겠느냐는 제안이 있었어요. 제가 소심하기도 해서 결국은 거절한 셈이 되었죠.

당시 한나라당 추천 방송위원들이 평균 만 65세였어요. 방송위 부위원장은 일하는 자리라 별 문제가 안 됐지만 만일 만 45세 여성이 방송위원장이 된다고 생각하면 심정적으로 받아들일 수 있을까 싶었어요. 저는 '방송위는 합의제 행정 기구이고 여야 추천 위원들 간에 무리 없는 의사결정을 해야 하며 그를 위해 적어도 만 65세 이상의 새 방송위원장이 와 리더십을 발휘해야 한다'고 답했죠.

이상한 건 신임 방송위원장이 온 이후에도 제가 방송위원장이 되려고 한다는 소문이 돈 겁니다. 제가 방송위원장을 할 수 없다고 했기 때문에 신임 방송위원장이 온 건데 저로서는 이해가 잘 안 되는 상황이었어요. 시간이 좀 흐른 어느 날 방송위원장이 그러시더군요. 최 부위원장은 그냥 일하는 데만 관심이 있는 사람인 것 같다고. 그러니까 저를 좀 의혹의 눈초리로 지켜봤다는 거잖아요? (웃음)

그래서 잘 보셨다고 했죠. 눈앞에 닥친 일을 열심히 하고 성과를 내는 게 행복한 스타일의 사람들도 있는 거니까요. 이상하게 사람들은 여성이 꽃처럼 들러리 서지 않고 자기주장을 내세우며 열심히 일하면 야망이 큰 여자라면서 부정적으로 흔들어요. 대개 50대 중반 이후 남성 권력이 각종 인사를 결정하다 보니 여성들 또한 50대, 60대 남성의 시선에 자신을 맞춰가는 것 같아요. 기이하게 사회적 위상이 높아질수록 그런 경향을 보이는 여성들도 있더라고요. 중견 국회의원이 어떤 여성 의원을 지칭하며 '귀여우니까 ○○○ 시켜주자'고 하는 말을 들은 적도 있어요.

김 국회에서도 그런 일이 있다는 게 씁쓸해요.

최 다음 세대에는 달라지겠죠. 얼마 전에 〈검색어를 입력하세요: WWW〉라는 드라마를 보니 자기중심이 강하고 유능한 여성들이 등장해 '성 역할'을 완전히 바꿔놓더군요. 유쾌 상쾌 통쾌한 드라마였어요. 현실도 그런 쪽으로 바뀌어가리라 확신합니다.

조선일보 망원렌즈에 잡힌 '메모'

김 수구·보수 신문들은 선배님이 방송위원회 계시는 내내 집중적으로 검증 혹은 감시했어요.

최 한 신문에서 저에 대한 개별 검증 팀을 구성했으니 조심하라는 주변 사람들의 전언이 있었어요. 그런데 뭘 조심해야 하는지 잘 모르겠더라고요. 저를 검증하는 과정에서 같이 상임위원이 됐던 한 분이 절대농지 소유 문제로 위원직을 사퇴하는 일이 있었어요. 모난 돌 옆에 있다 정 맞은 꼴인 것 같아서 오랫동안 미안한 마음이었어요.

저희 재산이 당시에 3억 원이 채 안 됐는데, 그 때문에 재산을 숨겼다는 소문이 돌았고, 제가 차명으로 보유한 땅이 있다는 의혹 기사까지 나왔어요. 혹시 저 모르게 남편이 갖고 있는 땅이 있나 싶어서 물어봤더니 그러면 얼마나 좋겠냐고 하더라고요. 하도 주변에서 내가 숨겨놓은 재산이 있다고, 미등록 재산이 있다고 해서 정말 그런 재산이 있다면 어떨까 상상해본 적이 있어요.

한번은 국회 예결위에 참석했다가 회의가 너무 지겨워서 이러저런 메모를 끄적였어요. 그런데 조선일보 기자가 망원렌즈로 그 메모를 찍어서 조선일보 사회면에 보도한 거예요. 왜 그런 거 있잖아요. 본인만 모르고 다 아는 상황. 아침에 출근을 했는데 마주치는 직원들 표정이 평소와 다른 겁니다. 살피는 듯한, 걱정하는 듯한, 그런 느낌이 들었죠. 저는 집에서 조선일보를 안 보고 있었기 때문에 조선일보에 난 제 '디스 기사'를 못 본 거예요.

그런 일이 있고 나면 이 사람 저 사람한테 위로 전화가 오고는 했어요. 워낙 제 스타일이 관심 있는 일 말고는 무신경해서 그냥 넘어갔지, 돌이켜보면 소름끼치는 일이에요. 누가 망원렌즈로 메모를 찍어서 보도할 것이라 상상이나 했겠어요. 그만큼 수구·보수 언론의 타깃이었던 거예요.

이명박 정부가 들어선 후에는 한나라당 진성호 의원이 이미 퇴임한 저의 업무추진비를 문제 삼았어요. 제가 19개월 동안 업무추진비를 3460만 원을 썼는데 그중에 129만 원을 민언련, 언론노조 사람들과 만나는 데 썼다며 '친노 성향 단체를 만난 게 문제'라고 트집을 잡은 거예요. 방송위 부위원장이 언론 단체와 만나는 건 당연한 건데 무슨 소리냐고 언론 단체들이 반발했죠. 게다가 최시중 방통위원장은 취임 후 6개월 동안에만 업무추진비를 무려 6000만 원을 써서 구설에 올랐거든요. 그런데 퇴임한 부위원장의 업무추진비 내역을 샅

샅이 뒤져서 시민단체, 언론노조 사람들과 만난 129만 원, 평균으로 따지면 한 달에 7만 원도 안 되는 것을 비난한 거예요.

김 내부적으로는 어떤 어려움이 있었을까요? 앞에서도 잠깐 얘기했지만 '40대 여성'이어서 겪으신 고충은 없었나요? 선배님이 어디 가서 그런 이유로 할 말 못하고 기죽을 분은 아니지만 관료 사회잖아요. 옷차림 하나까지 문제가 될 수 있는. 나머지 위원들, 고위 간부들은 대부분 남성들이고 연배도 선배님보다 위였을 테고요.

최 나중에 알았어요. 제 옷차림 하나까지 관심의 대상이란 것을. 머리를 기르고 다녔는데, 기를 생각이 있어서 그런 건 아니고 시간이 없어서 머리가 자라는 것을 방치했다는 표현이 더 맞아요. 머리 감기 귀찮아서 단발로 짧게 잘랐죠.

최 부위원장이 머리를 잘랐더라, 무슨 일 있느냐, 심경에 변화가 왔대 등등 소문이 꼬리를 물고 돌아다녔다고 해요. 국회에 출석했는데 우상호 의원이 저를 보자마자 그러는 겁니다. "전투 모드예요?" 왜 저런 말을 하지 싶어 대꾸를 못하고 맹한 표정으로 서 있었더니 머리를 가리키더라고요.

다들 시민운동가 출신에 젊은 여성인데다가 눈치를 안 보고 돌아다니는 저에 대해 관심이 있었던 것 같은데 정작 당사자는 의식을 못했으니, 돌아보면 좀 웃픈 상황이었던 것 같아요. 거꾸로 저의 그런 태도가 엉뚱한 오해를 불러일으킬 수도 있었던 것 같기도 하고요. 엄청난 야망을 품은 듯 보였다나 어쨌다나. (웃음) 야망을 갖기에는 제가 좀 푼수라 그런 말들 들으면 속으로 진짜 웃었어요. 고소하기도 하고. 정말 저렇게 사람 보는 눈들이 없을 수가 있나 싶어서요.

나이가 상대적으로 적어서 위원회 활동하면서 매우, 매우 조심했어요. 안건 하나하나 상정할 때에도 다른 위원들과 일일이 사전에 의논도 했고요. 자칫 잘못해 젊은 게 건방지다는 평판을 받게 되면 일을 못하게 될 것 같았거든요. 작은 것부터 큰 것까지 신경 쓰다 보니 퇴근해 집에 들어오면 견딜 수 없이 심한 두통이 왔어요. 약 먹기 싫어서 버티다가 견디기 힘들어서 골다공증 예방 기구를 사서 머리에 진동을 주는 방식을 택했죠.

방송위원회가 규제 기관이다 보니 이해관계가 첨예하게 부딪히는 일이 많았어요. 지상파 중간 광고의 도입 의결 같은 게 대표적이었죠. 신중한 일 처리 방식, 예의 바른 태도를 견지하면 나이 문제 등은 극복 가능하다고 봐요. 크고 작은 시비들이 있기도 했지만 그건 이겨낼 만한 거였어요.

저희 집안이 '늘공(늘 공무원)' 집안입니다. 제가 힘들다고 푸념할 때 아버지가 그러셨어요. '행정고시 붙고 평생을 공직에 있어도 차관에 못 오르고 옷 벗는 공무원이 대부분이다. 그런 자리 가볍게 여기면 안 된다.' 저희 시아주버님 역시 준공무원이셨는데 따끔하게 충고하신 일이 있어요. '제수씨 한 명 활동을 위해 들어가는 세금이 얼마인지 아느냐, 넓은 사무 공간과 비서, 업무 보조 인력 다 합치면 연간 수억의 세금으로 제수씨 활동을 국가가 지원하는 거다. 매 순간 성심성의껏 일해야 한다. 조금 힘들다고 그만둔다 뭐 한다 하는 건 국가에 대해서나 직원들에 대해서나 예의가 아니다. 참고 또 참으면서 임기 잘 마치고 나와야 한다…'

방송위원회 초기에는 직원들과도 잘 지내기가 힘들었어요. 방송위 출근하고 일주일쯤 지났을까, 방송위 고위 간부가 찾아와 다짜고짜제게 삿대질을 하며 이러는 겁니다. "당신이 청와대 미션 받고 내려와 방송위를 해체하려고 하는 거지? 우리가 모를 줄 알아? 당신 청와대 앞잡이 노릇하려 내려왔지?"

하, 이런 이상한 조직의 쓴맛을 봐야 하나 싶었어요. 지켜보라고, 차차 최민희가 어떤 사람인지 알게 될 거라고 얘기했죠. 많이 섭섭했어요.

그러나 가장 힘든 건 청와대와의 갈등이었습니다.

'Vice President'가 협상장에 나타나다

김 한미 FTA 때 방송 분야 협상을 주도하면서 정부 안에서 '악명'을 떨치셨어요. 선배님은 힘드셨을지 몰라도 제 입장에서는 그나마 다행스러운 일이었고요. 진보 진영이 한미 FTA 추진을 거세게 반대하는 상황에서 선배님이 방송 개방을 일사천리로 추진하셨으면 진짜 실망했을 거예요. 보건복지부 유시민 장관과 방송위원회 최민희 부위원장이 협상 과정에서 제일 까다롭고 고집스럽게 나와서 기획경제부에 미운털이 박혔다는 얘기를 듣고 안도했어요. 개인적으로도 그렇고 언론운동가로서도 그렇고.

최 잊어버리기 전에 유시민 장관의 '뒷담화 만행'을 폭로해야겠어요.

한미 FTA 협상을 최종적으로 결정하는 정부 내 단위가 있었어요. 대외경제장관회의. 보건복지부 유 장관을 회의 때마다 만났어요. 협상 거의 막바지에 쌀 개방과 방송 개방이 의제로 올라왔어요.

CNN 더빙이 안건으로 올라왔고 제가 야무지게 이러저러해서 안 된다 말했죠. 회의 주재자가 '대통령께서도 CNN 더빙이 포함되길 바라신다' 하더라고요.

보통 이 정도 되면 대부분의 장차관은 포기하게 되죠. VIP 뜻이란 말 앞에 누가 이의 제기를 하겠어요. 그래서 호가호위라는 말까지 생긴 거니까요. 사실상 최후통첩을 받은 겁니다. 시쳇말로 하면 '그 입

다물라' 한 거죠. 당연히 저는 '네' 하며 순명해야 하는 순간이었어요.

시선이 제게 집중됐고 침묵이 흘렀어요. 장관들 회의 중 침묵이 흐르고 자신에게 시선이 쏠리면 얼마나 부담되는지 알겠어요? 숨이 막힐 듯 침묵이 흐르는데 제가 말했죠. 갑자기 목소리가 커졌어요. "대통령께서 그러실 리가 없습니다. 만일 대통령께서 CNN 더빙을 허용하자 하셨다면 보고가 잘못 올라가서 그럴 겁니다. CNN 더빙이 국내 언론에 미치는 후폭풍을 자세히 알게 되면 대통령도 반대하실 겁니다." 다시 긴 침묵이 흘렀고 가슴이 콩닥콩닥 뛰더군요. 발언할 때 결기는 어디가고 저는 점점 주눅이 드는 느낌이었지만 입을 꼭 다물고 재경부 장관을 응시하며 버텼어요.

그때 구원의 목소리가 들려왔어요. 유시민 장관이 발언을 해준 겁니다. "주무 부처 차관이 저렇게까지 하는데 결정을 보류하고 더 논의하시죠." 뒤를 이어 "이 건은 오늘 결정하기 힘들겠네요." 하는 권오규 재경부 장관의 목소리.

그런데 말입니다. 유 장관이 사석에서 "최민희 진짜 독하다. 하도 야무지게 방송 개방을 반대하니까 장차관 머리에서 김이 모락모락 나더라."라고 뒷담화 했다는 겁니다. (웃음)

김　협상이 안팎으로 정말 치열했네요. '만행'이라고 표현하셨지만 유시민 장관을 은인처럼 생각하는 것 같아요. CNN 더빙을 비롯해 당시 쟁점이 됐던 방송 개방 의제가 어떤 의미가 있는지 잠깐 설명해주시고 넘어가는 게 좋겠어요.

최　한미 FTA 방송 분야 최대 쟁점은 미국인 직접 투자를 푸는 것, 두 번째가 CNN 더빙을 허용하는 것이었어요. 당시 우리 방송계는 규제 체계가 비합리적이었고, 외국자본 직접투자를 100% 풀어버렸을 때 국내자본이 버틸 수 있는 기반이 없다고 판단하고 있었어요. 한마디로 방송 시장 개방은 대한민국의 방송 주권을 훼손하고, 문화적 혼란, 규제 체계의 혼동을 가져올 수 있는 심각한 사안이었기 때문에 방송위원회 전체가 방송 시장 개방에 반대하는 입장이었죠. 당연히 외국인 직접투자 허용은 저로서는 받아들일 수 없는 내용이었어요.

CNN 더빙 문제는, CNN이 보도 전문 채널이기 때문에 더빙을 허용할 경우 〈방송법〉 체계의 개편이 불가피했어요. 우리 〈방송법〉은 종합 편성, 보도 전문 채널에 대한 허가제였고 그때까지만 해도 신문사의 방송 진출은 허용되지 않았어요. 그런데 CNN 더빙을 허용하면 외국계 보도 전문 채널이 그냥 신설되는 것을 의미했기 때문에 국내 신문들도 보도 전문 채널을 자유롭게 만들 수 있는 쪽으로 〈방송법〉을 개정해야 하는 문제가 발생하는 거죠.

CNN 더빙을 허용하면 외국의 보도 전문 채널이 유선방송 시장에 자동 진입하는 거니까 우리나라 〈방송법〉상 보도 전문 채널에 대한 허가제를 등록제 등으로 바꾸어야 하거든요. 일정한 조건하에 누구든 보도 전문 채널을 만들 수 있게 되는 거죠.

만일 조선일보가 보도 전문 채널까지 갖는다면 신문 시장을 장악한 조선일보의 의제 설정 능력이 방송에까지 전이돼 그야말로 보수 의제가 여론 지형 90% 이상을 장악하는 결과를 가져올 것 같았어요. 한국 사회의 여론 지형을 더 왜곡시키는 결과를 가져올지도 모를 CNN 더빙을 미국의 강요로 풀 수는 없었어요.

김현종 통상교섭국장이 방송위원회까지 저를 찾아와서 CNN 더빙, 외국인 직접투자를 풀자고 했어요. 저는 '이건 방송 주권의 문제이고 우리 방송은 외국인 직접투자를 받아들일 준비가 안 되어 있다, 방송 체계가 무너질 수 있기 때문에 받아들일 수 없다'고 했죠. 그랬더니 이후에 벌어질 모든 불행한 결과를 책임질 수 있냐고 물어서,

저는 뭐가 될지는 모르겠지만 책임지겠다고 했어요. 진짜 겁도 없었어요.

김 그때 FTA 협상 문건을 유출했다는 누명을 쓰고 감사를 받기 직전까지 가셨죠? 민언련, 언론노조 등이 독립성이 보장된 방송위원을 감사하는 게 말이 되냐면서 성명서도 내고 그랬어요.

최 제가 은근 '최초'가 많은 인생입니다. 방송위원회 최초로 직무 감사를 받을 뻔했었어요.

제가 머리가 나쁜 건지 김현종 본부장이 말한 '책임져야 할 일'이 뭔지 센스 있게 헤아리지 못했어요. 그냥 CNN 더빙을 허용하면 보수적인 보도 전문 채널까지 생긴다는 것, 그것이 그 당시 여론 지형에 도움이 되지 않는다는 것, 두 가지를 중심으로 정책적 판단을 했을 뿐이죠.

내가 방송위원회를 그만두면 그 후에는 뭘 할 거다 하는 식의 미래에 대한 구체적인 계획이 없으니까 지금 옳다고 생각하는 것을 그냥 하는 거예요. 때로 눈치 없이 보였을 것 같아요. 방송위가 방통 융합 논의와 한미 FTA 협상을 하던 시기에 누군가 찾아왔어요. '조용히 마무리를 잘 하고 계시면 좋은 일이 있을 겁니다' 하는 거예요. 당연히 무슨 말인지 못 알아들었죠. 그러고는 제가 생각하는 원칙대로 일 처리를 했어요. 진짜 바보죠. 그래서 미운털도 박히고, 수모도 겪게 되죠.

한미 FTA 문건 유출은 어떻게 된 건지 정말 모르는 일이에요. 대외경제장관회의에서 제 번호의 문서가 없어졌다는 얘기가 있었는데 저는 분명히 문서를 놔두고 나왔거든요. 그런데 문건 유출 관련한 언론 보도가 나오고 마권수 상임위원이 저를 감사하겠다고 제 방으로 찾아왔더라고요. 저는 상임위원이 부위원장을 감사하겠다는 발상 자체가 어이가 없어서 그 자리에서 언론노조에 전화를 걸었어요. '지금 이런 일이 벌어졌다, 이게 말이 되냐고 다 폭로해버렸죠. 마권수 위원이 앉은 자리에서. 그리고 직무 독립성이 보장된 방송위원을 누가 감사할 수 있냐고 되받아쳤어요. 마 위원은 제가 대충 잘못했다고 하면 적당히 감사하고 봐주려고 했다고 하더라고요. 방송위원회 본회의에서 이런 사실들을 공개해버렸어요. 언론들이 '독립이 보장된 방송위원에 대한 최초의 감사' 이런 내용으로 보도했고, 마 위원이 사과하는 것으로 사태가 일단락됐어요.

김 한미 FTA를 위해서 그렇게까지 선배님을 압박하는 정부, 특히 노무현 대통령에게 실망하거나 섭섭하지는 않으셨어요? 시민운동 할 때는 '친노 인사'로 찍혔고, 방송위원이 되어서는 정부 정책에 순순히 따르지 않는다는 이유로 누명까지 쓰셨는데.

최 너무 잘 알겠지만 노무현 대통령을 지지했던 세력 대부분이 한미 FTA 추진을 반대했어요.

방송정책 책임자로서 저는 방송 개방에 동의할 수 없었고, 한미 FTA 협상 자체를 반대할 수 있는 위치는 아니었지만 방송 시장 개방만큼은 최대한 막아보려고 한 거예요. CNN 더빙을 풀어달라고 타임워너 사장이 청와대를 방문했다고 하니까 정부 입장에서는 그만큼 압박이 됐을 거예요. 결국 방송 분야 협상에서 간접투자만 허용하고 CNN 더빙은 불가로 끝난 뒤에 미국 미디어업계에서는 한미 FTA 협상은 실패했다는 반응을 보였다고 해요. 그런 결과를 초래한 당사자로 제가 지목이 되니까 정부와 불편한 관계가 될 수밖에 없었어요.

하얏트호텔로 기억하는데, 한미 FTA 방송 분야 협상 장소에 제가 직접 간 일이 있어요. 도저히 사무실에 앉아 있을 수가 없었거든요. 미국 측 실무자들이 깜짝 놀라더군요. 'vice president(부위원장)'가 직접 실무 협상 장소에 나타났으니까. 잠시 둘러보고 위원회로 돌아왔는데, 그 이후 아마도 미국 측 협상단에 저는 '탈레반'으로 지목되지 않았을까요? (웃음) 그만큼 상황을 절박하게 봤고 국익의 관점에서 최선을 다해 협상했기 때문에 그로 인한 불이익은 감수할 각오가 돼 있었어요.

한미 FTA 협상이 마무리될 즈음 구원처럼 문재인 변호사가 청와대 비서실장으로 오셨어요. 평소 방송 현안에 대해 자주 의논을 해왔으므로 숨통이 좀 트이는 느낌이었어요.

문재인 실장께서는 '방송 분야 협상이 딜브레이커^{deal-breaker}가 되지 않는 한 방송위원회 의견을 존중했으면 한다'는 입장을 가지고 계셨고 당시 딜브레이커는 쌀 개방과 보건복지 분야였던 것으로 기억합니다. 기재부 협상 팀이 방송 개방으로 두 분야 협상을 부드럽게 해보려고 했던 것은 아닐까 생각해요.

일부에서는 정부 차원에서 저를 뒷조사한다는 얘기가 돌았는데 털어봐야 나올 게 없기 때문에 껄쩍지근한 게 기분은 나빴지만 어쩌겠어요? 그리고 '기껏 해봐야 감옥밖에 더 가? 전두환 정권 때도 감옥에 갔는데 뭘, 그래도 지금은 최소한 고문은 안 당하잖아' 그 정도 생각했던 것 같아요. 내가 좋아하는 대통령과 맞서는 게 슬펐어요. 그러나 방송에 관한 한 대통령보다 제가 더 구석구석 잘 알았기 때문에 버틴 거죠. '언젠간 대통령도 나의 뜻을 이해해주실 거다' 믿었어요.

방송위 부위원장을 수행하면서 그 직을 발판으로 이후 어떤 자리에 가겠다는 생각을 했다면 청와대 지시에 따랐겠죠. 저는 그런 생각 자체가 없어요. 내일 죽을지 모르는 인생인데 불확실한 미래를 위해 현재 원칙을 버릴 수는 없다고 생각합니다.

FTA 평가? 외교는 이념보다 실리

김 참여정부의 한미 FTA 자체에 대해서는 어떻게 평가하세요?

최 진보 단체에서 반대하면서 주장했던 '위협적 논리'가 상당 부분 과장이었다는 게 드러나지 않았나 싶은데요. 한·칠레 FTA 때도 우리 농가 다 망한다는 분위기였는데 칠레산 과일이 들어와도 우리 농가들 수익이 줄거나 하지 않았거든요. 칠레산 와인이 들어와도 우리 소주 시장이 그로 인해 타격을 받지 않았고요. 다만 주류 소비량이 전체적으로 늘어서 건강 걱정이 좀 된다고 할까요….

노무현 대통령이 제 마음속으로 확 들어온 계기 중 하나가 2002년 대선 때 농민집회에 참가해 계란 세례를 받는 장면이었어요. 당시 농민들은 한·칠레 FTA에 반대했는데, 노무현 당시 대통령 후보자는 농민집회에 참석해 '한·칠레 FTA는 피할 수 없다'고 솔직하게 말했죠. 그 장면을 보면서 처음으로 정치인에게 반해버렸어요!

김 기억하실지 모르겠지만 그때 시민 한 분이 '한미 FTA 반대'를 주장하면서 분신하셨어요. 몇 군데 시민단체 활동을 하면서 안티조선운동도 열심히 하셨던 분이었어요. 분신하기 얼마 전에도 민언련 유인물을 뿌려주겠다고 한 묶음 가져가셨죠. 한미 FTA를 세게 밀어붙인 참여정부가 원망스러웠던 건 말할 필요도 없지만, 문득 그런 생각이 들더라고요. 우리가 한미 FTA가 체결되면 나라가 곧 망할 듯이 너무 과장된 주장을 한 건 아닐까. 그래서 그렇게 좋은 분이 자기를 희생해서라도 막아야 한다고 생각한 건 아닐까? 한미 FTA가 누군가 목숨을 버려서 막아야 할 만큼의 일이었나? 무엇보다, 정작 운동한다는 우리는 아무도 죽지 않는데…. 운동의 언어가 일상적으로 너무 과장되어 있는 건 아닌가? 그러면서 또 한편으로는 그런 생각을 하는 제가 시민운동가로서 자질이 없는 건가 싶어서 무척 혼란스러웠어요.

최 극단적 순수함…. 사회운동의 동력이기도 하고 개인적으로는 목숨을 끊게 만드는 안타까운 결과를 초래하기도 하고. 세상이라는 게 양극단의 판단만으로 예단하기 힘든 면이 많은 것 같죠? 국가 간 협상을 진행할 때 순기능과 역기능이 있을 텐데 역기능을 관념화하여 최대치를 정리하면 걱정이 이만저만이 아닐 테죠. 그러나 전쟁 상황 같은 극단적인 경우가 아니면 현실은 어느 정도의 순기능과 어느 정도의 역기능이 49대 51 정도의 비율로 교차하며 앞으로 나아가는 게 아닌가 합니다.

사회과학적 인식, 즉 변증법적 인식에 기초해 삶을 꾸리고 사회운동을 해온 우리들에게는 디테일하고 미시적인 정보들이 더 많이 필요한 게 아닌가 싶어요. 사적 유물론이라는 게 오랜 인간의 역사를 도식화해 정리한 것이잖아요. 인간 역사의 단계적 발달 과정에 대한 서술들을 보면 저는 그게 피부에 잘 와닿지 않았어요. 구석기시대만 해도 전기 구석기시대는 약 250만 년에서 20만 년 전이라는데, 어느 정도 오래전 이야기인지 감조차 잡을 수 없는걸요.

고대 노예제에서 봉건제로, 자본주의로 역사가 발전해왔고 그 동인이 생산력과 생산관계의 모순이라는 정리는 깔끔하고 놀랍게 합리적으로 보이죠. 희망적이기도 해요. 만일 내가 노예라고 생각해 감정이입을 해보면 '노예제가 붕괴한다, 봉건제로 간다'는 것만으로도 '부지知의 희망'일 테니까요. 고대 노예가 그 사실을 알 리 없었을 테니 '부지의 희망'인 거고 객관적으로 희망적인 역사관인 거죠.

그런데 고대 노예인 나의 현실에는 별 의미가 없어요. 그냥 노예로 살다가 죽는 것뿐입니다. 현실은 결코 도식적이지 않고 노예 중에 봉건제로 넘어가는 과도기의 운 좋은 노예들만이 현실 속에서 노예제 붕괴를 만나는 것이겠죠. 지독하게 운이 좋아야 '난(亂)'을 만나고 새 세상을 산다는데, 진짜 지독하게 운이 좋아야 하는 거예요.

20년 전부터 부동산 붕괴론, 즉 집값 하락론을 말하는 분이 계신데 긴 시간이 지나면 집값은 여러 요인으로 떨어질 겁니다. 그러나 그 20년 동안 어떤 분들은 집을 사고팔면서 돈을 모으기도 했고 어떤 분들은 집값 떨어지길 기다리다가 20년 전 전세금만 손에 쥐고 있기도 하고 그런 거니까요.

단지 운동권의 언어의 문제가 아니라 운동하는 사람들의 인식과 사고 패턴, 실천 태도 등보다 근본적인 문제라고 봐요. 고칠 게 많아요. 아마도 군부 권위주의 정권 시절 군부에 맞서며 체질화된 것으로 보이는데요, '모 아니면 도' 식의 사고와 그에 따른 극단적 운동 행태 등도 극복 과제라고 봐요.

세계적 추세가 국가 간 일대일 FTA, 다시 말해 자유무역, 관세 등 등의 장벽을 허물어가야 한다는 시대에 대한민국만 그 추세를 거부하긴 어려운 일이겠죠. 몇 백 년 후에 이 FTA 추세가 인류 역사에서 선진국들의 부질없는 관세 놀음이었다고 평가되더라도 지금 이 순간 대외정책을 결정해야 하는 국가들은 그 흐름을 거스르며 나아가긴 힘든 거 아닐까요?

김 이명박 정부가 들어서고 2008년 3월에 〈방송통신위원회의 설치 및 운영에 관한 법〉이 통과되면서 방송위원회를 나오셨어요. 1년 7개월 정도 일하셨는데 어떠셨나요? 시민운동의 감성으로는 적응하기 힘든 점도 많았을 것 같은데요.

최 민언련에 있을 때야 무보수 봉사직이었으니까 어디를 가나 당당했고 칭찬받았고 존중을 받았는데, 방송위원회에 들어오는 순간, 그냥 참여정부의 N분의 1이 됐어요. 방송위원회가 무소속 독립 기구여서 자유롭게 의사결정을 할 수 있으리라고 생각했는데, 오히려 무소속 독립 기구이기 때문에 힘이 없어서 의사결정을 해도 정부 내에서 관철되지 못하는 일이 많았어요.

내부 구성원들은 무소속 독립기관으로서 특혜는 누리면서 정부기관으로서 위상은 강화하고 싶은 모순적 바람을 갖고 있었죠. 이래저래 방송위는 위상이 모호해서 정부 조직 내에서 찬밥 신세였어요. 입법 발의를 하려면 문화부나 정통부를 통해서 해야 했고, 그것도 아니면 의원입법을 통해야 했어요. 방송위는 입법 발의권이 없었거든요.

공무원은 기수가 중요한데 방송위는 공무원 임용 규정에 따라 시험을 보고 들어오는 구조가 아니었어요. 방송위 직원 신분이 민간인이라 방송위 차원의 입사 구조에 따라 직원을 충원해요. 독립성이 중요한 방송 업무를 하는 사람의 신분을 공무원으로 하기 어려웠던 거죠.

반면 방송위원회가 방송 전반 정책을 마련하고 방송사를 규제하는 기관이다 보니 늘 갈등의 초점일 수밖에 없었어요. 그때 방송위는 방송심의권까지 갖고 있었기 때문에 민감한 정치 보도와 관련한 심의는 늘 사달이 났어요.

방송위원들은 정부와 노조 사이, 때로는 정부와 야당 사이에서 샌드위치 신세가 되고는 했어요. 그다지 중요하지 않은 사안도 국회만 가면 초미의 갈등 사안으로 바뀌었고 국회에 불려나가 다그침을 당하는 것이 매우 괴로웠어요. 그래서 방송위원이 된 것이 때로 후회도 됐고 하루 빨리 방송위를 그만두고 싶었어요. 노조는 노조대로 사사건건, 때로는 과장해서 저를 흔들었어요.

처지가 딱한 게 정부에서는 정부대로 도대체 방송위라는 조직은 정체가 뭐냐 묻고 있었고요. 청와대는 한미 FTA 이후 정체 모를 조직이 말을 안 듣는다고 비난했고, 시민사회나 노조는 사안별로 자신들의 주장을 관철해주면 침묵했고 자신들의 주장이 안 받아들여지면 비난해요. 그러니 사면초가라는 느낌을 갖게 되죠. 어느 날 기자한 명이 찾아와 'BH가 정 아무개 사장과 최 부위원장을 버렸다, 둘이 낙동강 오리알 됐다'고 전해주더라고요. 오리알 된들 어쩌겠습니까. (웃음)

김 그래도 방송위원회 경험이 훗날 여러 모로 도움이 되셨을 것 같아요. 한미 FTA 협상도 그렇지만 그때 방송정책들이 복잡한 이해관계가 얽힌 게 많았잖아요.

최 관료 사회에서는 단어 하나, 문장 부호 하나로 보고 내용이 완전히 바뀌는 경우가 있다는 사실을 알았어요. 웬만큼 그 분야에 정통하지 않고서는 그런 크고 작은 관료들의 '장난'을 파악해내기가 어려워요. '늘공'과 '어공(어쩌다 공무원)'의 갈등 가운데에서 '어공'의 한계를 극복하려면 그 분야의 전문성을 바탕으로 정무적 판단 능력까지 갖춰야 한다는 것을 절감했죠. 거기에 더해서 결정을 내릴 때 로비에 휘둘리지 않아야 하고, 더 출세하겠다는 생각이 없어야 하고….

　복잡한 생각을 많이 하면서 방송위원회를 그만두게 됐어요. 개인적으로는 방송위를 그만두면서 감옥에서 출소하는 것 같은 해방감을 느꼈고 최선을 다해서 일했기 때문에 부끄러움이 하나도 없었어요. 그리고 무소속 독립 기구에서 일했기 때문에 아직도 반쯤은 시민사회 영역에 있다는 생각을 했던 것 같아요. 별로 달라진 게 없는 그런 상태였어요.

　그러나 배운 것은 많았어요. 구체적으로 한미 FTA 협상, 〈방송통신위원회설치법〉, 경인민방 재허가, 지상파 중간 광고의 의결 같은 갈등적 사안까지 처리하면서 큰 규모의 실무를 처리하는 역량이 확 커진 그런 뿌듯함이 있었죠.

종편 특혜 폐지하고, 지상파 불이익 없애야

김　경인민방 같은 경우에는 사업자 선정을 놓고 시민단체들도 잘 판 단하기가 어려웠어요. 이해당사자들끼리 이전투구 양상을 벌이기도 했 고. 정말 난제였던 것 같아요.

최　결과적으로 영안모자 컨소시엄에 경인민방 허가권이 돌아갔죠. 기억나는 것은 두 가지인데, 하나는 국회에서 영안모자 회장의 녹취 록 파문이 일었던 것이에요. 녹취록 파문은 지금도 납득이 잘 안 가 요. 갑자기 국감 증인 중 한 명이, 영안모자 백성학 회장에게 미국 간 첩 의혹이 있다고 폭로한 거예요. 그가 미국 스파이인지 아닌지 확인 할 수 있을까요? 확인이 된다면 가짜 스파이인 거 아닐까요? 이상한 해프닝이었는데 백성학 회장이 친미주의자이며 '안티 노무현'이었던 것은 확실하다고 봅니다. 그가 친미라 미국 인맥이 있었고 그것이 반 기문 장관이 UN 사무총장 되는 데 도움이 되었다고 하니까 정치와 외교는 직선이 아닌 것이 분명해요. 그가 부시에게 반기문을 추천한 이유가 한 잡지에 공개되었는데, 어이없는 내용이었어요.
　두 번째는 노사 합의문 처리 과정이에요. 최종적으로 경인민방 허 가 의결을 하루 앞두고, 영안모자 컨소시엄의 허가 조건을 살펴봤어 요. 해고 노동자들을 전원 복직시키고 비정규직 노동자들을 정규직 화 하는 조건을 제가 걸었는데, 그 부분에 대한 노조와의 합의 문건 이 안 올라가 있었어요.

그래서 영안모자 컨소시엄 측에 합의문을 가져오라고 요구를 했는데, 갑자기 경인민방 노조위원장이 사무실로 찾아왔어요. 그러더니 구두로 합의했으니 그냥 허가해달라는 거예요. 그 얘기를 듣고 기가 막혀서 합의문을 안 가져오면 허가를 해주지 않을 거라고 했어요. 노조위원장은 괜찮다, 믿어도 된다고 했지만 저는 끝까지 문서로 가져오라고 요구했죠. 회의 전까지 문서로 가져오지 않으면 경인민방 재허가 추진을 하지 않겠다고 말했어요. 결국 노동 부문에 대한 합의 문서를 접수한 후에 경인민방 재허가를 의결했어요. 경인민방은 그 합의 문건에 따라 한동안 비정규직이 존재하지 않았죠. 나중에 노조가 그때 합의문이 없었다면 정말 큰 어려움을 겪었을 거라고 얘기하는 것을 보고 좀 어이가 없었어요. 사측의 말만 믿고 그런 중대한 일을 구두 합의로 처리하려 했다니.

김 선배님이 방송위원회 계실 때 지상파 중간 광고의 허용을 추진했지만 무산됐어요. 이 문제는 지금까지 언론계의 뜨거운 감자로 남아 있고요. 지상파 방송사들은 중간 광고를 할 수 없으니까 PCM^{Premium Commercial Message}이라는 이름으로 1시간짜리 프로그램을 1, 2부로 나눠서 그 사이에 광고를 끼워넣는 편법까지 쓰고 있어요. 하지만 민언련은 현재까지는 지상파 중간 광고를 반대합니다. 지상파 중간 광고를 허용해야 한다는 생각에 변함이 없으신지, 왜 그렇게 판단하셨는지 말씀해주세요.

최 2006년도 그랬고 지금도 그렇지만 방송 규제는 지상파 독과점을 전제로 설계된 겁니다. 그러나 케이블방송 등 뉴미디어 시장이 확대되면서 이미 그 시기에도 지상파 독과점이 깨지기 시작하고 있었어요. 정부의 규제정책이란 게 몇 십 년을 내다보고 설계할 수는 없더라도 적어도 10년은 내다봐야 하지 않겠어요?

2006년에 이미 방송 규제에 있어 수평적 규제 체계를 도입해야 할 시점이라고 봤어요. 정부 차원에서 할 수 있는 일, 즉 시행령을 바꾸면 가능한 것이 중간 광고라서 도입 의결을 한 거죠. 효과도 있고 수평적 규제 체계로의 전환을 상징적으로 드러내줄 수도 있으니까요.

김 참여정부 말기에는 방송통신 융합 논의가 한창이었고, 새로운 정책 규제 기구를 만들어야 한다는 분위기가 생기면서 〈방송통신위원회설치법〉이 만들어졌어요. 방송통신위원회가 이명박·박근혜 정부 아래서 독립된 위원회로서의 기능은 사실상 상실됐지만, 그래도 방송정책을 다루는 기관이니까 위원회 구조로 만든 것은 옳았다고 생각해요. 그 과정도 정말 우여곡절이 많았죠?

최 정보통신부와 방송위원회는 방송주파수 정책, IPTV 도입 관할권을 놓고 갈등하고 있었어요. 방송위는 방송주파수에 관한한 방송위가 전권을 갖고 주파수정책을 펴고 싶었고, IPTV는 내용이 방송이므로 방송위가 규제 권한을 가져야 한다고 생각했어요.

반면에 정통부는 주파수는 정보통신 기술 영역이므로 정통부가 규제해야 하고, IPTV 역시 정보통신 영역의 콘텐츠 공급이므로 정통부가 규제해야 한다고 주장했어요. 핵심은 IPTV 규제 권한을 누가 갖느냐의 문제였죠. 방송통신 융합 영역의 새로운 서비스가 등장하고 그 규제 관할권을 놓고 다투는 와중에 방송통신을 동시에 규제하는 기관의 필요성이 제기된 거예요.

당연히 정부 일각에서 이참에 아예 방송통신부를 두자는 주장이 강력히 제기됐어요. 그러나 저는 중요 회의에서 방송통신부가 방송 정책을 주관하는 것은 도저히 사회적 합의에 이르지 못할 것이다, 야당의 거센 저항에 부딪히고 여당 의원들도 동의할 수 없을 것이라는 논리를 펴면서 정부 부처가 아닌 위원회 구조를 관철시켰어요. 방송통신부와 방송통신위원회의 결정적 차이는, 장관 한 명이 의사결정을 하느냐 위원회를 구성해 위원들과의 합의를 통해서 최종 결정을 하느냐에 있어요.

방송통신위원회가 다섯 명의 상임위원으로 구성되고, 대통령이 속하지 않은 교섭단체 위원 두 명을 두어 견제할 수 있도록 구성되는 과정에서 말 못할 고민과 갈등도 많았어요. 〈방송통신위원회 설치법〉을 계속 진행할지 중단할지에 대한 최종 고민도 있었고요. 방송통신위원회 구성 논의 때만 하더라도 참여정부가 정권을 재창출할 수 있다는 희망 섞인 전망이 있었죠. 그런데 대선에서 지고 이 법안을 통과시켜야 하는 상황이 되니까 솔직히 고민이 되는 거예요. 초기 방송통신위원회는 방송위원회와는 비교도 안 될 정도로 진흥과 규제에서 엄청난 권한을 갖는 조직으로 바뀌니까요.

그래도 이명박 정부가 최시중 씨를 위원장으로 앉히고 그렇게까지 노골적으로 방통위를 방송 장악의 수단으로 악용할 줄은 몰랐죠. 그나마 심의 부분은 방송통신심의위원회를 따로 떼어서 반민 반관 기구로 만들었는데도 정치적 편파 심의를 했으니까요.

김 이명박 정부 아래서 방송통신위원회가 출범했지만 야당 추천 몫이 보장되어 있으니까 선배님의 의지에 따라 방통위원에 도전해보실 수도 있었을 텐데요.

최 방송통신위원회와 저는 인연이 없는 것 같아요. 1기 위원 구성 때도 그랬고 이후 위원이 바뀔 때마다 제가 거론되었는데 무산되더라고요.

제 의지와 별개로 1기 방통위원이 구성될 때 대통합신당 문방위에서 저를 방통위원으로 추천하려고 했어요. 그 즈음에 당 대표가 손학규 대표로 바뀌면서 이전의 논의 과정이 백지화된 거죠. 나중에 손학규 대표가 몇 차례 미안하다고 했죠. 그런데 생각해보면 당시 최시중 씨가 위원장인 체제에서 방통위원이 됐으면 참여정부 때와는 비교도 안 될 만큼 힘들었을 거예요. 이명박 정부가 집권 초부터 방송 장악을 밀어붙였으니 그것을 막으려다 무슨 일을 겪었을지 모르죠.

방송위원회가 방송 사업 전반의 인허가권을 갖고 있다 보니 비리가 일어날 가능성은 상존하죠. 이명박 정권이 들어선 뒤 방송위 전 사무총장이 뇌물 사건으로 구속됐고 일부 위원들이 조사를 받았다는 소문이 돌았어요. 저의 뒷조사를 엄청나게 했다, 제 밑에서 일한 방송위 직원들이 불려가서 추궁을 당했다는 등의 이야기를 뒤늦게 문재인 정부가 출범하고 나서 들었어요. 이명박 정부 초기에 금융 정보의 제공 내역과 관련한 우편물이 많이 왔는데, 왜 그런가 했죠. 누군가 저를 뒤에서 조사했으리라고는 상상조차 하지 못했네요.

심지어 제가 방송위원회 있을 때 누군가가 준 상품권을 돌려줬다는 사실까지 방송위 조사 과정에서 다 나왔다고 하더라고요. 100만 원 상품권인데, 그런 것을 받을 이유가 제게는 별로 없었어요. 100만 원 더 있으면 어떻고 없으면 어떤가요? 그때 그 상품권 받았으면 이명박 정부가 저를 그냥 놔두지 않았겠죠.

우리 집안은 대대로 금전과 관련해 결벽증이 있는데요, 덕분에 이런저런 위기에 빠지지 않고 잘 넘겼어요. 방송위 건도 그중 하나죠. '돈에는 꼬리표가 있다'는 말은 만고불변의 진리인 것 같아요. 자신이 땀 흘려 얻은 수익이 아니면 절대로 탐하면 안 되는 거예요.

정치인이 되다

2019년 11월 3일 저녁.

'노무현'이라는 존재가 여러 인생에 많은 이야기를 만들어낸다.

'첫사랑'과의 이별-시민운동을 떠나 야권통합운동으로

김 방송위원회에 들어간 것보다 더 놀랐던 건 정치에 뛰어드신 거였어요. 정치와는 별로 안 어울리는 분이라고 생각했어요. 그전에 기회가 없었던 것도 아니었는데 단호히 선을 그으셨잖아요.

최 맞아요. 제게는 일반적인 의미의 정치 DNA가 없어요. 당연히 정치를 하겠다고 마음먹은 적도 없었고 정치를 선택한 적도 없어요. 어쩌다 보니 '몸을 버려서' 다시는 시민사회로 돌아올 수 없는 처지가 되었어요. 40대 초반에 이미 시민운동의 '젊은 원로' 소리를 듣던 사람에게 시민운동에 뼈를 묻겠다는 결심은 아주 단단한 것이라 첫사랑의 열정과 엇비슷하다고 할까, 하여간 그런 내면의 상태였으니까요. 겉으로 표현은 안 했지만 '성자가 된 시민운동가'이자 작가가 되고 싶었어요.

김 시민사회로 돌아올 수 없는 처지가 되었다고 하셨지만, 자연건강법 운동을 하시거나 글을 쓰면서 사실 수도 있었는데 결국 정치인의 길을 가셨어요. 어떤 계기가 있었을 것 같아요. 예를 들면 시민운동의 방식이 아니라 제도권 안으로 들어가서 직접 법을 만들고 싶다거나 하는.

최 정치란 그런 식으로 결심하고 몸을 던질 수 있는 영역이 아닙니다. 애초에 권력의지가 강한 사람들이 모이는 곳이 국회 주변인데요, 권력의지가 강한 사람들을 관찰해봐도 그 권력의지가 구체적인 건 아닌 것 같아요. 그냥 국회의원이 되고 싶다, 권력 있는 사람이 되고 싶다, 이런 분을 더 많이 봤어요. 국회의원이 돼서 이러저러하게 봉사하고 싶다는 생각을 가지고 정치 리그에 뛰어드는 사람은 극소수라고 봅니다. 역설적으로 그런 신념 유형들은 국회의원이 되기 힘들어요.

그런데 정치는 들어오는 과정이 중요하긴 하더라고요. 어떤 방식으로 누구와 함께 국회에 입문했느냐가 이후 정치 행보를 결정한다고 보면 돼요.

'3김 시대'는 보스 정치의 시대입니다. 각 당 운영이나 공천권을 보스가 장악하는 시대였어요. 공천권을 독점한 보스에 충성해야 국회의원이 될 수 있어요. 쉽게 말하면 DJ, YS, JP의 눈에 들어야 공천을 받는 거죠. JP는 언급할 가치가 없겠고요 DJ나 YS의 경우는 큰 정치인입니다. 돈이 공천권을 좌우하는 정치 상황에서도 정치의 미래를 생각해 '젊은 피' 수혈에 적극적이었어요.

이런저런 평가가 있지만 제가 보기에는 소수를 제외한 민주화운동권 선배들은 고향 연고에 따라 두 분 중 한 분을 선택하는 것으로 보였어요. 호남 출신들은 DJ, 여타 지역 출신들은 YS에게로 갔죠.

물론 예외적인 분들이 있었어요. 이해찬 대표가 대표적인데 충청도 출신이지만 DJ와 민주개혁적 정치 노선을 함께했기 때문에 평민연(평화민주통일연구회)을 결성해 평화민주당에 입당했죠. 김근태 의장도 호남은 아니지만 이해찬 대표와 같은 의미의 선택을 하셨어요.

노무현 대통령은 부산 출신이고 부산에서 YS의 통일민주당 후보로 출마해 당선되죠. 3당 합당에 반대하며 YS와 이별한 뒤 DJ와 함께했고 '노무현의 수난'이 시작됐어요.

늘 정치권의 '386'을 둘러싼 논쟁이 있죠? 386이란 학생운동이 조직화한 이후 지도부들, 한마디로 정계에 진출한 전대협 의장이나 각 학교 총학생회 간부들을 지칭하죠. 세월이 흐르면서 386도 나이를 먹다보니 486이 되고 586이 됐죠.

DJ는 젊은 시절 잠시 사회주의 계열 공부를 했고 박정희 군부독재의 정적이 돼 많은 어려움을 겪는 동안 독서와 사색으로 단련된 분입니다. 물적 토대는 호남에 기반을 둔 정치를 했지만 민주, 통일 지향은 분명했고 총선 시기 공천에 늘 두 기둥 전략을 세운 것으로 보여요.

호남이 그 한 기둥이었고 나머지 한 기둥이 전문직 종사자, 진보적 학자, 민주화운동 세력. 학생운동 세력이었어요. 물론 호남이면서 진보적 학자거나 재야·학생운동권 출신의 조합도 가능했겠죠. 386의 시초는 김민석 의원이죠. 서울대 총학생회장으로 DJ에 발탁돼 스포트라이트를 받으며 정계에 입문했고 재선 의원을 거쳐 최연소 서울시장 여당 후보로 출마했어요. 이후 우상호, 이인영, 임종석 의원 등이 DJ에게 발탁돼 정계에 입문합니다.

유시민 작가와 정봉주, 정청래 의원의 경우 발탁 케이스가 아니죠. 자체 발광 방식 정계 입문 케이스예요. 유 작가는 16대 대선에서 노무현 후보가 위기에 빠지자 문성근 배우와 함께 '국민개혁정당'을 만들어 '국민 후보 노무현'을 지키면서 정치를 시작했고요. 정청래 의원은 노사모 초기 멤버로 안티조선 단체인 '국민의 힘' 대표를 거쳐 경선을 통해 국회에 들어온 정치인입니다. 386이 국회에 들어온 이후에도 조직적으로 묶여 움직였다면 유시민과 정봉주, 정청래 등은 스스로 요새를 차린 케이스라고 할까요?

김 선배님은 굳이 분류하자면 후자겠죠?

최 그렇죠. 야권통합운동의 실무 책임자로서 정치권에 입문한 거니까요. 한편 2012년에도 여전히 여성 정치인에 대해서는 고정관념이 있었어요. 일을 중심으로 바라보기보다는 '꽃'처럼 있거나 '화합'의 역할 정도를 해주길 기대했어요. 저는 해당 사항 없음이죠.

제가 만일 언론 환경을 바꾸기 위해 정치를 시작했다 말한다면 견강부회라고 생각해요. 선후가 뒤바뀐 것이죠. 저는 태생적으로 권력 의지라는 게 별로 없었어요. 막내딸이라 그런가.

제 경우는 한마디로 '문성근 돕다가 똥 밟은 경우'예요. '백만 송이 국민의 명령'을 하면서 조금씩 정치 쪽으로 기울었다고 봐야 하지 않을까요? 발탁이 아닌 건 확실해요.

사실은 앞서 잠시 얘기했듯 제가 2004년에도 국회에 입성할 기회가 있었어요. 2008년에도 그랬죠. 김현미 의원이 제게 그러더군요. '어차피 정치할 운명이면 빨리 하는 게 나았다, 2004년에 들어왔어야 했다.' 그는 2004년 비례대표 국회의원이 되었거든요. 저는 2006년 방송위원회 부위원장으로 국회에서 그를 만나게 되죠. 제가 부위원장을 넘어 방송위원장을 수락했다면 어땠을까, 2004년 '국회의원 해볼래요?'라는 제안이 왔을 때 냉큼 받았다면 지금 어떻게 됐을까….

버스 떠나고 손 흔들거나 뒤쫓아 가는 건 저와 안 맞아요. 사람 일이
란 또한 알 수 없는 것이기도 하고요. 내일 무슨 일이 일어나 살아 있
을지 죽어 혼백으로 대한민국을 지키겠다고 떠돌지 누가 알겠어요?
(웃음) 사람의 본질은 바뀌지 않아요. 제가 만일 민언련 사무총장으로
비례대표 국회의원 제안을 받거나 청와대 시민사회수석 제안을 받았
다면 저는 그런 것을 수락할 사람이 못 돼요. 이게 제 본질입니다.

김 문성근 배우가 들으면 뭐라고 하실지 궁금한데 '똥 밟은 얘기'를 좀
자세히 해주세요. 2010년으로 기억하는데, 어느 날 갑자기 문성근 배우
와 야권통합운동을 하신다고 해서 이게 무슨 일인가 싶었어요. 방송위
원은 공직이긴 하지만 아주 넓게 보면 민언련 활동의 연장이라고 할 수
도 있는데, 야권 통합이니 '민란'이니 하는 말은 언론운동과는 전혀 다
른 영역이잖아요.

최 문성근 대배우, 그런 분이 우리 사회에 있다는 거 자체가 불가사
의라 할 수 있어요. 한창 주가가 치솟았던 2001년부터 노사모를 하면
서 '인생 망친' 분이죠. 지켜보고 있으면 저렇게 '공익'을 기준으로 사
는 사람이 있을까 싶어요. 대중 예술인이 공익을 기준으로 산다는 말
이 성립되나? 하여간 문성근 인물 탐구를 해본 적이 있는데 어떤 지
점에 이르러 포기하고 결론을 냈죠. 저건 그냥 핏줄이다…. 완벽하게
공익적이고 완벽하게 스타예요.
  '국민의 명령'이라는 명칭 자체가 시민운동 하는 사람들 머리에서
는 나올 수 없는 네이밍이죠. 문성근, 여균동 같은 분이 시작했기에
가능한 네이밍이었던 거예요. 야권통합운동의 성격을 그렇게 함축적
으로 느끼고 그것을 집약적으로 표현할 수 있는 단어를 찾아내는 것
을 보고 속으로 좀 놀랐고 낯설었어요.

문 배우가 시대의 흐름을 읽는 감각, 대중과의 호흡이 탁월하죠. 그 감각과 열정이 '국민의 명령'을 절반의 성공으로 이끌었다고 봐야죠. 그런데 그런 상부구조만으로 운동이 되는 게 아니잖아요. 조직화해야 하고 재정적 지원이 있어야 돼요. 운동의 진행을 정리도 해야 하고. 문 배우에게는 말하자면 실무를 책임질 사람이 필요했고 그래서 제게 도움을 청하신 거죠.

김 어떻게 선뜻 그 요청을 받아들이셨어요? 선배님이 방송위원회에서 나오신 후에 '수수팥떡가족사랑연대'로 돌아가 사업을 키우면서 다시 단체가 잘나가던 때였잖아요. 자연건강법 단체니까 정치적으로 탄압받을 가능성도 상대적으로 낮았고요. 그리고 선배님 늦둥이가 아직 초등학생이었어요. 돌봄이 많이 필요한 때인데 야권통합운동 같은 빡빡한 운동이 부담스럽지 않으셨어요?

최 문 배우의 요청이 절절하고 간절했어요. '자신은 도저히 이렇게는 살 수가 없다, 노무현을 잃고 아무렇지 않은 듯 살 수가 없다.' 지금 돌이켜보면 당시 그분 나이가 57세였나? 그런 순수한 열정을 품을 나이가 아니잖아요. '지금의 민주당으로는 아무것도 못한다. 야권이 사분오열 지리멸렬이다. 선거 때만 하는 정당들의 이합집산으로는 국민들 마음을 얻을 수가 없다. 그나마 대중적 소구력이 있는 정치인들은 다 민주당 밖에 있다. 아래로부터의 국민운동으로 국회 밖 인물들을 정치권 안으로 끌어들이고 야권 통합을 이뤄내야 한다.'
이런 주장들에 이의를 달 수가 없었어요. 다 맞는 말, 옳은 판단이니까. 더 나아가 정당정치에 대한 식견도 전대미문이었어요. 시민이 입당해 정당을 바꾸자는 거였죠. 당원이 되기 싫으면 지지자로서라도 정당 안에 들어가자. 당연히 정당은 과거 방식에서 벗어나 시민들을 '모실' 준비를 해야 하는 거겠죠. 정당 하면 왠지 구리고 떫고 뭐 그렇잖아요. 김대중은 좋은데 민주당은 구태 같고 노무현은 지지하지만 열린우리당은 그나마 좀 낫다 해도 가까이 가기 싫고.

우리끼리 모이면 농담처럼 이런 얘기를 했어요. 친노 성골은 누구다, 유시민은 굳이 분류하자면 육두품이고 문성근은 사제 계급이다…. (웃음) 그러나 제가 보기에 '노무현'을 가장 잘 이해하고 '노무현 정신'을 가장 적극적으로 실천한 분이 문 배우였어요.

"노짱은 왜 마지막에 풀을 뽑았을까요?"

김 사실 저는 그때 제 코가 석자여서 문성근 배우가 하시려는 일이 정확히 뭔지 몰랐어요. 2010년 가을, 겨울에 민언련은 KBS 수신료 인상 저지, 조중동 종편 반대에 집중하고 있었거든요. 한번은 홍대입구역에서 KBS 수신료 인상 반대 서명을 받으러 나갔는데, '국민의 명령'도 그곳에서 홍보를 했어요. 선배님이 늦둥이를 데리고 나오셨더라고요. 엄마가 마이크 잡고 연설하는 동안에 코를 훌쩍이면서 돌아다니다가 해가 지니까 할 수 없이 선배님이 주변 PC방에 데려다주고 오셨어요. 그리고 또 한참을 연설하시고…. 저분이 또 뭔가에 '꽂히셨구나' 싶었죠.

최 지금도 어느 정도는 그렇지만 당시에는 시민운동 한다 그러면 대접받았고 국회의원이다 하면 거리에서 손가락질 받던 분위기가 있었어요. 광우병 촛불집회 때는 민주당 국회의원들이 명함도 못 내밀었잖아요. 게다가 한나라당이든 대통합민주신당이든 다 '구태 꼴통' 할아버지들 모임 같이 느껴졌고요. 무엇보다 정치, 국회의원 하면 떠오르는 단어가 뒤통수치기, 약속 안 지키기, 가식, 비리, 부패, 음모와 배신… 그런 단어가 떠오르죠.

2007년 대선에서 530여만 표 차로 패배한 민주당은 길을 잃고 헤매고 있었어요. 당 대표 군이 대중 소구력이 약한 분들이었으니까요. '도로 호남당' 비슷한 분위기였고 대의보다는 국회의원직에 연연하는 느낌이라 '정치 자영업자 모임'이란 비난도 있었어요.

대한민국의 보수는 수구와 혼재돼 이념적 지향이 반공, 친미, 친일, 배금주의일 뿐 본질적으로 미래적 지향이 결핍될 수밖에 없어요. 진보 쪽은 민주와 통일 그리고 민중 지향적 관점이 뚜렷하죠. YS, DJ를 거쳐 노무현 정신으로 민주주의를 제도적으로 정착시켜온 것도 민주·진보 세력이고 사회경제개혁을 통해 국민적 삶을 끌어올릴 수 있는 것도 진보 세력이고요. 평화통일도 진보적 시각에서만 가능하다고 봐요. 그런데 당시 통합민주당은 개점휴업 상태로 광우병 촛불집회 때도 국민적 열망을 수렴해내지 못했어요. 대의정치의 위기가 촛불 현장에서 증명되고 있었어요.

그런 상황에서 문 배우는 야권 통합, 정당개혁을 화두로 던진 거예요. 그러니 다들 뜨악했죠. 정당개혁 해봐야 곧 도루묵이 될 거다 생각했고, 민주노동당은 통합에 참여하기 어려운 조건인데 무슨 야권통합인가 뜬금없는 주장으로 들리기도 했을 거예요. 하지만 제 스타일을 알잖아요. 일단 하겠다고 마음먹으면 끝까지 해본다. 그리고 민언련 사무총장을 했던 제가 '국민의 명령'에 합세하면 적어도 시민단체들 사이에서 야권통합운동을 의제화하는 데 도움이 될 거라고 생각해서 더 열심히 했죠. 실제로 회원이 10만 명이 넘으면서 다른 단위들로부터 반응이 오기 시작했어요.

2011년 들어 시민사회 인사들이 '내가 꿈꾸는 나라'를 만들게 되고 나중에 '국민의 명령'과 함께 '혁신과 통합'을 조직하게 되죠. '혁신과 통합' 상임대표가 문재인, 이해찬, 문성근, 이용선 네 분이었어요. 조국 교수, 남윤인순 의원 등이 공동 대표였고 박원순 시장도 나중에 합세하게 되죠.

김 당시에 다른 쪽에서는 진보정당끼리의 통합이 진행됐던 것으로 기억해요.

최 어떤 정치 세력을 통합할 수 있을까 토론을 많이 했어요. 친노, 친DJ 세력을 중심에 두고 진보신당과 민주노동당까지 통합 대상으로 했어요. 여기에 노동 세력과 시민사회가 함께하길 기대했어요. 조직적 기반이 강한 민주노동당의 경우 저는 가능성이 거의 없다고 봤어요. 심상정, 노회찬 두 분이 이끄는 진보신당은 상대적으로 가능성이 있다고 생각했고요. 조직 연합 당이 아니니까요.

문성근 대표는 야권 통합을 이루기 위해 이정희 대표도 만나는 등 성심성의껏 뛰어다녔어요. 이정희 대표는 한마디로 난공불락이더군요. 노동자와 농민 중심 계급정당으로 우리 사회를 근본적으로 변혁시켜가겠다는 것을 분명히 밝혔어요.

유시민 작가는 결국 심상정, 노회찬 두 대표와 함께하게 되었죠. 최종 결정이 있던 오전 우리 쪽을 만나 결합 의사를 거의 다 밝혔는데 오후에 심상정 대표를 만나 최종적으로 통합진보당에 합류하게 되었어요. 당시 '시민과 노동의 만남'이란 프레이밍으로 새로운 실험에 도전한 것인데, 저희 입장에서는 아쉬운 대목이었습니다. 저는 통합진보당의 실험, 특히 '시민과 노동의 만남'이라는 프레이밍이 잘 와닿지 않았어요. 복잡한 뒷얘기들은 좀 더 시간이 흐르고 난 뒤 정리할 수 있을 것 같아요.

저는 어떤 사람이 중요한 결정을 할 때 '논리적' 혹은 '이성적'으로 판단하는 존재라고 생각하지 않는 쪽입니다. 인간은 정서의 흐름으로 최종 결정을 하는 존재가 아닐까요. 결국 마음 가는 대로, 하고 싶은 대로 하는 거죠. 민주당과의 통합 움직임에 합류할 것인가, 아니면 진보정당 쪽 통합에 동참할 것인가를 결정해야 하는 순간에 유시민 작가는 후자와 결합하고 싶었던 겁니다. 그냥 마음이 그렇게 흘러간 거라고 봐요.

김 문재인 전 실장은 어떻게 '혁신과 통합' 상임대표가 되셨어요? 그때 현실 정치에 참여할 생각이 전혀 없다고 알려져 있었는데요.

최 결국 국민이 불러낸 것으로 보아야지요. 2011년 어느 순간부터 '문재인'이란 이름을 여론조사에 넣으면 10% 전후의 지지도가 나오는 겁니다. 정치하기 싫다는데 여론이 그분을 불러내고 있었어요.

저는 두 장면이 떠올라요. 하나는 양산 별장(?)에서 문재인 실장과 문성근 대표가 밤을 새워 토론했던 날 동트기 직전의 한 순간, 다른 하나는 '혁신과 통합' 결성 직전 창원 모임에서 이해찬 대표가 문재인 실장을 설득하던 장면입니다.

김 처음 듣는 얘기인데 뭔가 결정적 순간이었을 것 같은 느낌이 옵니다.

최 '국민의 명령'을 1년 가까이 이끌어오면서 문성근 대표와 저는 본능적으로 '국민의 명령' 자체적 힘만으로는 더 이상 야권통합운동을 이끌어갈 에너지가 부족하다는 것을 느꼈어요. 이해찬 대표와 의논했고 '혁신과 통합' 논의가 급진전되었죠.

'국민의 명령'이 가지고 있는 18만 명 회원과 그들이 내는 회비를 기반으로 리더십을 재구성하는 작업에 들어갔습니다. 문재인 실장의 결합이 반드시 필요하다고 생각했어요.

저는 '국민의 명령' 초기부터 일주일에 한 번 정도 자주 진척 상황을 문재인 실장께 보고했습니다. 왜 그랬는지 모르겠지만 그래야 할 것 같았어요. 그는 '누구도 상처받지 않았으면 좋겠다'는 말씀을 반복하였어요.

문재인 실장의 결합을 이끌어내기 위한 의도였지만 안부 인사를 핑계로 문성근 대표와 양산에 내려갔고 막걸리와 소반을 앞에 두고 새벽까지 얘기를 나누었습니다. 두 분이 참여정부 시절 각종 정책에 대해 토론하셨어요. 문 실장은 6·15남북공동선언을 한층 구체화시킨 것이 10·4남북정상선언이었는데 정권 말기에 추진해 MB 정권

6·15남북공동선언과 10·4남북정상선언

2000년 6월 15일 김대중 대통령은 평양을 방문해 김정일 국방위원장과 정상회담을 열고 남북공동선언을 발표했다. 6·15남북공동선언은 △ 통일 문제의 자주적 해결 △ 1국가 2체제의 통일 방안 지향 △ 이산가족, 비전향 장기수 문제 해결 △ 제반 분야의 협력, 교류 활성화를 통한 서로의 신뢰 회복 △ 이른 시일 안에 당국 사이의 대화 개최 합의(김정일 국방위원장 서울 초청) 등을 담았다. 통일의 원칙과 방향을 확인했다는 평가를 받았다.

10·4남북정상선언은 2007년 10월 4일 노무현 대통령과 김정일 국방위원장이 평양에서 열린 제2차 남북정상회담 후 발표한 선언이다. 6·15선언을 계승하며 실천 방안을 명시했다. 서해평화협력특별지대 설치, 공동 어로 구역·평화 수역 설정, 경제특구 건설, 해주항 활용, 민간 선박의 해주 직항로 통과, 한강 하구 공동 이용 추진, 개성공업지구 건설, 문산·봉동 간 철도 화물 수송 시작, 개성·신의주 철도와 개성·평양 고속도로 개보수 협의, 조선협력단지 건설 등 구체적인 합의 내용이 포함되었다.

들어서며 사문화됐다며 많이 안타까워하셨어요.

그러다가 노무현 대통령 서거에 관한 이야기가 나왔는데 문성근 대표가 말했어요. "왜 노짱께서는 마지막에 풀을 뽑으셨을까요. 컴퓨터에 유서를 남기고 현관문을 나섰고 수행하려는 경호원을 물리치고는 그냥 산으로 올라가신 게 아니라 풀을 뽑으신 다음 부엉이바위로 올라가셨거든요."

문 대표 입에서 노무현 대통령의 최후 행적 이야기가 나오자 문재인 실장이 눈을 가늘게 뜨시더라고요. 그건 그분 버릇 같은 건데 특유의 독특한 표정이 있어요. 진지한 듯한, 달관한 듯한 그런 느낌을 주는.

"시간이 지나 그 의미를 알 것도 같았습니다. 누군가는 계속 풀을 뽑아야 한다…" 문성근 대표가 말을 이었습니다. 누군가는 계속 풀을 뽑아야 한다는 대목에서 문재인 실장의 양미간이 좁혀지며 표정이 확 진지해지는 듯했어요.

대화가 중단되었습니다. 두 분 다 갑자기 침묵에 빠지셨어요. 그때 느꼈어요. 이분이 문성근 대표를 뿌리치지 못하시겠구나. 정확히 말하면 '노무현 대통령의 유업'을 못 본 체하지 못하시겠구나.

문 실장 양산집이 깊은 산속에 있어요. 사방이 인적 없이 고요한데 잠시 숨 막힐 듯 정적이 흘렀어요. 그러고는 사모님과 함께 개울 옆 별채에서 잠을 청하는데 그러시더라고요. "최민희 씨도 이 새벽에 집에도 못 가고 이게 무슨 일이유, 참…" 그분 역시 마음을 많이 정하신 듯한 느낌을 받았어요.

김 역사가 이루어지는 장면이네요. 창원 모임은 뭔가요?

최 '혁신과 통합' 결성 논의로 넘어가면서는 사실상 논의의 중심에 이해찬 대표가 계셨어요. '국민의 명령' 초기부터 민주통합당까지 이해찬 대표와 함께하면서 '공익적 리더십'의 진수를 보았고 저런 분이 대한민국 정치권에 있다는 데 감사한 마음이었죠.

창원 모임에는 이해찬 대표와 문재인 실장, 김두관 전 경남도지사와 문성근 대표가 참석했어요. 정윤재 팀장과 김경수 의원이 함께 있었던 것으로 기억합니다. 많은 이야기가 오갔는데 마지막에 이런 대화로 마무리했어요. "문재인 실장께서 '혁신과 통합' 이후 민주당과 통합한 뒤 총선에 출마하고 대권 후보로 나서면 이 총리께서 무한 지원하시는 거죠?" 하는 문성근 대표의 말.

"그럼요, 그럼요. 나를 총리 하라면 다시 총리라도 하지요. 무한 지지하지요."라고 이해찬 대표가 답했어요. 그리고 잠시 침묵. 문 실장은 양산 집에 사모님이 혼자 계시다며 일어서자고 하셨어요. 새벽 1시가 훌쩍 넘은 시간이었습니다.

저는 문재인 실장의 마음이 변해가는 과정을 촉각을 곤두세워 지켜봐왔기 때문에 그날도 같은 느낌을 받았어요. 경상도 남자들이 누군가 계속 재촉하면 처음에는 '고마해' 하다가 '시끄럽다, 고마' 하잖아요. 그래도 계속 보채듯 재촉하면 '허허, 성가시게 구네' 하다간 말을 멈춰버리죠.

그날 저는 말로 끼어들 처지가 아니라 오가는 말 한마디, 그분들 얼굴 표정이 바뀌어가는 장면 하나하나를 보고 있었어요. 문성근 대표는 정말 비굴하다 싶을 만큼 저자세였고 말 한마디 한마디가 그냥 '간청'이었어요. 김두관 전 지사는 결정을 따르겠다는 입장이었는데 묵직한 태도로 있었고요. 이해찬 대표는 문성근 대표와 일심동체로, 어울리지 않을 정도로 간절하게 문 실장을 설득하더군요.

개인적 부탁도 아니고, 정말 콧대 높기로 유명한 '버럭 총리'와 공익 혈통 문성근 배우의 '겸손한 간청'에 문재인 실장 마음이 크게 움직이

더라고요. 그러니까 '고마 귀찮시러봐서 해뿐다…' 뭐 그런? (웃음)

국민이 '문재인'을 불러낸 이유

[김] 그 시기에 국민들이 '문재인을 불러냈다'고 표현하셨어요. 국민들은 왜 정치할 뜻이 없다는 사람을 굳이 불러냈을까요?

[최] DJ와 YS는 예외적인 존재로 봐야 하고요, 노무현, 문재인 두 분 대통령을 보면 다 정당 안에서 오래 정치해온 분들이 아닙니다. 노무현 대통령은 정치 경력 14년째쯤 대통령 후보가 되었는데 늘 '신상' 같은 분이었어요. 대권 후보 레이스가 시작될 때 노무현 후보를 지지한 현역 의원은 고작 한두 명에 불과했죠. 문재인 실장은 2012년 정치를 시작하자마자 국회의원에 당선됐고 초선 국회의원으로 대권 후보가 되었어요.

크게는 대의정치의 위기 속에서 국회 신뢰도 실추와 기성 정치인에 대한 거부 정서가 '문재인'이란 정치 신인을 정치 한복판에 불러냈다고 봐야죠. 노무현 대통령에 대한 '지못미 현상'이 문재인 후보를 불러내는 데 크게 영향을 끼쳤지만 대의정치의 위기가 바탕이 되었다고 봅니다.

대한민국은 북한의 존재로 보수 정치가 득세하기 쉬운 구조인데 2017년 문재인 후보 당선은 국정 농단으로 인한 보수의 붕괴가 또한 커다란 배경이 되었던 것이겠죠.

[김] 2008년 촛불집회 현장에서는 국회, 그러니까 대의정치만 위기가 아니었어요. 시민단체도 위기가 시작되었다고 생각해요. 시민단체들은 집회를 실무적으로 준비하고 형식적인 지도부를 꾸린 정도였어요. '촛

불소녀'가 상징하듯이 촛불집회의 시작도 여학생들이었고 확산되는 과정도 인터넷을 통한 시민들의 자발적 참여가 중심이었어요. 저는 시민단체가 하게 될 가장 중요한 일이 시민들을 대신해서 감옥 가는 거라고 입버릇처럼 말했어요. 실제로 당시 박원석 참여연대 협동사무처장을 비롯해서 시민운동가 몇 분이 대표 선수 격으로 감옥에 갔고요. 하지만 시민운동이 일반 시민들을 대의할 수도, 대표할 수도 없다는 위기감을 그때 이미 느꼈던 것 같아요.

최 그래도 그때 시민운동은 집회를 주관하고 감옥에 가는 헌신이라도 보여줬기 때문에 신뢰를 얻은 거라고 봐야죠. 정치에 요구하는 민심이 '직접민주주의적 요소의 확대'였는데 국회는 그것을 읽지도 못했어. 광우병촛불시위의 열기를 업고 표를 더 얻을 생각을 하지 않았을까 싶기도 하고. 표가 온다는 것이 국민의 마음이 온다는 것인데 그 마음을 얻기 위해 뭘 해야 하는지 모르지 않았을까요? 여하튼 묘하지 않아요? 광우병 촛불집회를 주도한 것도 네티즌들과 촛불소녀들이었고 정치개혁의 흐름을 주도한 것도 대중 예술인 문성근 배우였다는 게. '국민의 명령', '민란' 현장에서 시민들을 만나며 혼자 묻고 또 물었어요. 하늘 아래 새로운 이 움직임은 어디서 무엇으로 비롯됐을까…

김 그래서 해답을 찾으셨어요?

최 2009년 5월 23일이요. 대한민국은 노무현 대통령의 서거 이전과 이후로 나뉠 것 같아요. 이 모든 새로운 흐름이 노무현의 유산이구나 생각하게 됐어요. 그는 정치와 그 개인의 삶이 일체화됐던 사람이었다고 봐요.

그는 왜 그렇게 인터넷 소통에 집착했을까요? 그에게 우호적인 혹은 중립적이기라도 한 언론이 전무했거든요.

그는 왜 그렇게 시민 참여 정치에 집착했을까요? 당 대표나 원내대표 한 번 안 해본 대통령이었으니까요. 기본적으로 계파를 갖지 못한 사람이라도 대통령이 되고 나라를 이끌려면 지지 기반은 필요하거든요. 자신이 속한 정당이 국정 운영의 안정적 동반자가 아니라 경쟁자들이 점령한 정당, 즉 여당이면서 대통령을 흔드는 정당이었으니까 기댈 곳이라고는 시민들뿐이었던 거죠.

그는 왜 그렇게 권위주의 타파에 집착했을까요? 그가 권위를 가질수 없는 조건의 사람이기 때문입니다. 그는 상고 출신 변호사였어요. SKY 인맥이 아니라는 이유로 대통령이 되어서도 기득권 집단으로부터 대통령으로 인정받지 못한 대통령이었거든요. 거기에 대통령이란 자리를 권력을 휘두르는 자리가 아니라 일하는 자리로 여기는 대통령에게는 '권위의 타파'만이 대통령직을 감내해갈 외통수 길이었을 겁니다.

그는 왜 지역감정 타파에 인생을 걸었을까요? 옳으니까 그랬을 겁니다. 노무현이란 사람이 처한 정치적 조건, 즉 개인적으로 보면 지역감정에 기댄 정치를 할 수 없는 조건이었으니까요. 김영삼이 3당 합당으로 수구 기득권 세력과 손잡아버린 이후 노무현은 정치를 그만둬야 할 위기 상황이었을 겁니다. 1992년 대선 때 김영삼 후보가 딱 영호남 인구수 차이만큼 DJ를 이겨 대통령에 당선됐어요. 부산출신으로 김영삼 대통령과 함께 정치를 시작한 노무현 의원이 김영삼의 3당 합당을 반대했던 것은 부산에서 정치인으로서의 패배를 각오한 거예요. 지역 정치가 지배하던 시기에 지역적 지지 기반을 완전히 잃어버린 정치인에게 선택지가 많지 않아요.

대통령이 되기 위해 반민주 세력과 손을 잡는 것 또한 있을 수 없는 일이라 3당 합당 반대는 그에게는 당연한 선택이었겠지만, 김영삼과 결별하면서 노무현에게 영남은 그가 김영삼을 버렸기에 그를 버린 외사랑 대상이 되어버린 거예요. 대의로 볼 때 지역감정 타파가 물론 옳죠. 그러나 각자의 이해타산 속에서 노무현 이전의 정치인들은 지역감정을 활용한 게 사실이거든요. 지역감정을 정치에 이용하는 것을 비판하면서 정치인 대부분은 지역감정을 자기 정치에는 최대한 이용하죠. 노무현은 3당 합당 반대로 민주주의라는 대의의 상징이 되었지만 지역 기반을 잃었고 이후 지역감정 극복을 위해 싸우는 건 노무현의 숙명이 되어버렸어요.

김 지금까지 말씀을 정리하면 결국 선배님은 노무현 대통령, 그리고 뭐랄까 그와 '영혼 합일'된 문성근 배우 때문에 '국민의 명령'을 하시게 됐다는 거잖아요. 운동을 하던 사람들이 정치권으로 가는 문제가 늘 예민하긴 했지만 굳이 '똥 밟았다'고까지 표현하실 일은 아닌 것 같은데요?

최 제 개인적인 정서가 그랬다는 겁니다. 똥 밟았다고 했지만 19대 국회가 끝날 쯤 정치가 얼마나 중요한지 알게 됐죠.
　정치가, 특히 국회가 긍정적인 평가를 받은 적이 있었나 생각해봅니다. 국회는 구조상 좋은 평가를 받을 수가 없어요. 대통령이나 행정부는 대통령 평가 중심이기 때문에 대통령이 인기가 높으면 긍정 평가를 받기도 하죠. 여기에도 법칙이 있어요. 임기 초반 기대감이 작동할 때는 지지율도 높고 대통령 국정 수행 평가도 좋아요. 모든 평가와 호불호가 대통령 개인에 집중되므로 '모 아니면 도' 식의 평가가 가능해요.
　대표적인 예가 김영삼 대통령인데, 집권 초기 90%에 가까운 지지를 받았어요. 그것을 반영하듯 《YS는 아무도 못 말려》라는 책이 대박을 치기도 했어요. 대통령의 감각, 취미, 행동거지 하나하나가 의미 있게 국민에게 다가갔죠. YS는 아침을 국 한 그릇으로 대신한다는 얘기가 나오면 다들 따라 했고, 대통령이 풍풍한 각료를 안 좋아한다 하면 살 빼기, 특히 그가 좋아했던 조깅 열풍이 이는 식이었어요. YS가 하나회 해체, 금융실명제 등등 이룬 업적도 있었어요. 당연히 언론도 진보·보수 할 것 없이 칭송했고요. 그러나 '머리는 빌려도 건강은 빌릴 수 없다'던 그는 'IMF사태'로 나라 경제를 거덜낸 대통령으로 각인되어 있죠.

어쨌든 대통령은 혼자 결단하고 혼자 평가받는 고독한 자리입니다. 하지만 국회는 300명이 하나로 평가받으니 개별 국회의원은 '300분의 1'로 300명과 함께 연대책임을 지는 구조예요. 대통령이 콕 찍어 비난받는데 반해 국회의원은 웬만해선 그런 일이 없어요. 여당이 잘못해도 여야를 싸잡아 욕하고 야당이 잘못해도 여야 싸잡아 욕하는 게 우리 버릇이 되었다고 할까요.

수구·보수 언론이 수구·보수정당을 보호하는 수단으로 물타기 수법을 쓴 결과이기도 하죠. 민주·진보 쪽 정당이 잘못을 할 때는 민주·진보 쪽 정당들만 비난하면서 수구·보수정당이 잘못을 저지르면 싸잡아 국회와 정치 전체를 욕하는데, 여기에 국민들이 익숙해진 탓도 있을 겁니다.

지금 이 순간에도 공공기관 평가 점수에서 국회가 가장 낮아요. 국회의원은 무능하고 이기적이며 욕심꾸러기들인데 권력을 탐하고 세비만 축내는 존재로 치부되죠.

해직 언론인 출신 국회의원이 이부영, 임채정, 김태홍 세 분이에요. 국회의원이 된 이후에도 평가가 좋은 분들이셨어요. 제가 하고픈 말은 언론인, 언론운동 주변에서 정치를 한다는 것이 '역사적으로도 (?)' 쉬운 일은 아니었고 그분들이 언협에서 푸대접받는 것을 지켜봤다는 거죠. 그분들이 국회로 진출한 이후에는 언협 주변에 못 나타나는 분위기였어요. 회비나 특별회비가 필요할 때나 그분들 이름이 오르내렸으니까요. 정치는 천한 것, 선비가 가까이 해서는 안 되는 지저분한 것, (웃음) 뭐 그런 이미지가 강했어요. 그러니까 '국민의 명령' 집행위원장을 하게 되면 결국 몸을 버리게 되고 정치를 하게 된다고 생각했다면 '국민의 명령' 활동을 못했을 거다, 이런 얘기죠. 이게 똥 밟는 길이다, 알고 어떻게 발을 내디뎌요.

김 선배님은 직선적인데다 성격도 급하고, 남의 눈치를 보거나 뒤를 생각하지 않고 바로바로 행동해버리는 분이잖아요. 그런 분이 어떻게 정치를 할까 생각했어요. 비례대표 출마를 결심하게 된 직접적인 계기는 무엇이었나요?

최 '국민의 명령' 운동이 불완전하나마 성과를 거둬서 민주통합당이 만들어져요. 2011년 12월 초대 지도부가 구성되고 초대 대표에 원혜영, 이용선 두 분이 임명되셨지요. 초대 지도부의 임무는 2012년 1월 15일 민주통합당 전당대회와 당 대표 선출이었어요. 저는 초대 최고위원으로 정당에 들어가게 되었어요.

막상 당내로 들어와 보니 밖에서 보던 것보다 더 당이란 것이 혼란스럽고 구태의연해 보이더라고요. 예를 들면 총선 준비를 위해 룰을 만드는데, '혁신과 통합'이 청년 비례 4명을 공천 혁신안으로 넣자고 주장했고 관철시켰어요.

막상 구체적 공천 룰을 만드는 과정에서 예기치 못한 사람들, 예기치 못한 그룹이 청년 비례를 반대하는 겁니다. 속으로 깜짝 놀랐죠. 지금도 이해가 안 가는 경험이었어요.

그런 사람들이 개혁 운운하고 다니고 개혁 그룹으로 분류되는 당시 현실에 솔직히 실망이 컸어요. 반대 이유도 저로서는 받아들이기 힘든 내용이었어요. '어린 친구들한테 연봉 1억 이상의 자리를 주면 망가진다' 이런 주장도 있었으니까요. YS를 비롯한 다수의 정치인들이 20대에 국회에 진출했고 대통령까지 당선됐는데, 저런 논리로 청년 비례를 반대했으니 제가 설득당할 수가 있었겠어요? 매일 매일이 싸움이었지만 겉으로는 웃으면서 뒤로 작업들을 하니 직선적인 성격의 사람이 견딜 수가 있어야죠.

그래서 그곳에 있기가 싫었어요. 당이란 껍데기에 불과하고 여기저기서 삼삼오오 모여 끼리끼리의 입장을 정한 뒤 최고위원회 등 공식 석상에서 뭔가를 결정하는 구조인데 제가 초짜라서 몰랐던 거죠. 초짜에게는 그런 행태가 음험하게 보였고 하여간 싫었어요. 나중에 정당에도 나름의 룰이 있고 지켜야 할 원칙과 인간적 도리가 있다는 것을 깨달았어요. 어디서든 짬밥이 필요하고 정당 역시 '선무당이 사람 잡는 식'의 섣부른 행동을 해선 안 된다는 것을 나중에 알게 되었어요.

문성근 선배가 울며 겨자 먹기로 당 대표 선거에 출마했고 문재인 후보를 위해 부산에 동반 출마했을 때 마음도 이해하게 됐어요. 기호지세騎虎之勢라는 게 있더라고요. 호랑이 등에 올라타면 중간에 내려오지 못한다…. 저도 문성근 대표와 함께 호랑이 등에 올라타고 있었던 겁니다.

국회의원이 되다

김 하여간 19대 총선에서 비례대표 국회의원에 당선되셨어요. 그 과정에 우여곡절이 많았어요. 제가 간접적으로 겪은 일도 있고요. 시간이 많이 흘러야 밝힐 수 있는 일인데, 이름만 대면 알 만한 언론운동계의 인사가 선배님의 국회 입성을 막으려고 장난을 치다가 들켰죠. 어이없지만 그가 문자를 잘못 보내서 그게 그만 저한테 들어왔거든요.

최 아마도 저는 뭔가 하려고 맘먹어도 쉽게 안 되는 팔자가 아닌가 싶어요. 저만 그런 게 아니라 몇 사람이 그랬어요. 비례대표를 받으려고 온갖 인맥을 동원해도 안 되는 사람도 있으니까 뭐, 최악은 아니었다고 해도 될지 몰라요. 이렇게 말해야 위안이 되니까.

반면에 정말 쉽게 국회의원이 되는 사람들도 봤어요. 학연이나 지연으로 비례대표 앞 순번을 쑥국쑥국 받던데요. 예전에 어떤 낙선 의원이 '국회의원도 시험을 보고 뽑으면 좋겠다'는 말을 한 적이 있었어요. 말도 안 되는 주장인데, 비례대표 선정 과정에서 그런 생각을 했다니까요. 이건 너무한다, 해당 분야에 아무 기여도 없고 전문성도 없는 사람이 지연으로 인맥으로 비례대표 국회의원이 되는 건 민주정당에게는 부끄러운 일이다….

정말 열심히 오랫동안 정당 활동을 한 후보가 있었어요. 자격이 충분한 분이었는데 복잡한 절차를 거쳐서 어렵사리 당선됐죠. 제 경우는 비례 순번에서 빠졌다가 다시 들어갔다가 또 빠지고 뭐 파란 끝에 당선이 불가능해 보이는 뒤의 순번을 받았죠. 19번. 20년 넘게 언론 분야에서 일해왔는데 언론 분야로 들어가지도 못했어요. '야권 통합'의 몫으로 비례대표를 받았어요.

19번, 민언련에 죄송한 순번이었지요. 민언련 상임대표 출신, 방송위원회 상근부위원장, 언론운동의 대모로 불리던 제가 그 순번을 받았을 때 제일 먼저 든 생각이 해직 기자 선배들께 죄송하다는 거였어요. 문성근 선배가 그냥 받으라고, 너무 뒤쪽이라 미안하다고 하더라고요. 그분처럼 헤게모니 의식이 제로에 가까운 분이 그나마 20번 안쪽으로 저를 배치하느라 얼마나 맘고생이 심하셨을까 싶어 군말 없

이 '네' 했죠. 근데 반드시 당선될 것 같았어요. 이 근자감은 뭔지 모르지만. (웃음)

김 '쉽게 안 되는 팔자'라고 하셨는데 선배님의 직선적인 스타일이 일을 어렵게 한다고 생각해보신 적은 없나요?

최 한마디로 성격이 '지랄 맞아서' 그런 거 아니냐는 말이죠? 성격이 그런 건 인정, 그 때문에 어려웠다는 건 인정 못해요. 적어도 비례대표 순번을 정하는 일은 국가적 대사인데 선정의 잣대가 있어야 하니까요. '성격이 지랄 맞다'는 게 기준이 된다면 우리가 아는 걸출한 정치인들은 다 신인 시절에 사라졌을걸요.

다만 '국민의 명령' 집행위원장 이후 '혁신과 통합' 사무총장을 맡게 되면서 아무래도 일의 중심에 서다 보니 거부 세력도 생기는 것이 아닐까 합니다. 애초 '국민의 명령'이 야권통합운동을 시작했고 재정의 대부분을 책임지고 있었으니 '국민의 명령' 집행위원장이 '혁신과 통합' 사무총장을 맡는 게 당연한 것인데 반발이 좀 있었어요.

김 복잡하네요. 요약하면 정치권 밖의 야권통합운동이 '시민통합당'이라는 형식을 갖추어서 민주당과 합당하는 형식으로 민주통합당을 만들었다는 거죠? 민주당이 당 대 당 통합을 선뜻 받아들였을 것 같지는 않습니다.

최 제가 '혁신과 통합'의 사무총장을 맡았다고 했잖아요. 그 의미는 문성근 대표 중심으로 '혁신과 통합'이 움직였다는 뜻이에요. 그리고 문성근 대표는 늘 이해찬 대표와 모든 것을 상의했어요. 정치 고수 이해찬 대표 판단을 누가 따라갈 수 있겠어요?

당시 민주당 대표가 손학규 대표였어요. 당내에서 통합을 주도한 분들과 일부 시민사회 출신들은 시민통합당 창당에 반대했고 '혁신과 통합' 단계에서 민주당과 통합, 즉 개별 입당을 추진하려 했었거든요. 이해찬, 문성근 대표는 개별 입당은 통합의 의미를 왜소하게 만든다 판단하고 시민통합당 창당 후 당 대 당 통합을 주장했죠.

이런저런 논리들이 충돌했는데 지나고 보면 별거 아니었고요. 결국은 통합의 주도권을 누가 갖느냐는 거였겠죠. 객관적으로 볼 때 지분 요구 없는 당 대 당 통합이 가장 대중적 소구력이 있는 방향이었으니 당연히 당 대 당 통합으로 가는 게 옳은 거였어요.

제가 '혁신과 통합' 사무총장으로 정윤재 기획팀장과 함께 민주당과 협상을 했으니까 민주당 쪽에서는 '핵심'으로 보였을 테고 당연히 갈등의 초점 중 한 명이 되었겠죠. 실제로 협상에서 매우 중요한 역할을 했던 정윤재 팀장은 '문재인을 정치권에 끌어들이려는 핵심'이라는 이유로 타깃이 되어 갑자기 MB 정부 검찰의 수사를 받았고 개인적으로 큰 어려움을 겪기도 했습니다.

저는 뒤져서 나올 게 없었고 당시 종편 출범과 미디어랩 법안을 둘러싼 복잡한 상황과 맞물려서 공격을 좀 받았지만 당내에서 반발 정서가 좀 있는 선에서 끝난 거죠. 보통은 통합 후 민주당 내 기득권 세력의 보복 심리 등이 형성되기 때문에 통합을 추진한 핵심 중 몇 명은 힘든 처지에 빠지는 게 당연하대요. 비례 선정 과정에서 통합의 기득권이 없다는 차원에서 '혁신과 통합' 사무총장인 최 아무개를 자르자는 제안이 있었다고 하니까요. 제게 그 소식을 전해준 분이 매우 분노하셨어요. 누구누구 이름을 거론하며 아무 역할도 안 한 사람은 비례대표 국회의원이 되고 최 아무개처럼 밑바닥부터 통합운동을 하느라 고생한 사람을 빼는 게 말이 되느냐고. 그런 음모를 꾸밀 때 으레 등장하는 것이 개인 자질론이라 당시에는 매우 기분이 나빴으나 지금 생각하면 일을 많이 하면 욕도 많이 먹는다, 그런 거죠.

그때 비례공천심사위원회 멤버로부터 두 가지 얘기를 듣기는 했죠. 하나는 기센 여자를 거부하는 분위기가 있다는 겁니다. 그래서 '기센 여자가 누구예요?' 물으니 최 아무개와 김 아무개를 지목하더라고요. 나중에 임 아무개도 거론되었죠. (웃음) 저나 그분이나 기센 건 사실이니까 할 말 없었지만 당시 최고위원 내에도 기센 여성이 있었으니까 뭐가 뭔지 모르겠더라고요.

다른 하나는 비례공심위의 젊은 위원 몇 분이 '최 아무개와 누구누구를 비례대표 순번에서 빼라'는 뭔가를 감지한 뒤, 아무리 생각해도 안 되겠더랍니다. 그래서 모여서 의논을 했대요. '아무리 그래도 문성근 최고위원과 바닥을 기며 야권 통합을 위해 열심히 일해온 사람을 빼는 건 말이 안 된다'고 결론을 냈다더군요. 그러고는 작은 반란을 일으켰나 봐요. 비례대표 17번을 비워둔 상태로 보고를 했다고 합니다. 그러면서 제게 그래요. 17번을 비워뒀다고. 그때 그분 그 목소리를 지금도 선명히 기억해요.

문성근 대표는 공천 과정에서 마음의 상처와 충격도 많이 받았을 겁니다. 국회의원 자리를 놓고 첨예하게 부딪히는 현장에서 욕망과 욕망의 격한 충돌을 견디기 힘드셨을 거예요. 그분으로서는 스스로에 대한 복잡한 심경 속에 비례대표 순번을 결정하는 데 참여했을 테고, 당시에는 그 모든 게 제게는 참기 힘든 모욕과 고통이었죠.

김 젊은 공심위원들의 '아무리 그래도'라는 말은 어떻게 읽어야 할까요?

최 아까 김유진 씨가 물어본 대로 읽을 수도 있고요. 아무리 직설적인 성격이라도? (웃음) 더 노골적으로 말하면 '아무리 성질이 지랄 맞아도' 뭐 이렇게 읽을 수도 있겠지만 '지도부가 반대해도' 혹은 '적이

2013년 6월 국회 본회의 대정부질문에서
종편들의 담합 및 로비 의혹에 대해 질의하고 있다. (ⓒ 경향신문)

많아도'가 아닐까 싶네요.

김　미디어랩 법안을 반대한다는 이유로 일부 방송사들에게 '찍혀서' 어려움을 겪기도 하셨죠. 민언련도 그 법안을 반대해서 온갖 왜곡과 음해에 시달렸거든요.

최　종편들에게 광고 직접 영업을 허용하는 특혜 법안이 옳지 않은 결정이었다는 생각에는 변함이 없습니다. 민언련이나 저나 오랫동안 언론 문제를 고민해온 단위들이 미디어랩 법안에 입장을 갖는 건 너무나 당연한 일이었어요. 각 방송사의 이해관계가 첨예하게 부딪히는 미디어랩 법안 같은 경우는 시간을 갖고 깊이 토론할 필요가 있는 법안이었습니다.

　당시 민주당은 신문방송 교차 광고 허용까지 수용하려 했어요. 이건 이래서 안 된다, 저건 저래서 안 된다, 따박따박 따지는 과정에서 원내 지도부를 불편하게 했을 거예요. 그래도 신문방송 교차 광고 허용은 막았으니 다행이죠. 이것은 제가 해야 할 역할이었고 숙명 아닌가 싶어요.

김　상임위를 선택할 때는 고민하지 않으셨어요? 19대 미방위(미래창조과학방송통신위원회)는 '핫'한 상임위이자 야당 의원에게는 가장 힘든 상임위기도 했어요. 제대로 일을 하겠다고 들면요. 이명박 정부가 KBS, MBC 등을 다 장악하고 종편까지 만들어 놓은데다 박근혜 정부가 들어서면서 일상적인 언론통제가 벌어졌어요. 야당으로서는 가뜩이나 최악의 언론 상황에서 언론권력과 정면 승부를 해야 하는 상임위였는데….

최 같이 '혁신과 통합'을 했던 하승창 씨가 어느 날 제게 말해요. '국회에 들어가서 무슨 일을 할지 미리 생각해두어야 한다고. 그러지 않으면 헤매게 되고 이리저리 사람만 쫓아다니다가 4년이 간다고. 4년이 긴 것 같지만 짧다고.' 그 얘기를 들으며 생각했죠. 왜 내게 저런 말을 하지? 국회에 들어간다면 할 일이 이미 정해져 있었거든요. 방송 관련 상임위에 간다, 종편 특혜를 폐지한다, 불법 종편과 맞선다⋯. 제게 있어서는 장이 바뀌었을 뿐 언론 바로 세우기를 위해 일한다는 게 너무 당연했거든요. 다른 한편 문성근 대표가 문재인 대통령과 함께 부산에 출마했다가 낙선한 상황이라 정당개혁과 영화 살리기 역시 제 과제로 여기고 있었어요.

제 별명이 '종편 저격수'였어요. 우상호 의원이 하반기 미방위 간사를 맡았는데, 그러더라고요. 어쩌면 그렇게 구체적으로 사사건건 훑으며 의정 활동을 하느냐고요. 이건 '깔대기 대는' 겁니다. 자화자찬. (웃음) 세금 받아먹고 사는 사람들이 국회의원들인데 세금값 밥값을 해야죠.

김 실제로 종편 문제에 집중하셨어요. 특히 채널A.

최 의도적으로 채널A를 찍어서 집중한 건 아닙니다. 종편 허가 과정의 주주구성 문제 등을 자료로 파헤치는데 채널A가 문제가 많았어요. 주식 맞바꾸기, 차명 주식 등등 충분히 종편 허가 취소 사유에 해당하는 사안들이 나왔어요. 시민단체들과 검찰에 고발했죠. 박근혜 정권이니 제대로 수사나 했겠어요? 박근혜 정권에게 법과 원칙은 반대 정파에게만 적용되지 보편 타당한 것이 아니었잖아요. 아무튼 채널A는 나머지 종편과 차원이 다른 주주구성의 불법성이 있었어요.

MBN의 경우는 개인 투자자들이 많아 당시에는 정보를 받기가 쉽지 않았죠.

채널A 주주구성 불법 의혹

채널A가 출자금을 모으는 과정에서 차명 투자를 했다는 의혹. 동아일보 사주 가문과 사돈 관계인 이동통신 대리업체 '이앤티'는 SK텔레콤에서 203억 원(4.98%)을 빌려 채널A에 출자했다가 1년 만에 처분하고 돈을 갚았다. 또 30억을 투자한 '우림테크'라는 기업은 그만 한 액수를 투자할 여력이 없는 회사였는데, 우림테크의 사업자가 동아일보의 종편 설립을 주도한 컨트롤타워의 김광현 부장과 남매 사이로 밝혀지면서 동아일보가 우림테크의 이름을 빌려 투자한 것이 아니냐는 의혹을 받았다. 만약 차명 투자가 사실일 경우 동아일보는 지분율 30%를 넘겨 〈방송법〉을 위반한 것으로 승인 취소 대상이 된다.

편법 쪼개기 투자 의혹도 제기됐다. 미래저축은행 김찬경 전 회장은 은행 명의의 투자금 46억 원(1.13%) 외에 그의 페이퍼컴퍼니로 의심되는 '리앤장실업'에서 100억 원, 그가 실질적 소유주로 밝혀진 '고월'에서 60억 원을 채널A에 출자했다. 세 기업의 출자금을 더하면 206억 원(5.05%)이다. 방통위가 종편 심사에 앞서 '지분 5% 이상을 보유한 주요 주주는 엄격하게 심사하겠다'고 밝히자 편법 쪼개기 투자를 벌인 게 아니냐는 의심을 받았다.

이밖에 채널A에 출자를 약정한 다수의 기업들이 채널A가 방송통신위원회로부터 승인장을 교부받은 이후에 출자한 기록도 확인됐다. 이 때문에 채널A가 승인장을 받기 전 제출한 4076억 원의 '주식납입금보관증명서'가 주주들이 낸 출자금이 아니라 다른 경로로 만들어지거나 허위로 작성된 것이 아니냐는 의혹이 제기됐다.

후원회 없는 국회의원

김 17대 국회에서 정청래 의원의 경우 '수구 언론 저격수' 역할을 하다가 언론의 왜곡 보도와 집중포화에 시달렸고 결국은 낙선했습니다. 언론들이 우리를 잘못 건드리면 크게 당한다. 이런 본보기를 보여준 건데요. 종편 문제를 앞장서 다룰 때 조금은 걱정되지 않으셨어요?

최 겁난다는 생각을 할 겨를이 없었어요. 종편을 바로잡으러 들어간 사람이 보복을 겁내서 피하면 말이 안 되는 것도 같네요. 내가 할 일이니까 하는 겁니다. 채널A 문제를 집중적으로 제기하면서 이런저런 소문이 들려왔어요. 의원회관 사무실로 기자 한 명이 올라와 이렇게 말하는 거예요. "종편 국회 출입 기자가 통화하는 것을 우연히 들었는데 '최민희 의원이 후원회가 없어요' 하더라. 알아보니 최민희 의원 신상을 파라는 지시가 내려왔다는 거다. 제일 먼저 후원회를 파고, 다음에 재산 공개 부분을 파고 그러는 거다. 후원회만 파도 국회의원들이 무릎을 꿇으니까." 그런데 당시 저는 후원회가 아예 없었으니까요.

김 종편과 맞서려고 후원회를 안 만드신 건 아니죠? (웃음)

최 모르겠어요. 잠재의식 속에 종편과 맞서는 두려움이 있었고 잠재의식의 명령이 있었을 수도 있겠지요? (웃음) 그런데 의식적으로는 그건 아니었어요.

비례대표는 지역구가 없잖아요. 그러니 후원회가 크게 필요하지 않더라고요. 정책개발비, 각종 활동비 등 명목으로 3000만~4000만 원이 지원되니 그것만으로도 충분히 의정 활동을 할 수 있었어요. 처음에는 1년만 후원회 없이 운영해보고 안 되면 후원회를 열어야지 했어요. '안 되면'이라는 건 끊임없이 언론 관련 토론회도 하고 정책 개발도 해야 하는데 자금이 없어 못하는 상황을 얘기하는 거예요.

그런데 별 무리 없이 일이 잘 굴러가더라고요. 제 경우 민언련 활동할 때 자금이 부족해서 쩔쩔맨 일이 많았겠죠. 토론회 한 번 하려면 장소에 발제자 섭외며 토론자 모시기까지 이게 전부 비용이 들잖아요. 그런데 국회는 우선 장소 걱정이 없어요. 의원회관 회의실이 많거든요. 게다가 19대 국회가 '최악 국회'라는 말을 귀에 못이 박히게 들었어요. 당연히 국회의원 하는 게 자랑스럽지도 않고 국민들이 국회를 탐탁해 하지도 않는데 후원금 달라고 할 염치도 없었고요.

으음, 다시 생각해보니 만에 하나 종편 문제를 파헤치다 보면 무슨 일이 일어날지 모르니 '약점 잡히지 말아야겠다' 이런 생각도 있었던 것 같아요. 그런 말이 있어요. 국회의원은 교도소 담장 위를 걷는 사람들이다. 담장 벽을 걷다가 오른쪽으로 떨어지면 교도소 가는 것이고 운이 좋아 왼쪽으로 떨어지면 사는 거다. 아무리 조심해도 후원금을 받게 되면 구린 부분이 있을 수 있다는 거죠.

영화를 봐도 그렇잖아요. 정의로운 일을 하는 사람이 개인적 약점 잡혀서 신세 망치고 그런 거 많이 나오죠. 〈단말기유통법〉* 파동 때는 삼성에서 직접 연락이 왔어요. '정치하시려면 자금도 필요한 거 아니냐' 노골적으로 말하던데요. 제가 이런 요지로 말했던 것 같아요. '나는 돈으로 정치하지 않는다.' 그 담당자는 시민사회 출신이라고 했던 것으로 기억해요. 최순실한테만 찍힌 게 아니었어요. 〈단통법〉으로 삼성에도 찍혔던 듯해요. 삼성 봐주기 〈단통법〉에 기권한 사람이 이상민 의원과 저, 둘이었던 것으로 기억합니다. 거참!

---

* 정식 명칭은 '이동통신 단말장치 유통 구조 개선에 관한 법'이다.

김 선배님은 민언련 활동하실 때도 회계는 특별히, 심하게 '까탈스럽게' 따지셨어요. 개인적으로는 선후배 가리지 않고 여기저기 막 퍼주고 사주는 스타일인데….

〈이동통신 단말장치 유통 구조 개선에 관한 법률〉

약칭으로 '단말기유통법' 혹은 '단통법'이라고 한다. 2014년 5월 제정돼 같은 해 10월 1일부터 시행됐다. 당시 판매점(대리점)이 불법 보조금을 앞세워 고객을 유인한 뒤 높은 요금제와 기간 약정 조건을 걸어 소비자의 통신비 부담이 높아지자 '유통 구조를 투명화해 통신 요금 인하와 단말기 출고가 인하로 이어지는 선순환 구조를 만든다'는 취지로 제정됐다.

그러나 법안 논의 과정에서 삼성전자 등의 반발로 제조사와 통신사의 지원금 분리 공시가 무산되었고, 고시 과정에서 단말기 지원금 상한액이 33만 원으로 책정되면서 법 제정 이전보다 소비자의 통신비 부담이 높아지는 결과를 초래했다.

일련의 과정에서 국회의원들과 정부 부처가 삼성전자의 입장을 적극적으로 피력해 분리 공시가 막혔다는 사실이 보도되기도 했다. 〈단통법〉 통과 때 기권 의사를 밝힌 의원은 이상민 의원과 최민희 의원 두 명이다. 최민희 의원은 당시 '전후 맥락상 더 파악할 것이 있을 것 같아서 소극적 의미의 반대 표시로 기권을 했다'고 밝혔다. 최 의원은 〈단통법〉 시행 직후(2014년 10월 14일) '분리공시제' 법안을 발의했으며 2015년에는 삼성 등 제조사들이 매달 1천억 원이 넘는 리베이트를 뿌리고 있다는 사실을 폭로하기도 했다.

지원금 상한제는 3년 시행 후 일몰제로 폐지됐으며, 2018년 2월 통과돼 5월부터 시행된 〈단통법〉 일부 개정안은 특정 단말기 유통을 강제하거나 요구하는 것을 금지했다.

최 그거야 당연한 거죠. 게다가 제 밑에서 회계를 맡았던 전미희 처장이 워낙 돈 문제에 철저하고 무서운 사람이라 만약 제가 단돈 10원이라도 허술하게 처리했다면 가만있지 않았을걸요. 활동비도 안 받으려고 했죠. 그런데 사무총장이 활동비를 안 받으면 활동가들이 좀 그렇잖아요. 그래서 최소액을 받았어요.

제가 국회의원에 당선된 뒤 아버지가 가족과 친지들을 불러 축하해주신 일이 있어요. 애초 비례대표 출마할 때 반대하셨지만 막상 당선되고 나니 기쁘셨나 봐요.

한편으로는 비례대표 출마하면 봉투 준비해 보스에게 갖다 바치는 관행을 어디서 들으셨는지 "비용이 얼마 드느냐?"고 몇 번을 물어보셨어요. 당 심사비 200만 원, 선관위 등록비 1500만 원 정도가 들었거든요. 그 정도는 제가 만들 수 있다고 했더니 조금 놀라시는 듯했어요. 당시 민주통합당은 비례대표에게 특별당비를 요구하지 않았어요.

가족 축하 자리에서 이러저러한 인사치레 후 갑자기 아버지가 모두에게 이러시는 겁니다. "야가(얘가) 국회의원이 됐으니 좋은 일입니다. 하지만 야가(얘가) 국회 들어갔다고 이것저것 부탁하고 그러면 안 돼. 이 아가(아이가) 각별히 처신에 조심할 수 있게 도와줘야 해요. 그리고 막내는 정직하게 청렴하게 4년 동안 열심히 일해요. 국회 들어가 보면 겉으로는 그럴싸해도 더럽고 치사한 일이 많을 기라(거다). 그래도 그 자리 하나 가보려고 평생을 다 바쳐도 못 가는 사람이 태반이니 참고 또 참으면서 임기를 잘 마쳐요. 절대 추접은(더러운) 돈받지 말고. 정 돈이 궁하면 아버지한테 찾아와요. 알겠나?"

김 멋진데 능력까지 있는 아버지셨네요.

최 그게 소설처럼 멋진 말이 아니란 것을 저는 알고 있었어요. 아버지는 아버지의 막내딸이 불법 자금을 받고 완벽하게 숨길 기술이 없다는 것을 알고 계셨거든요. 아버지가 그랬어요. 제가 대학 시절 감옥에 갔을 때 아버지와 많은 편지를 주고받았어요. '제가 시위 주동을 하게 된 건 아버지 때문이다. 아버지가 불의를 보면 못 참으셨고 아버지가 인사 계통의 일을 하실 때 집에 들어오는 소고기 한 근까지 되돌려주시는 것을 보았다. 엄마는 늘 아버지가 청렴결백한 분이며 정의롭게 일하시는 것을 자랑스러워하셨다. 아버지의 정의를 저는 제 방식으로 실천한 것이다.'라고 편지를 쓴 일이 있어요.

아버지로부터 정말 의외의 답변이 왔어요. "막내가 아버지를 잘못 이해했다. 만일 아버지가 뇌물을 받고 완벽하게 숨길 능력이 있었다면 그 뇌물을 받았을지 모른다. 뇌물을 받았다가 탄로나 공직에서 쫓겨나면 너희 오남매는 어찌 되었겠느냐. 게다가 아버지는 겁이 많아 데모 같은 건 애초에 할 위인이 못 된다. 아버지는 소설 속에 나오는 멋있는 아버지가 아니다. 우리 집안에 그런 반골은 없다. 그러나 네가 친구들 꼬임에 빠져 시위 주동을 했으니 너를 이해한다."

지금 돌이켜보면 동기야 어쨌든 결과로써 청렴했으므로 아버지는 '청백리'였는데, 스물세 살 대학생에게는 이해하기 어려운 편지였죠. 그 멋지던 아버지가 갑자기 비겁한 졸장부처럼 여겨지기도 했고요. (웃음)

김 후원회는 그렇다 쳐도 국회의원이 굳이 경차를 타고 다니는 건 '보여주기' 아니냐, 그런 시각도 있었어요.

최 모닝이 연비 좋지, 주차하기 좋지, 유지비 적게 들지, 장점이 한두 가지가 아닙니다. 우리는 좀 이상해요. 북유럽 의원들이 자전거

타고 다니는 건 언론이 나서서 추켜세워요. 그런데 국회의원이 모닝 타면 쇼라고 손가락질하는 거 모순 아닌가요? 모닝 타고 다닌 덕분에 돈을 쪼개어 쓸 수 있어서 감사했어요. 인턴들과 12개월 내내 함께할 수 있었고요. 월급도 9급 월급에 맞추어 줄 수 있었거든요. 비싼 음식, 좋은 옷 안 입으면 알뜰하게 멋지게 의정 활동을 할 수 있습니다. 보는 눈들이 바뀌어야 해요. 좀 더 살뜰해져야 해요.

딱 하나 모닝 타면서 걱정한 부분은 안전 문제인데요. 모닝과 중형 차가 충돌하는 것을 봤는데 모닝이 박살나더라고요. 그래서 모닝 사고율을 찾아봤던 기억이 있어요. 그런데 딱히 모닝 사고율이 높지가 않았어요. 걱정한다고 명이 바뀌는 건 아니니까, 명은 하늘에 달렸다 생각하고 머릿속에서 걱정을 지워버렸어요.

나쁜 종편 솎아내기

김 얘기가 옆길로 좀 빠졌는데 다시 종편으로 돌아가면, 채널A 주주구성 문제 외에도 종편의 편파 왜곡 보도나 방송통신심의위의 정치 심의 행태 등에 대해서도 계속 문제를 제기하셨어요.

그런데 종편 전체가 아니라 '나쁜 종편 솎아내기'로 방향을 잡으셨어요. JTBC 때문인가요?

최 손석희라는 사람의 삶을 믿었으니까요. 그가 JTBC로 가면서 종편을 하나로 보고 대응해온 기존 방침에 혼선이 왔죠. 종편 전부가 수구·보수적 정파를 편드는 것보다 그중 단 하나라도 방송답게 운용되면 국가적으로나 정파적으로나 이익이잖아요. 손 사장이 적어도 JTBC 메인 뉴스만큼은 저널리즘 원칙에 입각해 정론 보도할 것을 믿었어요. 오너로부터 전권을 부여받고 갔을 거다….

SNS를 통해 '손석희 변절'에 대한 입장을 밝혀라, 하는 요구가 있었죠. 공개적으로 답변했어요. '지켜보겠다. 지켜보고 입장을 밝히겠다. 지금은 유보다.' 단지 JTBC에 갔다는 것만으로 비난할 수는 없다 생각했어요. 누군가를 비난해 낙인찍는 것은 한순간에 가능한 일이죠. 비난할 자료와 근거 없이 손석희라는 사람을 매도할 수는 없었어요. 근데 JTBC가 정론 보도를 이어가는 겁니다. 박근혜 정부로부터 이런저런 탄압을 받아도 꿋꿋했어요. 메인 뉴스 형식도 파격적이었죠. '뉴스룸'이란 제목도 신선했고 정연주 전 KBS 사장이 그리도 해보고 싶어 했던 연속 꼭지 집중 분석 보도를 했어요. JTBC를 제외한 나머지 종편들과 근본적으로 달랐어요. 그래서 '나쁜 종편 솎아내기'로 방향을 잡은 거예요.

김 최근 조국 사태 정국에서는 JTBC와 손석희 사장이 촛불시민들에게 비난을 받았어요. 이 얘기는 나중에 따로 해보도록 하죠.

아무튼 당시에는 종편도 문제였지만 KBS, MBC 역시 완전히 망가져 있었잖아요. 정권의 입맛에 맞는 낙하산 사장들이 임명되고 이 사람들이 인사를 통해 친정부 방송을 만들어버렸어요. 야당이나 언론 단체에서는 공영방송의 지배 구조 개선을 요구했고 여러 법안들이 나왔어요. 선배님도 일명 '김재철 방지법'을 대표 발의하신 적이 있고요. 공영방송 이사와 사장 선임 제도를 개선하자는 건데, 물론 자유한국당이 동의하지 않으니 19대 국회에서 관련 법안이 통과되기도 어려웠죠. 그런데 예상치 못했던 박근혜 탄핵 정국이 벌어지고 정권 교체가 이뤄지면서 여야의 입장이 바뀌었어요. 그리고 지금까지 공영방송 지배 구조와 관련된 개정은 이뤄지지 않은 채 논란만 계속됐고요. 이 문제를 어떻게 풀면 좋을까요?

최 소위 김재철 방지법의 내용을 보면, 크게 몇 가지로 나눌 수 있어요. 큰 틀에서 공영방송 지배 구조를 바꾸자는 방향은 다 일치하죠.

그러나 세부적으로 보면, 첫 번째 방향은 이사 선임 방식을 공정하게 바꾸자는 것, 소위 '절대 의결정족수' 개념을 도입하자는 것이죠. 예를 들어 MBC를 관리 감독하는 방송문화진흥회 이사는 9명입니다. 관행에 따라 여야 구성이 6 대 3이죠. 현재 사장 선정 방식은 방송문화진흥회 이사의 과반수가 찬성해서 사장을 뽑는 방식입니다. 여당 추천 이사 수가 6명인데, 9명의 과반은 5명이에요. 그러니 당연히 여당 성향의 사장이 임명될 수밖에 없어요. 이것이 정권 친화적 방송을 만드는 원인이 되어 방송 독립성과 공정성을 훼손하기 때문에 사장 추천 방식을 바꿈으로써 MBC의 공정 방송을 강제하자는 것입니다. 절대 의결정족수는 이사 2/3의 찬성으로 사장을 뽑자는 것이죠. 그런데 MBC의 경우 6명 이상의 이사가 찬성하면 사장을 뽑을 수 있으니 결과는 똑같아요. 그래서 절대 의결정족수 법안에는 MBC 이사를 11명으로 늘리고, 여야 구성을 7대 4로하고 8명 이상의 동의 얻게 했습니다. 그러면 여당 추천 이사들 마음대로 사장을 뽑을 수 없게 되죠.

두 번째는 공영방송 이사 수를 정할 때 여당이 절대적인 숫자를 갖지 못하도록 강제하는 방안입니다. 예를 들면 KBS 이사회는 현재 11명이고 여야 비율이 7대 4로 구성돼 있어요. 이것을 6대 5로, 무조건 여당은 6명, 야당이 5명을 추천하게 해서 여야 차이를 줄이는 방안입니다. 11명일 수도 있고 13명이 될 수도 있죠. 핵심은 차이를 줄이는 거예요.

세 번째는 공영방송 이사 수를 대폭 늘려서 시민사회 대표성, 각계 각층 대표성을 반영하고 시민사회의 통제를 높이는 사장 추천 방식입니다. 이런 방안들이 논의가 됐고 19대와 20대 국회에서 법안으로 상정됐어요.

김 저는 아주 오래전부터 '공영방송의 지배 구조 개선' 논의에 대해 회의적이었어요. 지금 제도가 완전하다고 생각하지는 않아요. 하지만 이명박 정부가 2008년 KBS, 2009년 MBC를 장악해 나가는 과정을 보면 오히려 기존의 관행과 제도조차 지키지 않고 초법적으로 벌인 일이었어요. 아무리 좋은 제도가 있으면 뭐하나, 반민주적인 세력이 집권해서 무력화시키면 그만인데, 그런 생각이 들었습니다.

최 근본적으로 공영방송은 대한민국이라는 사회, 이 사회를 이끌어가는 의제를 설정하는 기관이에요. 그렇기 때문에 정부가 설정한 의제를 적극적으로 시민과 공유하는 것 또한 공영방송의 역할이라고 생각할 수 있어요. 그런데 정부가 설정한 의제가 민주주의 정책에 부합할 때 공영방송의 역할과 대한민국 민주주의가 충돌하지 않죠. 그러나 정부가 설정한 의제가 국민적 이익에 위배될 때 혹은 민주주의에 역행할 때 커다란 문제가 발생하게 되고, 이명박·박근혜 정부 때 공영방송 장악 문제가 발생한 것이에요.

마거릿 대처Margaret Thatcher 영국 총리와 BBC 간의 갈등이 매우 깊었어요. 마거릿 대처는 신자유주의 세계화로 영국 사회를 리모델링하려고 했고, 그 과정에서 노동자들의 엄청난 희생이 뒤따랐어요. BBC는 이때 대처에 반기를 들고 대처의 신자유주의 세계화 노동정책에 날카로운 비판을 가했고, 정권과 BBC 사이의 갈등은 최고조에 이르렀습니다. 대한민국 공영방송들은 과연 어디에 서 있어야 할까요. 각자 처한 정파적 입장에 따라 다른 대답을 내놓을 수 있을지 모르지만, 이명박·박근혜 정권하의 공영방송의 대응을 보면 BBC를 따라가려면 한참 먼 것 같아요.

무엇이 BBC를 정권이 아닌 국민적 이익을 지킬 수 있는 힘을 갖게 한 것일까, 이 부분에 대해서는 정말 깊은 고민이 필요한 것 같아요.

이명박·박근혜의 방송 장악 과정을 보면 유신 시대, 전두환 군부정권 때와 다를 바가 없었죠. 수구·보수 신문과 종편은 자발적으로 이명박·박근혜 정부를 찬양했고 공영방송은 방송 장악에 굴복하고 낙하산 친위 부대가 점령해 비판적 기능을 상실했습니다. 큰 틀에서 보면 민주정부가 들어서면 방송에도 방송 자유가 보장되고, 반민주정부가 들어서면 방송 장악 아래 공영방송이 굴복하게 됩니다. 그럼에도 불구하고 민주정부 때 공영방송 독립성과 중립성을 강화하는 법안에 대해 진지하게 논의하고 사회적 결론을 내려, 반민주정부가 들어서도 방송 장악 시도를 할 수 없는 제도를 만드는 일은 매우 중요하다고 봐요. 그리고 기왕에 논의를 하게 되면 공영방송 이사 수를 대폭 늘리는 사회적 통제 강화 쪽으로 논의가 진행되고 제도가 만들어졌으면 좋겠어요. KBS 수신료도 '수신료산정위원회' 같은 사회적 결정 시스템을 만들어서 합리적 논의를 했으면 합니다.

김 2007년에 언론운동 진영 일부에서 우리의 방송 민주화가 불가역적 수준이 되었기 때문에 정권이 바뀌어도 방송이 크게 달라지지 않을 것이라고 얘기했는데 현실은 그렇지 않았어요.

최 대한민국 민주주의는 어떤 면에서 강해 보이지만 토대가 대단히 취약해요. 강해 보이는 건 시민 의식이 성숙하면서 반민주정부가 들어섰을 때 지켜보다가 어떤 순간 반발하는 힘, 바꾸고자 하는 힘이 강하게 생겨났기 때문이에요. 이것은 아마도 4·19, 5·18, 6월항쟁으로 이어져온 잘못된 정치에 대한 시민적 교정의 전통이겠죠. 거기에다 최근에는 정보통신 기술의 발달로 인한 스마트폰의 보급이 정부의 여론 조작을 제압할 수 있는 수준으로 성장한 것으로 보입니다.
그런데도 민주주의의 토대가 약한 이유는 대한민국 정치권 인사들의 리더십 때문이에요. 보수 쪽의 리더십은 대개 영남, 60대 이상, 좋은 학벌 카르텔입니다. 그리고 진보·개혁 쪽은 재야민주화운동 세력과 학생운동 세력, 노동·농민 등의 연대체라고 볼 수 있어요. 근데 세상은 21세기 ICT 융합 방식으로 넘어가며 인공지능을 원하는 시대예요. 온-오프 네트워크 시대를 지나 '온' 중심으로 세상이 재편되고, 인공지능이 '온'을 움직이는 시대로 향하고 있는 거죠. 그리고 시민은 이미 스마트폰을 통해 '온'과 '오프'가 결합된 세상에 살고 있는데 정치권만 '오프' 영역에 머물러 있습니다. 시민들은 스마트폰 속에서 새로운 연대를 꿈꾸고, 스마트폰을 통해 학벌과 학벌이 아닌 생각과 생각이 만나요. 정치권은 여전히 지연, 학연으로 뭉쳐서 카르텔을 형성하고 있어요. 이게 우리 정치의 제일 큰 문제예요.

이렇게 시민 의식과 리더십이 불일치하고 민주주의 제도가 제도로써는 정착돼 있는데 정치인들에 의해서 지켜지지 않고 이상과 현실이 뒤엉켜 있을 때 반민주 집단이 정권을 잡게 되면 제도로써의 시스템이 무력화되고 민주정부 10년의 성과는 일순간에 사라집니다. 17대 대선을 앞두고 '이명박이 돼도 문제없다'라던가 '종편이 생겨도 종편끼리의 경쟁으로 무너질 것'이라던가 하는 관념적인 예측들이 있었지만 틀렸다는 게 확인됐죠.

어떤 정부가 들어서도 방송 민주화가 지켜질 거라는 취지의 말은 이명박을 실용주의자로 보고 그를 지지하겠다는 말과 다름 아니었어요. 그런데 정치에 있어서 중요한 것은 그 사람 개인이 아니에요. 어떤 세력이 그를 떠받치고 있느냐가 중요한데, 이명박은 한나라당 후보였어요. 한나라당은 그 전신은 신한국당, 그 전신은 민주자유당, 그 전신은 민주정의당, 그 전신은 민주공화당이에요. 결국 이명박은 수구·보수 진영의 후보였어요. 본인이 아무리 실용주의자가 되려고 해도 수구·보수 진영이라는 것을 간파하지 못했거나, 간파하려고 하지 않은 것이죠.

'전원 구조' 오보, '기레기'의 등장

김 미디어정책과 직접 관련이 없는 활동도 많이 하셨어요. 저 개인적으로는 세월호국정조사특별위원회 위원을 맡으셨던 일이 제일 먼저 떠올라요. 무엇 때문인지 정확하게 기억할 수는 없는데 국정조사 중에 많이 우시는 것을 본 적이 있어요.

최 세월호 국정조사를 할 때 세월호 유가족들이 국정조사장 한편에 앉아서 지켜봤어요. 가족들은 보상에 관심도 없었고 그저 왜 이런 사고가 벌어졌는지, 정부는 아이들을 구하기 위해서 무엇을 했는지, 아무것도 안 했으면 도대체 왜 그랬는지…, 그것을 밝혀달라고 요구했어요. 그런데 세월호 국정조사 위원장이 심재철이었어요. 권성동, 이장우, 조원진 뭐 면면이 화려해요. 그때 가족들을 예로 들면서 조류에 비유를 하지 않나, 모욕적인 발언이 오고가다가 파행을 거듭했어요. 한마디로 당시 새누리당 의원들은 진상 조사를 하려고 모인 게 아니라 국정조사를 방해하려는 태도를 보인 겁니다. 그래서 파행이 되니 유가족 중의 한 아빠가 막 울부짖으면서 "지금 이거 뭐하는 짓이냐, 우리 애들을 두고 국회가 이게 무슨 짓이냐"면서 절규를 했어요. 민주당 의원들이 오열한 게 그 장면이에요. 우원식 선배와 저, 김현 의원이요.

김 언론의 무책임한 '전원 구조' 오보도 질타하셨죠. 세월호를 생각하면 온통 분노할 일이지만, 언론들의 행태 중에서 가장 화나고 납득할 수 없는 부분이 뭐라고 생각하세요?

최 세월호 참사 과정에서 구조 활동에 혼선을 빚게 만들고 전 국민을 혼란케 한 결정적 오보가 '전원 구조'였죠. 사고가 난 2014년 4월 16일에 국회가 열리고 있었어요. 세월호 사고가 났다고 해서 다들 마음 졸이고 있다가 '전원 구조' 속보가 뜨니 '아, 이제 됐구나' 하고 국회의원들도 안심했어요. 그래서 밥을 먹으러 갔는데, 돌아오니 사실이 아닌 거예요.

방송통신심의위원회에 전원 구조 오보의 최초 진원지를 밝혀달라는 질의서를 냈죠. MBC가 11시 1분에 전원 구조 오보를 냈고, YTN 11시 3분, 채널A 11시 3분, TV조선 11시 6분, SBS 11시 7분, MBN 11시 8분 이렇게 전원 구조 오보를 다 냈어요. 그러다가 SBS가 전원 구조 오보를 최초 정정한 시간은 11시 19분이에요. 이어서 MBC가 11시 24분. 그런데 KBS가 처음 전원 구조 오보를 낸 게 11시 26분입니다. 도대체 KBS에서 무슨 일이 일어난 건지, 타 방송사에서 전원 구조 오보를 정정했는데, 다시 KBS가 '전원 구조'라고 보도하니 혼란이 온 거예요.

MBC가 11시 1분에 전원 구조 오보를 내고 이어 3분, 6분, 7분, 8분 다른 채널이 따라온 시간과 과정을 보면, 이들이 이런 순간에도 취재로 사실을 확인하지 않고 속보 경쟁에 급급했다는 것을 알 수 있어요. 이 과정에서 경기도교육청에 전원 구조 보도가 사실인지 확인하는 전화가 빗발치자 11시 9분에 경기도교육청 대변인실이 '단원고 학생 전원 구조됐다'는 메시지를 보냅니다. 이어 11시 25분에 해경발로 '전원 구조됐다'라는 것을 교육청 출입 기자에게 발송합니다. 이 장면을 깊이 들여다봐야 하는데, 교육청은 공식 기관으로부터 전원 구조됐다는 사실을 확인한 바가 없어요. 언론들이 전원 구조됐다고 하니까 해경조차 전원 구조됐다는 발언을 해준 거예요. 그래서 전원 구조됐다는 분위기가 형성됐죠. SBS가 11시 19분에 전원 구조가 사실이

지상파 · 종편 · 보도 채널의 '학생 전원 구조' 오보 시간

방송사	최초 오보	오보 보도 형식	최초 정정
MBC	11:01	자막, 앵커 코멘트, 기자 리포트	11:24
YTN	11:03	자막, 앵커 코멘트	11:34
채널A	11:03	자막, 앵커 코멘트	11:27
뉴스Y	11:06	자막, 앵커 코멘트	11:50
TV조선	11:06	자막, 앵커 코멘트	11:31
SBS	11:07	자막, 앵커 코멘트, 기자 리포트	11:19
MBN	11:08	자막, 앵커 코멘트	11:27
KBS	11:26	자막, 앵커 코멘트, 기자 리포트	11:33

*자료 출처 : 방송통신심의위원회

아니라고 정정 방송을 하게 되잖아요. 그런데 25분에 경기도교육청이 문자를 보내고, KBS가 또 보도하니 혼란의 혼란이 거듭됐어요.

그렇다면 재난 주관 방송인 KBS는 왜 오보를 낸 걸까요? KBS는 11시 19분, 11시 24분에 SBS와 MBC의 정정 보도를 확인하지 않았거나, 정정 보도를 확인했음에도 경기도교육청이 25분에 전원 구조 문자를 보내니 다시 전원 구조 오보를 낸 것이죠. 그런데 보통 MBC와 SBS가 아니라고 보도하면 기자는 '어?' 하고 확인해야 하지 않을까요?

음모론은 논외로 하고, 세월호 사고가 사건이 되고 참사가 되는 과정의 단계, 단계마다 자기 역할을 책임 있게 수행하는 집단이나 사람이 없었어요. 한국해운조합의 관리 감독 잘못, 즉 출항해서는 안 되는 조건에서 출항하게 한 것, 이런 게 무슨 큰 비리가 있어서가 아니라 평소 유착 시스템 속에서 대충 봐주고 넘어가는 관행 탓이었고 모든 단계에서 이런 일이 벌어지는 거예요. 구조 과정에서 해경은 세월호에서 탈출한 익수자만 구해놓고는, 해경의 본래 임무는 익수자를 구하는 것이라며 '전원 구조했다'고 무책임하게 보고를 했어요. 해경이 그렇게 말하는 순간 배 안에 있는 사람들은 살 수 없는 거예요. 다시 세월호 사고가 일어나도 우리 사회는 사람들을 구할 수 없겠다는 절망감. 국정조사 끝나면서 헤어날 수 없는 이런 절망감이 우리를 덮쳤어요. 아무도 미안해하지 않아요. 박근혜? 책임을 못 느끼는 거예요. 자신이 자고 있어서 사고가 일어난 건 아니라고, 운이 없다고 생각하겠죠. 아무도 책임감을 못 느끼는 구조예요. 다 조금씩은 비리를 저지르고 사니까, 조금씩 타협하고. 그러한 잘못이 쌓이니까 배가 뒤집어지고 사람이 죽어요. 이게 더 절망이에요. 차라리 음모가 있었다면 음모만 막으면 되는 건데…. 그런 점에서 저는 음모론이 사실이기를 바랐어요.

언론도 마찬가지예요. 이런 사안을 놓고도 속보 경쟁을 해요. 결국 KBS가 11시 25분에 경기도교육청의 문자를 받고 26분에 오보를 내는 것은 기자들이 어떤 사안을 놓고 의심하고 확인하는 기본적 직업윤리도 지킬 수 없을 만큼 망가졌다는 뜻이 아닐까요.

최순실과 '문고리 3인방'의 표적이 되다

김 2014년 말에 청와대의 수상한 살림살이도 폭로하셨어요. 제2부속실의 시계형 캠코더 녹음기(일명 '몰래카메라'), 외교안보수석실의 휴대용 도청감지기 같은. 그때 또 화제가 됐던 게 고가의 물품들이었어요. 500만 원, 600만 원짜리 침대와 90만 원짜리 휴지통 등이요. 어떻게 청와대 살림살이를 들여다볼 생각을 하셨어요?

최 정확히 얘기하면 박근혜 정부 초기 6개월 사이 475만 원, 669만 원, 80만 원짜리 침대를 세 개 구매했더라고요.

제가 당시 운영위를 겸하고 있었어요. 운영위가 청와대 국감을 하거든요. 우연히 엘리베이터 안에서 조달청장을 만났는데 제가 자료 좀 달라고, 신청한 자료를 조달청에서 잘 주지 않는다고 불평을 했어요. 조달청장이 수행하는 분에게 자료 드리라고 하는 겁니다. 그 얘기를 듣고 즉시 이연재 수석비서관에게 연락했죠. '요청한 자료 빨리 받아라.' 보통은 조달청을 통해 구입한 청와대 물품 자료만 주는데 청와대에서 직접 구입한 물품 목록까지 자료를 받았어요. 양이 방대해 모처에서 변호사 한 분, 전산 전문가 한 분, 저 요렇게 세 명이 자료를 들여다봤지요.

김 그보다 앞서서 청와대가 전지현 씨 개인 트레이너였던 윤전추를 3급 비서관으로 채용하고 1억 원이 넘는 필라테스 장비를 구입한 사실도 폭로하셨잖아요. 그것도 조달청 자료였나요?

최 네, 맞아요. 그런데 그런 일이 있었어요. 제가 종편과 KBS 등의 문제를 열심히 파니까 박기춘 원내 대표가 저에게 그래요. "최 의원은 정말 거리낄 게 없나 봐요. 국회의원들이 언론하고는 잘 못 싸우거든." 무슨 말인가 싶었는데 나중에 보복 재판을 당한 뒤 알게 되었어요. (웃음) 필라테스 폭로 후 뭔가 이상한 낌새들이 있었어요. 결국에는 김영한 민정수석 비망록에도 등장하게 되죠. '필라테스, 독버섯, 친노 박멸' 뭐 이런 식의 메모였다고 해요.

JTBC 〈뉴스룸〉에서 손석희 앵커가 제가 폭로한 것들을 다루지 않으려고 해도 다룰 수밖에 없었는지 하루는 멘트가 그래요. "또 최민희 의원이군요" 하여간 제2부속실 몰래카메라 폭로로 박근혜 청와대 제2부속실이 폐지됐으니 성과는 있었다고 봐야죠. 본회의장에서 대정부질문을 하면서 제가 총리에게 물었어요. "왜 제2부속실에 몰카

2015년 1월 국회 운영위원회 전체회의에서 박근혜 청와대의 시계형 몰래카메라 구입을 추궁했다.
이 일을 비롯해 '청와대 필라테스 장비 구입' 폭로 등으로 박근혜 정권의 '표적'이 된다. (© 뉴스1)

가 있느냐, 지금 대통령은 안전한 거나?" 그 장면을 보며 소름 돋았다는 분들이 계셨어요.

김 그 장면은 저도 기억하는데, 새누리당 이노근 의원이 "요새 정치인들 버릇부터 고쳐야 한다"고 소리를 질러서 본회의장이 난장판이 됐었죠. 청와대를 건드리니까 아주 난리를 치는구나 싶었는데 오히려 선배님 이름을 알리는 꼴이었어요.

최 그날 저는 본회의장에 무려 3번이나 올랐어요. 처음에는 대정부질의, 이노근 의원이 저를 비난하는 5분 발언을 한 뒤 반박 발언, 윤영석 의원이 또 저를 비난하는 발언을 해서 그에 대한 반박 발언을 다시 했죠.

저는 당연히 할 일을 한 것인데, 그러나 대가가 너무나 컸어요. 제가 청와대 제2부속실 등의 구매품 관련 문건을 확보하고 운영위가 열리기를 기다리고 있던 중에 이완구 당시 새누리당 원내 대표가 저를 세 번이나 찾았어요. 처음에는 국회 본회의장 앞에서 저를 기다리고 있었어요. "최 의원, 청와대 걔네들이 최 의원 벼르고 있으니 조심해요." 하더군요. 제가 "문고리 3인방 말씀이세요?" 하니 그렇다고 하더라고요. 조심하라고 했어요. 필라테스 장비 폭로한 뒤였던 것으로 기억해요. 다음으로는 제가 예결위 위원이었는데 예결위 회의장으로 저를 만나러 왔어요. 그때 이완구 대표와 제가 대화하는 장면이 JTBC 〈정치부회의〉에 나왔어요. 이 대표가 자기 사정을 봐서라도 그만하라고 하더군요. 제가 이완구 자서전을 읽었는데 인상적인 대목이 있었어요. 계급이 그리 높지 않은 시절에 소신을 지키며 수사에 임했던 모습이 멋졌거든요. 제가 '이 대표님 자서전을 읽었다. 외압에 굴하지 않고 소신에 따라 일하신 그 장면이 매우 인상적이었다. 저도 그렇게 일하고 싶다'고 했어요. 한동안 저를 빤히 쳐다보더니 돌아가시더군요. 김재원 의원도 제게 전화했던가, 본회의장에서 만났던가 그랬는데 한 소리 하더군요. 그러다가 재미없는 일이 생긴다, 뭐 그런 얘기였어요.

이후 새누리당 킬러 공천 대상이 되었고 지역구가 게리맨더링 gerrymandering* 되어 도저히 선거를 치를 수 없는 분위기가 됐죠. 총선을 치를 때는 도저히 지역 선거라 할 수 없는 이상한 이슈들이 마타도어 matador(흑색선전)로 떠돌았어요.

김 민주당 내의 반응은 어땠나요?

최 우윤근 원내 대표였는데 조심스럽게 잘 하라는 조언을 해줬어요. 정청래 의원과 김현 의원이 도와줬어요. 김현 의원은 '이 정도로 그치라'며 '더 하다간 저처럼 된다'고 하더군요. 그때 제가 그랬대요, '나는 후원회도 없고 출판기념회도 한 번 안 했고 외유 한 번 안 갔으니 털어도 나올 게 없다'고.

김 김현 의원은 진심으로 그런 충고를 하셨을 것 같아요. 이른바 '대리기사 폭행 사건'으로 음해를 당해서 고생을 했고 지금까지도 그 부정적 이미지가 남아 있잖아요.

최 김종인 체제에서 컷오프 당해 총선에도 못 나갔고 많은 의원들이 그를 멀리 했죠.

---

* 자기 정당에 유리하게 선거구를 변경하는 일.

김 그때 선배님은 페이스북에 '김현을 위한 변명'을 쓰셨죠.

최 김현은 잘못한 게 없어요. 그것을 잘 알고 있었으니까요. 아무도 적극적으로 돕지 않으면 큰일을 당하겠다고 생각했어요. 종편들이 '김현 갑질'로 프레임을 만들어서 한 달 넘게 집중포화를 퍼부었어요. 한참 후에 국정 농단 사태로 '김영한 비망록'에 담긴 김기춘의 공작 지시 메모가 폭로되면서 실상이 드러났지만 그토록 김현을 공격했던 종편들은 메모 내용을 크게 보도하지 않았죠. 김현 의원이 운영위를 하면서 김기춘의 부동산 문제를 집중 제기했대요. 그러자 김기춘이 당시 주광덕 정무비서관을 통해 전화까지 했답니다. 그 문제로 김기춘이 적의를 품었던 게 아닐까 짐작하고 있더라고요.

김 김현 의원의 조언을 듣고 멈추셨나요?

최 멈춘 건 아니고 침대 등의 석연찮은 물품 폭로는 보도 자료만 냈어요. 그런데 차라리 운영위에서 따지는 게 나았다는 생각이 들어요. 결과적으로 보면 당할 건 다 당하고 말았으니까. 일설에 따르면 그 후에 '최민희는 반드시 죽여야 할 적'이 되었다고 하더라고요. 몇 달 전 청와대 경호실에 오래 있던 분을 만났어요. 그분이 그러더군요. '의원님이 필라테스부터 청와대 물품을 하나씩 폭로할 때마다 비상이 걸렸었다'고. 제가 박근혜 청와대의 타깃이었다는 거예요. 사람들이 그래요. 살아 있는 것을 다행으로 여기라고.

'안탈나입'―문재인을 지키게 되다

김 발의하신 법안 중에 각별히 기억에 남는 것이 있나요?

최 19대 국회 들어가 발의한 1호 법안은 '미디어교육진흥법'이었어요. 물론 부처 간 영역 다툼 때문에 통과시키지 못했죠. '김재철 방지법'은 심혈을 기울인 법안이었는데 논의조차 못했어요.

통과된 법안 중에서는 〈정당법〉 개정안인 '온라인입당법'이 가장 기억에도 남고 중요하죠. 이 법안이 통과되면서 스마트폰과 인터넷을 통해 정당 가입이 가능해진 거예요. 문성근 배우가 2012년 당 대표 선거 때 출마하면서 정당개혁을 위해 '온오프 네트워크 정당'을 만들겠다고 공약했어요. 당시까지만 해도 민주당 당원은 1970년대에 DJ를 지지하기 위해 입당한 호남 당원들이 대부분이었어요. 청년 당원 기준도 만 45세 이하였죠. 어떻게 하면 새로운 세대를 민주당에 입당하게 할 것인가. 정당개혁이 거창한 게 아니라고 봐요. 먼저 당원 수가 늘어나는 것, 젊은 당원들이 많이 입당하는 것부터 시작해야 했어요.

그런데 정당 가입이 좀 까다로워야 말이지요. 반드시 오프라인으로 신원 확인을 해야 되었거든요. 지역구 사무실을 둘 수 없는 상황이니 간혹 정당에 가입하고 싶은 사람들이 있어도 가입할 방법을 몰라서 혹은 귀찮아서 포기하게 되는 거죠.

'온입당법'은 간편하게 온라인을 통해 본인 확인을 거치면 당원에 가입할 수 있게 만든 법이에요. 예를 들어 민주당 홈페이지에 들어가면 '온당원 가입'란이 있어요. 클릭해서 주민등록번호 등 간단한 정보를 넣고 문자메시지로 신분 확인을 거친 뒤 당원 가입 의사를 밝히면 끝입니다. 정당 가입이 정말 간편해졌지요.

김 온입당법이 만들어지고 실제로 당원 가입이 늘었나요?

최 물론이죠. 특히 2016년 총선을 앞두고 안철수 탈당으로 민주당이 위기에 빠졌어요. 그런데 이른바 '안탈나입(안철수는 탈당하고 나는 입당한다)' 현상이 일어났죠. 무려 18만 명이 한 달 만에 당원 가입을 했어요. 그분들을 온당원이라 부르는데 지금까지 민주당의 든든한 버팀목 역할을 하고 있습니다. 현재 온당원 숫자는 이보다 훨씬 많아졌을 겁니다. 70만 명이 넘는다는 것 같아요.

애초 문성근 대표는 온오프 이층집 정당을 구상했어요. 당원과 지지자 그룹으로 나누어 당원 가입에 부담을 느끼는 사람들은 지지자로 가입을 허용하되 당 대표, 대권 후보 경선 등에서 당원의 권리를 1로 볼 때 지지자들은 2분의 1의 권한을 주자는 구상까지 했어요. 그렇게 하면 소위 '무당층'까지 당으로 모실 수 있다고 생각했던 건데 민주당 내에서 합의가 안 되더라고요.

온입당법을 만들기 위해 김한길, 안철수 공동 대표 체제에서도 저는 이리 뛰고 저리 뛰었어요. 두 분을 여러 번 만나기도 했고요. 온라인으로 입당한 분들은 기본적으로 친노 성향이고 온입당법이 작동되면 친노 세력이 당을 접수하게 된다는 의심을 하고 계시더라고요. 친노든 친안이든 정치인들끼리는 경쟁하더라도 지지 세력에게는 함께 다가가야 한다고 생각하고 있던 때라 지지자들을 칸막이하는 게 이해가 되지 않았어요.

그러다가 문재인 대표 체제에서 김태년 정개특위 간사와 손잡고 온입당법을 통과시킬 수 있었습니다. 김태년 간사가 '센스쟁이'라 소리 없이 조용히 안건에 넣어 통과시키더라고요. 마침 그때 사무총장이 최재성 의원이었어요. 그래서 법 통과와 동시에 당원 가입 시스템을 가동할 수 있었고 문재인 당 대표가 위기에 빠진 순간에 온당원들이 쏟아져 들어와 그를 지켜준 것이지요.

김 정당정치의 체질을 완전히 바꾸는 거네요. 그런데 저조차 선배님이 온입당법을 대표 발의했다는 사실을 몰랐어요. 제가 언론 쪽에만 관심이 있어서 그랬는지, 아니면 진짜 조용하게 법안을 잘 처리해서 그런 건지.

최 오른손이 하는 일을 왼손이 모르게 하라는 식으로 있었더니 너도나도 온입당법을 자신이 만들었다고 하는 거예요. 슬그머니 부아가 치밀어서 문재인 대표께 말씀드렸어요. 온입당법을 제가 대표 발의한 것, 당 대표 연설 때 한 말씀 해주시라고. 그랬더니 이러시는 겁니다. "그 법, 내가 대표라서 통과된 거 아니야? 하하하." 제가 그랬죠. "당연하죠, 대표님. 이전 대표님들은 다 반대하신걸요!"

연설문을 고치시면서까지 '온입당법을 대표 발의한 최민희 의원, 통과시키는 데 일조한 정개특위 김태년 의원에게 감사한다'고 해주셨죠. 이후로 몇 군데 팟캐스트에 나가서 제 입으로 제가 했다고 얘기도 했어요. (웃음)

온입당법은 자연스럽게 정치개혁을 촉발하게 되었어요. 당에 입당했는데 당비만 내라 하고 권한을 주지 않으면 누가 계속 당원 자격을 가지려 하겠어요? 당원의 자격과 권한에 대한 고민은 곧바로 정당개혁에 대한 고민으로 이어지는 겁니다.

정당은 정책, 당 지도부, 공직 선거 후보 크게 세 부분의 권한을 분배할 수 있는데 당원 참여의 비중을 얼마나 확대하느냐가 정당개혁 과정이라고 보면 됩니다.

김 온입당법이 아니어도 초선 비례대표 의원으로는 주목받을 만한 여러 일을 하셨어요. 의정 활동 4년을 돌아보셨을 때 그래도 아쉬움이랄까, 꼭 하고 싶었는데 하지 못한 일이 있을까요?

최 국회의원 특권 폐지를 좀 더 진전시킬 수 없었던 것을 안타깝게 생각합니다.

　요즘도 제게 연금을 받느냐고 묻는 분들이 계세요. 19대 국회 이전에는 단 하루만 국회의원을 해도 퇴직 후에 매월 160만 원 연금을 받았어요. 그런데 김광진 의원이 대표 발의하고 저와 몇몇 의원들이 힘을 합쳐 19대부터 국회의원을 한 사람들은 연금을 못 받게 법을 개정해버렸습니다. 그때 김광진 의원이 선배 의원들로부터 걱정도 많이 들었어요. 본인도 고민을 많이 했고요. 저는 단호했죠. 청년 비례가 이 정도도 못 밀어붙이면 어떻게 정치인으로서 성장할 수 있겠느냐, 이 법안은 반드시 통과시켜야 된다고 격려했어요.

　그 외에 국회의원 특권 폐지를 위해 본회의 출석률이 일정 수준 미만인 경우 제재를 받는 법안, 출판기념회를 할 때 책값만 받도록 하는 법안 등등을 발의했었죠. 논의조차 되지 못했습니다.

　한번 생각해봐요. 일류대 정원이 매해 3천~4천명인데 그토록 경쟁이 치열해요. 국회의원은 4년에 300명을 뽑아요. 대통령이나 광역자치단체장을 빼고는 가장 경쟁이 센 관문이 국회의원이라고 봐야죠. 300명이 모여 있으면 그 집단의 경쟁만 눈에 들어오고 외부에 대해서는 무관심해지기 쉬워요. 세상이 씨줄과 날줄로 이루어져 있다고 치면, 씨줄이라는 권위주의적 위계적 질서는 당연한 것으로 여기면서 집단 내의 구성원들끼리는 수평적 연대감이라고 할까, 그런 특권 의식 속에서 4년을 보내게 되죠. 어떻게든 국회의원의 특권을 약화시켜서 국회의원의 시선을 안이 아니라 밖을 향하게 하기 위한 여러 장치를 만들고 싶었는데 못했죠. 그건 초선 의원이 할 수 있는 일이 아니고 3선, 4선, 원내 대표, 당 대표가 돼야 할 수 있는 일일 텐데, 선수가 높아지면 초선에 가졌던 꿈은 잊혀져가는 게 아닐까요.

　국회만 들어가면 생각이 바뀌어요. 사회적 존재 형태가 그 사람의 의식을 바꾼다는 말에서 아무도 자유롭지 못해요. 어디를 가도 나이

드신 분들은 국회의원에게 영감님, 영감님 하고 불러요. 원하면 언제든 각국 주한 대사들을 면담할 수 있어요. 같이 밥도 먹을 수 있어요. 재계, 관계, 법조계 인사들과 본인이 원하면 친분 관계를 형성할 수 있어요. 기자들과도 마찬가지죠. 그렇게 지내다 보면 국회의원으로서 무엇을 할까보다는 그 상태에 안주하게 될 우려가 크죠.

요즘 '좀비 정치'라는 말이 생겼던데, 저는 정치적 상상력 '내가 어떤 일을 하기 위해 국회에 들어가겠다'가 아니라 국회의원 자리를 탐하고 그 자리를 보전하려고 하는 사람들이 '좀비 정치인'이라고 생각해요.

제가 앞에서 방송위원회 부위원장으로 들어가게 된 이유가 더 이상 언론운동을 이어갈 미래의 상상력이 고갈됐다고, 언론운동의 걸림돌이 되고 싶지 않았기 때문이라고 얘기했는데, 만일 제가 더 이상 정치적 상상력이 없어진다면 당장 그만둘 거예요. 아직도 저에게는 남아 있는 정당개혁의 과제, 시민 주도 정치의 문을 열어야겠다는 생각, 직접민주주의적 요소를 우리 〈헌법〉의 틀 내에서 어떻게 확대할 것인가에 대한 고민이 남아 있어요. 그리고 방송 환경을 어떻게 변화시키면 시민 민주주의에 방송이 걸림돌이 되지 않을 수 있을까 하는 방송개혁에 대한 고민 등을 계속하고 있어요.

정치의 목적

2019년 11월 8일 저녁.
네 번째 대화는 맛있는 도시락으로 시작한다.
허기를 채워야 나쁜 기억도 담담해진다.

남양주 똑순이

김 이제 유쾌하지 않은 얘기를 좀 해야 할 것 같아요. 지역구 출마와 낙선이요. 선배님이 지역구 출마를 결심하실 줄은 몰랐어요. 지역구는 절대 못 나간다고, 비례대표와 지역구는 하늘과 땅 차이라고 하시지 않았나요?

최 그랬죠. 그냥 비례대표로 열심히 일하고 더 이상 일할 수 없다고 느낄 정도로 녹다운되어서 국회를 나올 거라고. 지금도 생각해요. 지역구 출마 결정이 잘한 일인가? 다른 방법으로도 정권 교체에 기여할 길이 있지 않았을까….
　비례대표 의원은 '똥비례'라고 우리끼리 비아냥거릴 때가 있어요. 국회는 서열 계급사회라 선수에 따라 대접이 다른데, 지역구 의원과 비례대표 의원도 대우가 달라요. 지역구 출신을 온전한 국회의원으로 보면 비례대표는 미생이라고나 할까 그래요.

지역구 출마를 결심한 것은 정권 교체를 위해서였어요. 2012년 문성근 대표와 '국민의 명령'부터 시작해서 정말 숨 가쁘게 뛰어 애초 계획대로 문재인 의원을 민주당 대권 후보로 선출하게 되었어요. 그러고 나니 갑자기 기성 정치인들이 나타나 후보 주변을 에워싸더라고요.

'대중이 피를 원한다'며 박지원 대표를 흔들어 원내 대표를 사퇴하게 만들더니 김한길 최고위원 사퇴로 당 지도부가 와해되고 결국은 이해찬 대표마저 낙마시켰어요. 당 대표도 원내 대표도 없이 '친노 배제'라는 원칙을 세워 열심히 일할 사람들은 다 내치고 기존 민주당 의원들이 중심이 되어 대선을 치렀어요. 심지어 사무총장격인 총무본부장이 손학규 후보 측의 핵심이었어요. 용광로 선대위라는 명분을 내세웠지만 이해찬 대표와 로열티 있는 '친노 일꾼'들을 사퇴시키고 어떻게 대선을 이기겠습니까.

김 단일화 협상 과정에서 이해찬 대표가 갑자기 사퇴했던 게 기억이 나네요. 저는 2012년 대선에서 박근혜가 당선될 것이라고 생각해서 사실상 '포기'하고 있었는데, 민주당 내부 상황을 봐도 이기기 힘들었네요.

최 선거 캠프에서 골든크로스$^{golden cross}$*가 일어났다고 기자 브리핑을 한 적이 있어요. 나중에 보니 단 한 번도 골든크로스가 있었던 적이 없다고 해요. 누군가 선거 전략상 사실과 다르거나 바이어스^{bias}(편

---

* 주식 시장이 강세장으로 전환함을 나타내주는 신호. 이와 반대로는 약세장으로의 전환 신호인 '데드크로스(dead cross)'가 있다.

견, 편향)가 낀 여론조사 결과를 발표했다는 의심을 받았어요.

민주당은 분열적으로 선거를 치렀고, 반대로 새누리당은 김종인에 동교동계 일부까지 영입해 통합 코스프레를 했어요. 김종인 씨는 경제 민주화의 상징이니까 박근혜 후보는 중도 왼쪽까지 지지 폭을 넓히고 있었던 겁니다. 그러다 보니 중원에서 새누리당이 앞서게 된 것이 아닌가 생각해요. 기본적으로 국정원까지 동원한 관제 부정선거로 보는 사람들이 많았고 일리 있는 주장이었지만 증명하기는 쉽지 않았죠.

안철수와의 단일화를 놓고 내부 갈등이 벌어졌는데 끝내 '아름다운 단일화'가 되지 못했어요. 안철수 후보가 갑자기 미국으로 가버리는 바람에 단일화 효과가 퇴색됐죠. 단일화는 사퇴한 후보를 지지한 유권자가 얼마나 단일 후보 지지로 넘어와 주느냐가 관건인데 안철수 후보가 화난 듯 떠나버린 것을 두고 뒷말이 무성했어요.

2012년 대선 패배를 진보와 보수의 세 대결에서 진보가 패배한 것으로 보고 좌절한 분들이 많았습니다. 그런 판단은 진보를 패배주의에 빠지게 만들어요. 저는 이념적 세 대결에서의 패배라는 판단 또한 선거를 구조적으로 바라보는 것에서 오는 한계라고 생각했어요. 만일 민주통합당 내부가 분열하지 않았다면, 다시 말해 누군가 리더십을 발휘해 중심을 잡았다면 지지 않았을 겁니다. 이해찬 대표가 쫓겨나지 않았다면 이길 수 있었어요. 문성근 대표와 문화·예술인들이 배제되지 않고 전국적 선거운동을 벌였다면 많은 도움이 되지 않았겠어요?

선거가 끝나고 누가 문성근 대표를 제외시켰는지, 그 이유가 뭔가 궁금해 기자 본능을 발휘해 알아봤어요. 차기 당권을 노리는 A가 대선 과정에서 문성근이 전국을 돌며 선거운동을 하게 되면 대선 이후 당 대표 선거에서 문성근이 당 대표에 당선될까 봐 우려했다는 얘기를 들었어요. 문성근 대표는 다시 당 대표에 출마할 생각이 전혀 없었는데….

제 경우도 새정치위원회 위원이 됐다고 연락을 받았는데 갑자기 다른 의원으로 교체됐더라고요. 설명도 동의도 없었어요. 이후 대선 과정에서 '누군가'가 '친노'로 지목한 사람들은 전부 대선 캠프에서 쫓아냈고 언론은 그 누군가와 같은 시각에서 '친노 배제'를 앵무새처럼 뒷받침했죠.

문재인 후보 반대편에서 다른 후보를 지지했던 사람들이 문재인 후보 주위를 에워싸고 대선을 망치는 것을 보면서 혼자 결심했어요. '2017년 대선 때도 같은 일이 벌어지겠구나, 아예 중앙 캠프 근처에도 가면 안 되겠구나. 내가 할 수 있는 일을 찾아서 해야 하고 그러기 위해 지역위를 맡아야겠다. 지역위원장에서까지 나를 쫓아내진 못할 거다….'

김 개인적인 꿈이나 욕망이 아니라 대선을 위해서 지역구 출마를 결정하셨다는 건데, 사람들이 잘 믿지 못할 것 같습니다. 정치가 권력의지 없이 할 수 없는 거잖아요.

최 그게 저의 패인 중 하나예요. 낯선 지역에 와서 채 자리도 잡지 못한 상태에서 선거를 치르는데 힘이 달린다는 생각을 여러 번 했어요. 상대방은 눈에 불을 켜고 저를 죽이려드는데 우리 쪽은 후보의 권력의지가 약한데다가 지역 당원들이 사분오열 다투고 있는 것을 겨우 추슬러 선거를 치른 것이니 오죽했겠어요. 그래도 남양주에 와서 보고 참 잘 왔다는 생각을 했어요. 이런 보수적인 지역에서 한 표라도 더 얻으면 진짜 남는 장사가 아니겠어요?

여러 패인이 있겠지만 첫 번째 패인은 지역구 게리맨더링이었어요. 당시 새로 생긴 지역구로 간 소위 친문 의원이 두 명이었어요. 진성준 의원과 저. 둘 다 지역구 게리맨더링으로 낙선하게 되죠. 왜 이런 게리맨더링이 민주당에 받아들여졌을까. 2016년 총선 때 민주당 지휘부는 김종인 체제였습니다. 어떤 연유에서인지 민주당이 동의한 상태에서 새누리당 후보에게 맞춤형이라고 할 만큼 유리한 지역구 획정이 이뤄졌어요.

상대적으로 민주당 강세 지역이 다 빠지니까 저의 지역구 남양주 병의 정당 지지율이 새누리당 43% 내외, 민주당 15% 내외. 국민의당 17% 내외로 나왔어요. 해보나 마나 한 게임이었지만 열심히 뛰었고 38.4% 득표했으니 선전한 거죠. 국민의당 후보가 19% 얻었어요. 국민의당 후보가 호남 출신이어서 호남표가 분산되었던 거지요.

김 그런데 어떻게 남양주 지역으로 가시게 됐어요? 서울에서 쭉 사셨고 남양주에는 연고도 전혀 없었는데요. 차라리 서울 거주 지역구에서 경선을 하시는 편이 나았을 거란 생각도 드네요.

최 남양주 갑 최재성 의원, 남양주 을 박기춘 의원이 제가 남양주로 오면 지역의 정치개혁을 같이할 수 있다며 강력하게 요구해서 갔어요. 또 다른 이유는 남양주 지역에 인구가 늘어서 새로운 지역구가 신설된다고 들었기 때문이에요. 기존 지역구는 어디든 오랫동안 고생한 원외 지역위원장들이 있습니다. 굳이 원외 위원장들이 10년, 20년 권토중래捲土重來하는 지역으로 가고 싶지 않았어요. 현역 국회의원이라는 프리미엄을 가지고 민주당 원외 지역위원장 지역에 내려가는 것이 인간적 도리가 아니라고 여겼죠. 신설 지역구는 제가 상처 줄 사람이 없으니 저만 열심히 하면 될 거라고 안이하게 생각했어요.

게리맨더링 됐을 때 민주당의 어떤 단위에서는 남양주 을 지역으

2016년 총선에서 남양주병 지역구에 출마했다.
낙선의 아픔을 겪었지만 남양주에 대한 애정을 갖게 됐다.

로 가라고 했고, 어떤 단위는 남양주 갑 지역으로 갈아타라고 했어요. 그런데 제가 이미 남양주 병 지역으로 이사를 왔고 그곳을 1년 동안 돌아다니면서 나는 이곳에서 국회의원 하겠다고 떠들고 다녔는데 게리맨더링으로 당선 가능성이 줄었다고 지역을 바꿀 수는 없었어요. '친노'인 제가 약속을 저버리고 원칙을 어길 수는 없죠.

김 출마도 출마지만 낯선 동네로 이사해서 지역 주민들 만나는 것 자체가 보통 일이 아니었을 것 같아요. 특히나 선배님처럼 정치 DNA가 별로 없는 분은. 남양주가 서울보다 정치적으로 보수적이기도 하겠지만 도농 복합 지역이라 분위기 자체가 타지 출신을 그다지 반기지 않았을 텐데요.

최 지역을 다니면 어디서 굴러 들어온 돌이냐는 반응이 주었어요. 어디를 가도 그런 반응이었죠. 남양주 병 지역이 워낙 보수적인 지역이라 가는 곳마다 김대중, 노무현 대통령 비난을 들었어요. 문재인 의원을 빨갱이라고 욕하는 사람들도 많았습니다. 초기에 지역을 돌며 문재인 대표가 얼마나 좋은 사람인데 그렇게 욕을 하냐며 항의도 하고 싸우기도 했어요. '정치인은 다 도둑놈이다, 너는 얼마 받았냐'고 노골적으로 얘기하는 사람도 있었고요. 초기에는 아직 혈기 방장하여 내가 돈 받은 증거 대라고 대놓고 다퉜었죠.

　하루하루가 고통스러웠습니다. 3기 민주정부를 세워 좋은 정치를 만들기 위해 지역에 내려왔는데, 제가 매일 하고 다니는 일은 관변 단체 인사, 김장, 하천 청소, 지하철역 봉사, 사시사철 관광버스 인사 등이었어요. 정월 대보름이면 윷놀이, 가을이면 운동회, 겨울이면 송년회, 신년 초면 신년 인사회, 동창회 등등 수없이 많은 지역 행사를 쫓아다니면서 허리 통증으로 잠을 설칠 지경이었어요. 악수를 너무 많이 해서 잘 때 손에서 열이 나고 발바닥에 불이 나는 등 늘 몸이 안 좋았어요. 파김치가 돼서 집에 들어가면 남편이 물었어요. '그렇게 다니면서 자괴감은 안 드냐?' 솔직히 그때 자괴감이고 뭐고 없었지만 정치를 바꾸겠다는 큰 꿈과 지역 정치 사이에 엄청난 갭이 있다는 건 사실이었습니다.

'굴러 들어온 돌 내치지 말아 달라, 남양주와 첫사랑에 빠졌다, 비가 오는 날에는 '잊지 못할 빗속의 여인'으로 기억해달라' 등등의 수사로 지역 주민들에게 다가가기 위해 애썼죠. 그러다 보니 정이 들더라고요. 제가 느낀 것이, 차를 타고 남양주를 돌면 그냥 차 속에 있는 거예요. 그런데 걸어서 남양주를 구석구석 누비면 내가 걷는 발걸음만큼 이 땅이 친숙해지고, 사람들이 친숙해지고, 모든 게 의미 있게 다가오더라고요. 많이 걸어 다니고 사람들을 많이 만나고 귀를 기울여서 사람들의 이야기를 듣고 하다 보니 그냥 '남양주 똑순이'가 별명이 됐어요. 말을 똑부러지게 잘한다고 할머니들이 붙여주신 이름이에요. 어디를 가나 어른들만 만나면 넙죽넙죽 절을 할 수 있게 되었고, 노인정은 시간 날 때마다 찾아뵙고 인사드리는 게 생활화됐죠. 어느 순간 얼토당토않은 욕을 듣고 삿대질을 당해도 그조차 생활의 한 부분이 됐습니다. 최재성, 우상호 의원이 까칠한 최민희가 지역에서 제대로 할까 걱정했는데 바닥을 훑고 다니는 것을 보고 놀랐다고 해요. 하지만 본격적으로 지역 주민들과 가까워진 건 낙선 이후였죠.

낙선 그리고 피선거권 박탈

김 어느 정도 예상을 했다지만 막상 낙선의 충격은 크셨죠?

최 속된 말로 엄청 '쪽팔렸죠'. 1만 표 정도 질 것으로 예상했다는데

4천 표 차이로 졌으니 선방했다고들 그랬어요. 그게 무슨 의미가 있습니까? 1표 차로 져도 지는 건데. 게다가 상대방 후보가 내가 인정할 만한 사람이었다면 자괴감이 덜했을 수도 있어요. 조국 사태에서도 봤지만 상상을 초월하는 인물, 태극기부대가 열광하는 인물에게 졌으니….

이 세상에 모든 불행은 함께 겪거나 다른 사람도 겪은 일이 있거나 하는 종류인데, 남양주 병 지역에서 2016년에 낙선 의원이 된 건 저 하나잖아요. 공개적으로 부적격 인물이 된 기분. 오랫동안 '그때 이렇게 했으면 이겼을 텐데', '그때 보좌관이 이렇게 했으면 이겼을 텐데' 등 온갖 생각들이 저를 괴롭혔죠. 그런 쓰린 마음을 안고 낙선 인사를 하게 됐는데….

김 낙선 인사를 왜 그렇게 오래하고 다니셨어요? 오죽하면 주위에서 저한테 낙선 인사 그만 좀 하시라고 말려달라고 했어요. 그래서 제가 말씀드렸잖아요. 낙선 인사 너무 오래하면 유권자들이 선거에 져서 오기 부린다고 생각할 수 있으니 그만하시라고.

최 그런 말을 했었어요? 저의 낙선을 저보다 더 슬퍼하는 지역 유권자들이 계시다는 것을 알았어요. 조금이라도 위로해드리고 싶었어요. 그래서 눈물 흘리며 낙선 인사를 한 거죠. 울려고 시작한 건 아닌데 저를 보고 우시는 분들이 있으니까 저도 운 거예요.

낙선 후 지역구 다니면서 어디서도 얻지 못할 귀한 인생 공부를 한 것 같아요. 큰 도를 얻는 것이 산중에서만 가능한 게 아니라 지역구를 잘 관리하다 보면 인생을 배우게 되고 도를 얻게 된다고나 할까요?

김 예를 들면요?

최 낙선 후 지역 행사를 가면 저를 보는 갖가지 눈초리를 만납니다. 지역 행사라는 게 대개 관변 단체 사람들이 모여요. 선거 전에 문재인 대표가 제게 '지역구 돌다 보면 만나는 사람이 겹치더라'고 하신 적이 있어요. 실제로 다양한 행사가 열리는데, 가 보면 그 사람이 그 사람이더라고요. 대개가 관변 단체에 속한 회원들이 돌아가면서 임원을 맡기 때문에 몇 백 명이 지역 커뮤니티를 형성하고 있어요. 주로 보수적인 분들이죠. 문 대표 말씀은 선거운동을 할 때 시야를 넓혀서 많은 사람을 만나라는 충고였는데 나중에 그 의미를 알게 되었지요.

낙선한 제게 가장 잔인한 사람들은 네가 못나서 떨어진 거라고 노골적으로 말하는 사람들이에요. 면전에서 "네가 주광덕보다 못나서 떨어진 거야"라고 말해요. 처음에는 깜짝 놀랐죠. 저 사람은 왜 저렇게 밖에 말을 하지 못할까 생각도 해보고. 이유를 못 찾겠더라고요. 어느 순간 알게 됐어요. 세상을 움직이는 가장 강한 법칙, 이긴 자에게 관대하고 진 자에게는 잔인한 인지상정의 법칙을 이해하게 된 거죠.

과거에 한 번도 겪어본 적 없는 구박과 멸시를 당하게 된 거예요. 지역구를 하기 전, 낙선을 하기 전에는 사실 구박받을 일이 별로 없었어요. 낙선하고 처음으로 실패의 아픔, 실패로 인한 손가락질, 실패로 인한 노골적인 모욕에 맞닥뜨리면서 마음속 방황이 참 심했던 거 같아요. 어떤 경우 지역 행사에 가면 그림자 취급을 해요. 아무도 저에게 인사를 하지 않아요. 사람 취급을 안 해요. 같은 당 다른 지역구 국회의원으로부터 그림자 취급을 받았을 때는 가슴에 큰 못이 박히는 고통을 느꼈어요.

"그렇게 여자가 무슨 이런 험한 일을 하냐"며 "이제 그만두고 가정을 살피라"고 충고하는 분도 계셨어요. 제가 웃으면서 "그래도 어머

니는 제게 표를 주신 거죠?"라고 물으면 아니라고 심드렁하게 대꾸를
해요. 반복적으로 그런 일을 겪으면서 시간이 지나면 무감각해질 줄
알았는데 표정은 무감각하게 지을 수 있으나 상처는 배로 증가해요.

남양주는 정권 교체 이후에도 시장이 자유한국당 출신이어서 구박
이 계속됐죠. 그래도 정권 교체 이후에는 문재인 정부 지지율이 매우
높았으므로 어디를 가도 문재인 대통령 칭찬, 응원이 대세여서 저 자
신의 처지와는 별개로 정파적 뿌듯함 속에 버틸 수 있었어요.

김 그런데 낙선 후에 〈공직선거법〉 위반 재판까지 받으셨어요.

최 자유한국당 주광덕 후보 측이 2건, 국민의당 후보 측이 3건을 고
발했어요. 다른 한 건도 자유한국당 쪽에서 고발을 했다고 봐야겠죠.
남양주시청에서 벌어진 일이었고 당시 남양주시장이 자유한국당이
었거든요. 도합 6건 고발되었네요. 그중 국민의당 후보 고발 건은 모
두 무혐의 처리됐고 주광덕 쪽은 의정부지검에 직접 고발했는데 당
시 의정부지검 차장이 이중희였어요. 김기춘 밑에서 민정비서관을
했던. 당시에 주광덕은 정무비서관이었고요.

선거할 때 상대 후보가 법조인이면 긴장해야 합니다. 특히 검사 출
신일 때는 더 긴장해야 해요. 그런데 제가 상대 후보를 고발할 생각
이 별로 없었기 때문에 상대방도 그런 줄 알았죠.

당시에 의정부지검의 주요 보직을 김기춘 사단이 장악하고 있었던
것 같아요. 공교롭게 남양주, 구리에 출마한 민주당 후보 대부분이 〈
선거법〉 위반 재판을 받았습니다.

박영순 구리시장은 허위사실 유포로 1심에서 무죄를 선고받았는데
2심에서 벌금 200만 원을 선고받고 대법원에서 확정돼 시장직을 상
실했어요. 보궐선거에서 새누리당 시장으로 바뀌었죠. 구리 윤호중

의원. 남양주 을 김한정 의원, 저 모두 〈선거법〉 위반으로 재판을 받았어요.

그런데 〈선거법〉 위반이 모두에게 엄격하게 적용되지 않는다는 사실을 재판받으며 깨달았어요.

MBC 적폐 세력의 보복성 보도

김 당시 선거운동 기간에 MBC가 메인 뉴스에서 '최민희가 〈선거법〉 위반으로 고발당해서 조사를 받았다'고 보도를 했잖아요. 수백 수천 건의 고발이 오가는 국회의원 선거 기간에 딱 선배님 경우를 찍어서 보도하는 것을 보고 굉장히 찝찝했어요.

최 2016년 1월 14일 제가 예비 후보 등록 후 남양주시청 사무실을 돌며 인사할 때 보좌관이 명함을 돌렸어요. 그런데 경찰이 선거운동 중인 1월 25일 저를 불러 조사를 했고 이 사실이 지역 언론에 보도돼요. 다음 날 26일 MBC가 이것을 받아서 비중 있게 보도를 하더라고요. 경찰 조사, 지역 언론사 보도, MBC 보도까지 매우 이례적인 거죠.

지역 선거에 처음 나서는 후보들이 명함 배포와 관련해 크고 작은 실수를 하게 되는데 대개 첫 선거의 경우는 처벌이 가볍다고 해서 크게 걱정하지 않았어요. MBC가 나서서 저의 가벼운 〈선거법〉 위반을 보도하니까 기분이 좀 이상하긴 했어요.

김 선배님이 국회의원 임기 막바지에 MBC의 치부를 드러내는 녹취록을 폭로한 앙갚음이라고 생각해요. 그 녹취록에 MBC 백종문 미래전략본부장이 극우 인터넷 매체 기자를 만나 '최승호는 그냥 잘랐다'고 말한 것을 비롯해서 MBC와 극우 인터넷 매체의 거래 관계가 다 담겨 있었잖아요. 당시 MBC 상태를 생각하면 보복을 예상할 수도 있었어요.

최 솔직히 고민을 했죠. 그런데 보복을 걱정했다기보다 어떤 식으로든 주목받는 게 부담되었어요. 보수 언론으로부터 오랫동안 욕을 먹다 보니 그것도 진저리 쳐지더라고요. 조선일보는 제가 머리가 관자놀이를 지압하는 장면을 사진으로 찍어 싣기도 했거든요. 눈꼬리를 지압하면 꼬리가 올라가잖아요. 요괴 인간처럼 나온 사진이었어요.

아무튼 선거는 몇 달 뒤의 일이고, MBC의 실상은 눈앞의 일인데 어떻게 외면해요. 방송 정상화에 거름을 준다 생각하고 폭로한 겁니다.

김 재판 과정도 석연치 않은 게 많았어요.

최 1심 재판은 유독 오래 걸렸어요. 보통 〈선거법〉 재판은 6개월 이내에 1심을 끝내도록 되어 있는데 제 경우는 2017년 10월에 1심이 있었으니 거의 1년 6개월 걸린 거죠. 이상하게 검찰이 재판을 질질 끄는 것 같았고 중간에 노태선 판사로 바뀌었어요. 그는 구리 출신으로 주광덕과 동향이에요. 제 변호사가 판사가 바뀐 후 재판이 이상하게 가는 것 같다고 걱정을 많이 했는데 불길한 예감은 늘 적중하잖아요. 검찰이 벌금 200만 원을 구형했는데 재판부가 그대로 선고했어요. 〈선거법〉 재판에서는 보기 힘든 경우였죠.

갈수록 태산이라고 2심 판사는 ○○○였어요.

김 양승태 사법 농단 사건에서 들어본 이름 같은데요.

최 맞아요. 전북 출신 ○○○ 판사. 그 사촌은 □□□ 판사. 사법 농단 과정에서 '양승태의 주력 사업이었던 상고법원에 반대하는 □□□

판사를 ○○○ 판사로 하여금 설득하게 한다'는 요지의 내용이 나옵니다. 이 사람이 묘한 게 전북 출신이다 보니 민주당과 가깝고 인맥이 닿는 의원들도 많았나 봐요. '양승태 키즈'였던 게 밝혀진 뒤 놀라는 사람들이 있었어요.

하여간 그는 매우 정서적인 판결문을 통해 50만 원을 '에누리'해줬어요. 일본 말이긴 한데 이 경우 가장 정확한 표현 같네요.

이분이 대학 동문인 민주당 의원을 만나서 그러더래요. '혐의 사실은 아무것도 아닌데 이 여자가 사법부를 우습게 본다. 이런 여자는 국회의원 하면 안 된다고 생각한다.' 저는 사법부를 우습게 본 적이 없는데….

대법원 주심 판사는 조희대였어요. 경북고 서울법대 출신으로 양승태 추천 대법관이죠. 2019년 5월에 2심 선고가 있었는데 두 달 만에 최종 선고를 합니다. 초스피드 대법 선고로 기록될 거예요.

2018년 지방선거에서 이재명 후보가 경기도지사가 당선된 뒤 7월 20일쯤 저의 재판에 유리한 증거가 되는 경기도 회의 자료를 받았어요. 제가 얘기한 것이 허위사실 유포가 아니었다는 결정적인 자료였는데 조희대 판사는 이 자료를 인정하지 않았고 재판을 연기해주지도 않았습니다. 이례적으로 신속히 대법 선고를 해버렸어요. 〈선거법〉의 경우 2심 이후 대법까지 6개월 전후 걸리는 게 평균이고 어떤 때는 몇 년씩 대법 선고가 늦어지는 경우도 있거든요.

사람들은 제가 운이 나빴다고 얘기했어요. 그런데 지금 돌이켜보면 운이 나빴던 건지 누군가의 '기획 공작'에 걸린 건지 알 길이 없어요. 그리고 그 배경에는 박근혜 정부 시절 제가 폭로했던 운전추 필라테스, 제2부속실 몰래카메라, 침대 3개를 비롯한 청와대 본관의 의문의 살림살이와 무관하지 않다고 확신해요.

김 많은 사람들이 그렇게 생각하지 않을까요? 인터넷을 보면 '억울하게 피선거권을 박탈당한 최민희를 사면해야 한다'고 주장하는 분들이 많아요.

최 〈선거법〉상 허위사실 유포는 재판의 기준이 뭔가 싶어요. 판사마다 다 판결이 달라요. 국민의당 한 국회의원의 경우 2016년 총선에서 '공보물과 명함에 하남산단 2994억 예산 확보'라는 허위사실을 기재했을 뿐만 아니라 방송 토론에서도 관련 사실을 언급했고 상대 후보가 '그런 허위사실을 유포하지 말라'고 경고하는데도 '2994억 예산을 확보했다'고 거짓 발언을 했거든요. 그런데 광주지검이 기소조차 하지 않았어요. 재정신청으로 재판을 받는데 벌금 80만 원이 최종 확정돼 의원직을 유지하게 되었어요.

반면에 저보다 더 억울한 분들도 있어요. 혹시 열린우리당 이철우 의원을 기억하나요?

김 좀 어이없는 일로 의원직을 박탈당했다는 기억은 있는데 정확한 사연은 잘 모르겠어요.

최 2004년 선거에서 경기도 포천·연천 지역에서 열린우리당으로 당선되어 화제가 되었죠. 그가 당시 선거운동 중에 "조중동에서 투표 전날임에도 불구하고 황금연휴라고 하면서 투표를 하지 말라고 부추기고 있다. 하지만 젊은이들은 이번 선거에서 꼭 투표를 해야 한다."고 발언했어요. 당시 한나라당 고문인 전 모 씨가 이철우 의원을 허위사실 유포로 고발해요. 상대 후보는 검사 출신 고조흥 후보였는데 '이철우 의원이 고조흥이 투표를 하지 말라고 부추겼다고 발언했으니 허위사실 유포'라고 고발한 겁니다. 조중동을 비판했는데, 고조흥을 비판했다고 한 거예요. 재판 과정에서 '조중동' 발음이 '고조흥'과 비슷한가, 비슷하지 않은가 언쟁이 벌어진 기이한 사건이었습니다.

애초 경찰은 이 사건을 수사한 뒤 불기소 의견으로 검찰에 보내요. 그런데 검찰이 이 의견을 묵살하죠. 역시 의정부지검이었는데 이철우 의원을 허위사실 유포로 기소합니다. 이철우 의원이 '고조흥이 20대, 30대는 투표하지 말고 놀러 가라 했다'는 허위사실을 유포했다는 거예요. 해당 발언의 녹취록 같은 건 물론 없었고요. 한나라당 쪽 증인 2명의 증언만 법원에서 받아들이고 '고조흥이 아니라 조중동이었다'는 다수 청중의 증언은 묵살되어버렸지요. 고조흥은 이철우 의원이 2005년 초 의원직을 상실한 뒤 치러진 4·30재보선에서 당선됐어요.

이 과정을 보면 한편 두렵기도 하고 한편 이상하죠. 허위사실 유포 관련 판결이라는 게 '코에 걸면 코걸이, 귀에 걸면 귀걸이'란 것을 단적으로 드러내주는 사례라고 봅니다.

이철우 의원이 최근에 메시지를 보내왔어요. "모진 놈 만나서 고생이 너무 많으시네요."

김 아직 사면 소식이 없습니다.

최 조건이 되면 사면이 되겠지요. 사법부 판결을 존중해야 하는 문재인 정부 입장에서는 사면이 쉬운 결정은 아니라고 보긴 합니다. 대통령께 부담이 되는 것도 원하지 않아요.

《삼국지연의三國志演義》는 촉나라 중심으로 쓴 역사소설이라 유비와 제갈공명 중심 기록이죠. 실제로 삼국을 통일한 건 사마의司馬懿예요. 낙선 후 재판받고 계속 안 좋은 일만 터져 괴로울 때《결국 이기는 사마의》라는 책과 중국 드라마 〈사마의〉를 봤어요. 사마의는 인내와 지혜의 화신이라고 할 수 있는데 타고난 천재 제갈량과는 차원이 다른 인물입니다. 제갈량보다 우리 같은 범인들에게는 더 귀감이 되는 사람이죠. 그는 스스로 '2류'라는 것을 받아들인 사람이라는 점에서도 대단해요. 제 잘난 맛에 사는 인생인데 그는 자신의 위치를 늘 정확히 알고 있어서 들 때와 나갈 때를 잘 알았어요. 오랜 세월 수모를 견디고 인내로 모험에서 벗어나며 버티거든요. 그는 죽음의 고비에서도 잡초처럼 일어나려면 '참고 견디어야 한다는 것'을 알았어요. '자신을 이기는 자가 최후 승자가 된다', '풍랑이 쳐도 배에 조용히 앉아 고기를 잡는다', '불의를 저지르는 자 반드시 자멸한다' 등 가슴에 닿는 명언도 남겼지요. '참을 인 자 세 개면 살인도 면한다'는 인생사 이치를 알고 있었지만 그 이치를 실천할 수 있다는 것을 그를 통해 깨달았다고 해야 하나….

방송 토론에 나서다—'팩트의 제왕'

김 낙선 후에 방송 출연을 적극적으로 하셨어요. 팟캐스트나 시사 유튜버 방송에도 가끔 나가시고요. 솔직히 저는 출연하시는 시사토론프로그램을 즐겨보지는 않는 편이에요. 말이 토론이지 상대가 억지나 궤변을 부리는 경우가 많아서 보는 것만으로도 피곤해요.

최 종편에 출연할 때마다 적진(?)에 단기 필마로 뛰어드는 장수의 심정이었다고 할까, 하여간 비장했어요. 각오가 남달랐죠. 우선 '콘텐츠 있는 토론을 해야 한다' 혼자 다짐했어요. 중도나 보수 쪽 분들을 설득할 논리가 뭘까 늘 노심초사했어요. 자는 시간 빼고 자료 보는 게 일이었죠. 자료라는 게 한 번 본다고 다 외울 수 있는 게 아니니까요.

주제가 주어지면 먼저 관련 기사들을 검색해 읽어요. 그 다음 심화 자료를 찾아 공부하죠. 그러고 나면 해당 주제에 대한 제 나름의 틀이 생기겠죠. 그러고 나서 취재에 들어가요.

지난 정부의 '북한 식당 종업원 기획 탈북' 건 같은 경우 언론 보도를 봐도 감이 잘 안 잡히더라고요. 기초 취재가 부족한 상태에서 기사를 썼는지 하여간 기사와 간단한 자료로 토론에 임하기에는 부족해 보였어요. 민변(민주사회를 위한 변호사 모임)이 기획 탈북 건에 관심이 많았어요. 민변 김지미 변호사를 통해 취재를 하기로 맘먹고 접촉을 하는데 연결이 어려웠어요. 가까스로 통화가 됐는데 바쁘다며 엄청 까칠하게 나오는 겁니다. 그래도 어떡해요, 제가 을인 걸. 김지미 변호사가 요지를 잘 얘기해준 덕분에 토론을 잘 마칠 수 있었죠.

문재인 정부 들어 청와대 정책기획위원회에서 김지미 변호사를 만났어요. 저 혼자 역시 뭔 일이 일어날지 모르니 잘 살아야겠다 싶더라고요. 한동안 서먹하게 지내다가 친해졌죠. 까칠한 사람끼리 통하는 게 있으니까요. (웃음)

방송 토론 때 허망한 적도 많았어요. 죽어라 자료 보고 공부하고 제 딴에는 엄청 준비하고 나갔는데 보수 쪽 토론자가 무조건 정치 공세만 하고 '기승전 문재인 정부 흔들기'로 나오면 속으로 기가 막혔죠.

김 긍정적이든 부정적이든 기억에 남는 토론이 있다면요?

최 정말 많은 토론을 했죠. 매번 할 때마다 다 새로웠고 모두 기억에 남지만 송영선 의원과 토론했던 것이 가장 기억에 남아요. TV조선 〈이것이 정치다〉에서 외교 문제를 주제로 토론한 일이 있었는데 그가 갑자기 중국을 언급하면서 '11억 거지 떼'라는 겁니다. 너무 놀랐어요. 그래서 제가 '방송 토론에서 다른 나라에 대해 그런 표현을 하는 건 적절치 않다'고 얘기했더니 다짜고짜 버럭버럭 화를 내고 저를 혼내는 거예요. 생방송 중인데. 아마 송영선 의원은 그 일로 한동안 방송 출연을 못했던 것으로 기억합니다. 저도 성깔이 있으니까 '당신 같은 사람이 무슨 토론이냐, 논리가 달리니 화내는 거 아니냐, 가소롭다'고 지르고 싶었지만 참았죠. 그런데 사람이 참 다양하더라고요. 송영선 의원이 화를 버럭버럭 냈고 저는 차분하게 말했더니 '제가 송영선에게 쩔쩔맸다'며 비난하는 사람들이 있었어요. 어이가 없어서 화낼 가치도 못 느꼈던 것인데. 게다가 잘못하면 외교 문제로 비화할 수 있는 발언이라 '이게 커지면 안 된다'고 생각했거든요. 제가 정파를 넘은 애국 시민입니다. (웃음)

김 진행자 하고도 가끔 논쟁하시는 거 같던데요. (웃음)

최 기억나는 건 두 번입니다. 연합뉴스TV, YTN 토론에서 진행자와 언쟁을 했죠.

김 연합뉴스TV 토론은 저도 본 기억이 납니다.

최 적폐 청산이 한창 진행되던 시기의 토론이어서 주목도가 좀 높았죠. 지금도 유튜브에 동영상이 떠다니는데 '최민희, 참다 참다 편파 진행에 항의. 김용남 편드는 앵커'라는 제목이 붙어 있어요. 조회 수가 50만 회가 넘어요.

쟁점이 '박근혜 청와대의 국정원 특활비' 토론이었는데, 김영남 의원이 노무현 정부 때도 국정원 특활비를 썼다는 겁니다. 물타기를 한 거죠. 제가 '두루뭉술하게 말하지 말고 노무현 청와대 누가 국정원 특활비를 가져다 썼냐? 구체적으로 대라'고 따져 물었더니 앵커가 끼어들어서 '둘 다 근거가 없는 의혹'이라는 겁니다.

말이 안 되는 거죠. 박근혜 국정원 특활비는 명백한 증거들이 있었고 최근 2심 판결에서도 유죄 판결을 받았잖아요. 반면에 김용남 의원의 참여정부 특활비 주장은 근거 없는 물타기용 의혹 제기인데. 그래서 항의를 한 거죠.

김 YTN에서는 무슨 일이 있었나요?

최 진행자가 사실이 아닌 주장을 하는 바람에 언쟁을 벌였어요.

문재인 대통령의 현충일 추념사를 보수가 논란거리로 만들던 때였어요. 대통령 추념사는 진보 · 보수를 넘은 민족적 애국을 강조한 매우 훌륭한 추념사였어요. 추념사 중에 '광복군이 대한민국 국군의 뿌리'라는 대목과 함께 '광복군에 무정부주의 세력, 한국청년전지공작대, 김원봉 선생의 조선의용군이 편입돼 민족독립운동 역량을 결집했다'는 역사적 사실 서술이 있어요.

이것을 놓고 누군가 가짜 뉴스를 만들었어요. 대통령이 추념사에서 '김원봉의 조선의용대를 국군의 뿌리라 했다'며 대통령을 '빨갱이'로 몬 겁니다. 이런 종류의 저질 가짜 뉴스는 국민을 바보로 보는 사람들이 만들었다고밖에 할 수 없죠.

그런데 진행자가 '대통령이 현충일 추념사에서 조선의용대를 국군의 뿌리라 했다'고 요약을 하는 겁니다. 제가 진행자가 잘못 알고 있다, 그런 부분이 없다고 했더니 자기 말이 맞다고 우기는 거예요. 나중에 해당 부분 녹화 영상을 보내줬죠. 그런데 그 뒤로 YTN에서 출연 요청이 안 와서 진행자에게 사과도 못 받고 흐지부지됐어요.

저는 기자들의 이런 태도, '나는 틀리지 않는다'는 자세가 큰 문제라고 생각합니다. 자신이 늘 옳다고 생각하면 반성도 성찰도 하지 않게 되니까요. 다른 한편으로는 우리 사회 모두가 심지어 앵커까지 가짜 뉴스에 오염되고 있는 거 아닌가 하는 걱정도 됐어요. 진행자가 가짜 뉴스를 확인하지도 않고 대통령 추념사를 왜곡한 셈이니까요.

김 다른 종류의 어려움도 있을 것 같아요. 정부 여당 입장에서 토론을 하면 야당이나 보수 쪽의 비판과 공격을 방어하는 위치에 서게 되잖아요. 객관적으로 봐도 정부 여당이 잘못한 것이나 야당의 비판이 타당한 경우에 어떻게 대응하시는지, 내적 갈등 같은 것은 없는지 궁금합니다.

최 정부 여당이 명백히 잘못한 부분은 방어하지 않습니다. 방어 논리를 만들 수도 없어요. 예를 들면 국토부 장관 내정자가 다주택자일 때 그것을 어떻게 방어할 수가 있겠어요? 문재인 정부 부동산정책의 기본 생각이 집은 재산 증식의 수단이 아니라 거주의 공간이라는 것이고 금융 대책, 세금 정상화, 투기 근절 등을 통해 다주택자가 집을 팔게 해 주택 가격을 안정시키겠다는 기조잖아요. 그런데 국토부 장관 내정자가 다주택자라면 모순이죠. 게다가 인사청문회를 앞두고 꼼수로 자식에게 아파트를 파는 등의 행태를 옹호할 수는 없어요.

어떤 장관 내정자는 자식들이 해외 유학 중에 고급 외제차를 운전한다는 야당 공세에 '유학비를 전세금 올려서 충당한다'는 청문회 답변을 합니다. 저도 납득이 안 되는데 어떻게 옹호를 하겠어요.

다만 이런 경우처럼 명백한 사안이 많지 않아요. 정치적인 일들은 정무적 판단 영역이라는 게 매우 넓어서 두부 자르듯 판단하기 힘든 것들이 더 많아요. 대부분의 토론 주제들은 논리적 방어가 얼마든지 가능하죠.

다른 한편 상대 패널들 중 일부는 토론을 대하는 자세가 많이 다르다고 느꼈어요. 준비를 많이 안 하는 듯했어요. 저는 팩트 중심으로 토론하기 때문에 상대방 발언 중 팩트가 틀리는 경우 반드시 짚고 넘어가게 되거든요. 전제된 사실이 거짓이거나 불확실하면 토론해봐야 헛일이니까요. 내가 한 말 중 팩트가 틀린 내용이 있었고 그것을 지적받게 되면 아무래도 토론하다 기세가 꺾이게 되겠죠.

김 네티즌들이 선배님을 '팩트의 제왕'이라고 부르더라고요. 토론 주제가 굉장히 다양한데 어떻게 하나하나 준비하세요? 특히 야당이 정부의 소득 주도 성장이나 통일외교정책을 집중적으로 공격하기 때문에 경제 전반, 남북 관계, 한미 관계, 한일 관계 등을 자주 토론하게 될 텐데 다 전문 분야잖아요.

최 자료 찾아보고 취재하고 그러죠. 언론 보도도 그렇지 않나요? 기자들이 해당 분야의 전문가가 아니잖아요. 근데 취재해서 기사를 씁니다. 토론도 같아요. 외교·안보·국방 영역이 전문적이라 느껴지고 토론이 어려울 것 같다고 생각하는 건 정보 제공이 잘 안 돼서 그래요. 소수가 정보를 가지고 있고 극히 일부만을 공개하다 보니 일반인들이 토론하기 쉽지 않은 주제가 되어버리죠.

방송 토론은 학술적 토론이 아니라 외교·안보·국방 분야라 할지라도 그 시기 이슈가 되는 것들을 다뤄요. 자료 보고 취재하면 토론이 가능하죠. 다만 전제가 되는 것은 있어요. 한반도의 지정학적 여건에 대한 이해, 동북아 균형자론적 관점, 한미 관계 혹은 한일 관계에 대한 기본적 관점, 평화통일에 대한 확고한 신념 같은 것 등등 전문가는 아니라 하더라도 외교·안보·국방 문제에 대한 가치관이 있어야 토론이 가능하겠죠.

제가 '팩트의 제왕'이란 별명을 얻었다고 했잖아요. 사실 남들이 모르는 이유가 있어요. 제가 민언련 사무처 책임자로 일한 10년 동안 각종 토론회에 진짜 많이 나갔거든요. 대개 토론회의 토론 순서가 이름 가나다순입니다. 우리 아버지 성이 '최' 씨이다 보니 제가 늘 마지막 토론자인 거예요. 앞선 토론자들이 토론하고 나면 저는 무슨 말을 해야 할지 대략 난감이었어요. 민언련 사무총장이 되지도 않는 말을 늘어놓을 수는 없는 거잖아요. 그래서 다른 토론자들보다 더 많이 준비하게 됐고 가능한 많은 자료를 읽고 토론에 나가게 되었어요. 뿐만 아니라 앞선 토론자의 발언을 꼼꼼하게 모니터하게 되더라고요. '악마의 디테일'을 말하게 되는 사람에게는 다 그럴 만한 이유가 있는 거랍니다.

김 조국 사태 국면에서 방송 출연을 굉장히 많이 하셨어요. 언론이 돌아가면서 검찰발 '단독'을 쏟아내고 야당과 주거니 받거니 의혹을 부풀렸는데, 팩트 체크하고 대응하기가 보통 힘든 일이 아니었을 것 같아요.

최 대개 왜곡된 보도들이 휴일이나 평일 새벽에 많이 나왔어요. 잠 못 자고 기다렸다가 언론 보도 중 팩트 체크할 것을 정리한 뒤 해당 기사에서 언급된 당사자나 법률 대리인을 취재했어요. 질문을 SNS로 보낸 뒤 잠깐 자고 일어나 답을 확인하는 식이었어요. 그러니까 두 달 동안 제대로 못 잤던 것 같아요.

김 1인 미디어 말씀을 하셨는데 정치인들도 자신의 이름 걸고 유튜브 방송을 많이 하고 있어요. 최민희라는 이름을 걸고 유튜브 해보실 생각은 안 하셨어요?

최 정당 차원에서 홍보를 위해 현역 의원들의 유튜브 활동을 독려하고 있어요. 그런데 현역 의원 유튜브의 특성과 강점을 잘 살리고 있는지에 대해서는 좀 더 살펴봐야지요. 제가 생각하는 현역 의원 유튜브는 해당 의원의 상임위 활동, 지역구 활동 기타 등등을 많이 생각해 만들어야 해요. 그런데 대개 정치인 유튜브가 차별성이 없어 보입니다. 대부분이 정치 평론이죠. 아직 저만의 쌈빡한 콘텐츠를 만들 자신이 없어서 못하고 있다고 해야겠죠.

아쉬운 언론정책

김 원외에서 특히 방송 토론을 하다 보면 정부의 국정 운영을 객관적으로 볼 수 있을 것 같아요. 문재인 정부가 3년차를 맞았는데 선배님이 보시기에 가장 아쉬운 정책은 무엇일까요?

최 언론 정상화가 가장 아쉽죠. 문재인 정부 2년 동안 경이적인 대통령 지지율을 기록했어요. 다른 정부에 비하면 지지율이 매우 높았는데, 그럴 때 민감한 분야의 개혁을 실질적으로 해나가야 했어요. 방송 분야가 특히 그렇죠. 그런데 방송 정상화를 위한 제도 개선은 손도 대지 못했던 것 같아요.

현재 방송정책은 이명박의 '종편 특혜 정책'에서 벗어나지 못하고 있어요. 최근 '종편 의무 재전송'을 폐지했는데 특혜 속에 이미 종편들 경쟁력이 높아져서 의무 재전송을 폐지해봐야 문제 종편들이 별로 심각하게 받아들이지 않을 것 같아요. 이것도 문재인 정부 초기에 속도감 있게 했어야 할 일이었죠.

이명박 정부 들어 종편이 출범하면서 '종편 우위 정책'이 자리 잡았죠. 종편은 광고도 자사가 직접 광고판매회사(미디어랩)를 만들어 영업하고요. 광고에도 제한이 별로 없어요. 중간 광고가 광고 효율이 높은데 종편은 출범 초부터 중간 광고를 했어요. 방송발전기금도 한

동안 유예해줬을 뿐만 아니라 광고 외에 협찬 형식으로 많은 금품을 조달해왔어요. 종편들의 협찬 수익이 높은 것은 모회사 격인 신문의 영향력이 종편에 전이되기 때문입니다.

방송통신심의위의 규제도 지상파에 비해 종편에 관대한데 문재인 정부 들어서도 이 기조는 바꾸지 못했어요. 반대로 KBS, MBC 등 공영방송은 비대칭 규제 속에 기반을 잃고 있죠. SBS의 경우는 좀 복잡한데 지상파이면서 민영방송이라 자회사를 가지고 사실상 광고 직접 영업을 해요. KBS와 MBC는 한국방송진흥공사(KOBACO)를 통해 간접 영업을 하니 경쟁력에서 뒤떨어지죠. 심지어 지상파는 아직도 중간 광고를 못하니 경영상 어려움에 허덕이고 있는 형국입니다.

지지율이 높을 때 지상파와 종편의 수평적 규제 체제를 도입하지 못해 종편의 영향력은 커지고 지상파는 추락하는 것을 막지 못해서 아쉽고 걱정스러워요.

김 최근에 선배님은 오보에 대한 징벌적 손해배상제 도입을 강하게 주장하고 계시잖아요. 2004년 언론 관계 법 논의 때 좀 다뤄졌지만 추진되지는 않았어요.

최 그랬죠. 이념적인 편파 보도 이런 것보다는 '포르말린 통조림 사건'이 계기가 된 것으로 기억합니다. 1998년에 골뱅이 통조림 제조업자가 포르말린을 방부제로 사용했다는 혐의로 구속됐어요. 언론들이 이 사건을 대서특필했고 그 업체는 파산해요. 그런데 재판 과정에서 천연 포르말린이 존재할 수 있느냐가 쟁점으로 떠올라요. 통조림 하지 않은 자연 상태의 골뱅이에서 포르말린이 검출되면서 통조림 제조업자는 증거 부족 등으로 무죄판결을 받게 됐어요. 하지만 언론은 피의자 측의 주장을 제대로 다뤄주지 않았죠. 언론은 혐의만으로 선

불리 '포르말린 통조림'을 대서특필했고 한 회사와 가정이 파탄된 거예요. 이렇게 억울한 경우에 징벌적 손해배상을 청구할 수 있어야 하는 거 아니냐는 목소리가 나올 만했죠.

그런데 언론노조 중심으로 반대 의견이 나왔어요. 반대한 이유는 한겨레신문, 경향신문이 소유 구조가 취약해서 징벌적 손해배상제를 도입하면 단 한 번의 소송으로 망할 수도 있다는 거였죠. 반면에 조선일보 등 수구·보수 언론들은 돈이 많으니까 소송을 당해도 버틸 수 있고. 그때 MBC가 여러 가지 고발 보도로 소송을 많이 당해서 어려움을 겪고 있었기 때문에 이런 주장이 이해가 됐어요. 사법부에 대한 불신도 컸어요. 진보적인 언론에게는 불리하게, 보수적인 언론에게는 유리하게 판결을 내릴 수 있다는 거예요.

김 당시의 우려가 지금도 있어요.

최 최근 독일 내각이 가짜 뉴스와 관련해 벌금을 물 수 있는 입법안을 의결했다는 뉴스를 봤을 거예요. 증오 콘텐츠나 가짜 뉴스를 찾아내고도 적정 시기 안에 삭제하지 않으면 해당 플랫폼에 최고 5000만 유로(우리 돈 약 602억 원)의 벌금을 물릴 수 있도록 한 거죠. 이 법안이 연방의회에서 통과되면 효력이 발생하게 된다고 해요. 독일처럼은 못하더라도 우리나라도 이제 의도적 왜곡 보도, 의도적 가짜 뉴스를 생산하는 언론사와 이것들을 방조하는 포털 사이트 등 인터넷 플랫폼에 대해 징벌적 손해배상제를 실시할 때가 되었다고 봐요.

현재 언론중재나 방송통신심의위 등을 통한 행정적 규제는 실효성을 잃은 지 오래예요. 두 기관의 중재 또는 제재에 불복했을 때 독자나 피해자가 법원에 판단을 구하는 정도인데, 그것으로는 의도적 허위 왜곡 보도를 막을 수 없죠. 한번 생각해보세요. 심각한 허위 왜곡 보도에 대해 수십 억의 벌금을 물릴 수 있다면 언론사들이 최소한의 사실 확인 없이 막 쓰지는 못할 것이고 허위 왜곡 보도를 실효적으로 줄여나갈 수 있다고 봅니다.

아마 징벌적 손해배상제 논의가 시작되면 2004년 언론 관계 법 논의 때와 같은 주장이 나올 수 있을 거예요. 그러나 언제까지 진보적인 언론을 보호한다는 논리로 징벌적 손해배상제 도입을 미뤄야 하는지 되묻고 싶습니다. 또 어떻게 보면 그런 걱정은 기우일 수도 있어요. 징벌적 손해배상제가 적용되는 경우는 아주 심각한 의도적 왜곡 보도일 것이기 때문이에요. 의도적이라는 것을 증명하기 위해서는 딱 떨어진 증거가 있어야 하는데, 증거를 찾는 일이 그렇게 쉽지 않을 거예요.

징벌적 손해배상제도의 역기능에만 초점을 맞춰 반대부터 하기보다는 허위 왜곡 보도 근절 대책을 찾다 보면 결국은 징벌적 손해배상제라도 도입하자는 결론에 이를 거라고 생각합니다. 징벌적이라는 말이 너무 무겁고 갈등적으로 느껴진다면 '유효적 손해배상제'도 괜찮을 것 같네요.

김 그런데 징벌적 손해배상제를 도입한다는 건 허위 왜곡 보도의 최종 판단을 사법부에 넘긴다는 뜻이에요. 여전히 사법권력을 믿을 수 있느냐는 우려가 있어요. 자칫 정부에 따라 언론 탄압의 도구로 악용될 위험도 있고요.

최 언론 관련 재판에서 사법부의 태도는 대체로 언론과 언론인에 우호적인 편이에요. 이명박 정부 때 시작된 KBS 정연주 사장의 배임 횡령 재판, 2008년 광우병을 다룬 〈PD수첩〉의 명예훼손 재판에서도 법원은 일관되게 무죄판결을 내렸어요. 우리 사법부가 적어도 언론 관련 재판에서는 대체로 민주주의 제4부로서 언론을 존중하는 판결을 했고, 최대한 언론 자유에 부합하는 판결을 내려왔다고 봐요. 징벌적 손해배상제를 도입했을 때 사법부가 일률적으로, 반개혁적으로 이 제도를 마구 휘두를 것이라고 보는 건 무리예요.

정연주 사장이나 〈PD수첩〉 등이 승소한 것은 참여정부의 사법개혁 성과로 적어도 공판중심주의가 제도로 정착했고, 이명박·박근혜 정부 초기에 이것이 작동했기 때문에 나온 판결이었다고 봅니다. 사법부가 좀 더 개혁되고 공판중심주의와 국민 참여 재판 등이 확실하게 자리를 잡는다면 징벌적 손해배상제에 대한 우려도 불식될 수 있을 거예요.

김 가장 아쉬운 정책으로는 언론정책을 꼽으셨는데, 반대로 끝까지 흔들리지 말아야 할 정책을 꼽는다면요?

최 소득 주도 성장과 한반도 평화 기조는 확대, 강화해가야죠.
보수 쪽 경제 운용의 기본인 '낙수 이론'은 이미 시효 만료된 것이에요. 소득 주도 성장은 최저임금 인상, 사회 안전망 확충, 통신비와 의료비 등의 인하를 통해 가계의 소득은 늘리고 지출은 줄이는 정책 방향입니다. 야당과 기득권 세력의 비판과는 달리 2019년 하반기부터 소득 주도 성장과 확대 재정의 효과가 일자리와 복지 확대의 측면에서 서서히 나타나고 있어요.

2017년만 해도 미국의 북한 '핀셋 공격'의 공포가 우리 사회를 지배했던 것을 잊으면 안 된다고 생각해요. 김대중 정부의 햇볕정책, 노무현 정부의 대북평화번영정책, 문재인 정부의 한반도평화정책을 색깔론으로 매도하는 것은 우리나라 보수 기득권 세력이 통일에 대한 철학과 전망이 부재하다는 것의 반증일 뿐이라고 봐요.

2020년에는 문재인 정부가 조금 적극적인 평화정책을 펴나가면 어떨까 합니다. 북미 관계보다 남북 관계에서 한 걸음 더 먼저 나가 보면 어떨까 싶네요.

김 선배님의 '전문 분야'는 아니지만, 비정규직 문제를 포함해 문재인 정부의 노동 분야 성적은 어떻게 평가하세요?

최 이 부분은 지금 판단하기에는 좀 이르다는 생각입니다. 다만 오래전부터 이런 생각을 했어요. 민주정부 1기, 2기, 3기 모두 노동의 가치를 좀 더 존중하는 방향으로 가야 하지 않았을까…. 추상적인 말이지만, 노동 관련해 제대로 된 정책 결정을 위해서는 그야말로 사회적 대타협이 필요하고, 사회적 대타협으로 가기 위해 '노동의 가치'에 대한 진지한 토론이 필요하다고 봐요. 문재인 정부는 공공 부문 비정규직의 정규직화 등을 차근차근 해나가고 있긴 합니다. 그래도 노동자들 쪽에서 보면 여전히 부족하고 불만이 많겠죠.

그렇게 말한 사람의 이름은 결코 알 수 없었다. 그것은 어떤 무명의 노동복 차림의 사나이, 미지의 사나이, 잊힌 사나이, 지나가는 영웅. 이런 익명의 위인은, 항상 인류의 위기와 사회의 생성에 섞여서, 일정한 순간에, 최후로 결정적인 말을 하여, 번개 같은 빛 속에서, 일순간, 민중과 신을 대표한 후, 암흑 속에 사라진다.

— 5부 1장 '시가전', 빅토르 위고 지음, 정기수 옮김 《레 미제라블》 (민음사, 2012) 중에서

3장

진화하는 촛불, '당신'을 만나다

"언론운동을 하면서 외롭고 힘들었다.

언론권력은 거대한데 동지를 만나기 쉽지 않았다.

그나마 중요한 동지라고 생각했던 '노무현'도 없다.

우리는 누구와 함께 권력화한 언론과 싸워 나가야 하는가.

'노무현'으로 인해 노사모를 만났다.

노사모와 함께하며 언론운동과 안티조선운동이 '풍부해'졌다.

하지만 '노무현'을 잃은 노사모는 허허로워 보였다.

노사모가 빠진 빈자리를 촛불소녀가 메우고, 아고라가 메우고, 언소주(언론소비

자주권연대)가 메워가는 것을 지켜보았다. 그들이 노사모처럼 강력한 조직으로

언론개혁을 함께해줄 수 있을까?

나는 늘 기다렸다. 어느 순간 내 마음속에 '큰 바위 얼굴'이 들어온 이후,

'공익'이란 단어가 깊이 자리한 이후 '더 나은 세상'에 대한 내 갈증을 해소해줄

큰 지도자를 만나기 고대하며 설렘 속에 살아왔다.

2019 가을, '촛불의 전설'을 만났다. 나는 촛불집회 현장에서 '큰 바위 얼굴'을 만

났다. 정확히 말하자면 촛불집회 현장에서 만난 한 분, 한 분 깨시민(깨어 있

는 시민)들이 큰 바위 얼굴이란 것을 깨달았다.

나는 진화하는 촛불, '역사의 현장'에서 '큰 바위 얼굴들' 속에 하나 되고 있었다.

언론개혁을 함께해줄 동지들이 천지에 널려 있다는 사실에 뜨거운 희망이 용솟

음쳐 올랐다."

'조국'과 검찰개혁

2019년 12월 21일. 어느새 두 달이 지났다.

다섯 번째 대화, 이제부터 '조국'이다.

'조국'을 지킨다는 것

김 이제 조국 사태에 대해서 얘기를 나눠봐야 할 것 같아요. 시작할 때 잠깐 언급했지만 선배님은 이번 사태를 겪으면서 하시고 싶은 말씀이 많아 보였어요. 좀 뒤늦은 질문이 됐는데, 왜 직접 쓰지 않고 번거로운 대화 형식을 선택하셨어요?

최 내가 예전에 이렇게 살았다, 한마디로 '나 이런 사람이거든' 류의 책을 쓰기에는 제가 별로 내세울 게 없다고 생각해요. '내가 고민하고 있다'가 아니라 그 고민의 답이 어렴풋하게라도 잡혀야 '같이 좀 더 고민해보자' 할 수 있지 않을까요? 조국 국면에서 미래에 대해 '이렇게 한번 해보자' 할 게 생겼다고 할까요.

김 저는 조국 정국에서 여러 가지 복잡한 감정이 들었습니다. 우리 사회 특히 진보 진영이 날카로운 질문을 받은 것 같아서요. 보편적 가치로서 '공정'과 '정의'는 무엇인지, 그 가치를 현실에서 구현한다는 것이 무엇인지에 대해 성찰을 요구받는 압박감도 들어요.

문 대통령이 조국 민정수석을 법무부 장관에 지명하자마자 언론과 야당이 각종 의혹을 제기하면서 여론이 굉장히 안 좋았어요. 특히 딸이 고등학교 때 영어 논문 제1저자에 등재됐다는 사실이 알려지자 '조국도 특권의 삶에서 예외가 아니었다'는 실망, 허탈감 같은 분위기가 퍼졌어요. 그런데 선배님은 조 전 장관이 지명된 직후부터 제기되는 온갖 의혹을 일관되게 '방어'하셨어요. 아무리 여권 정치인이라지만 좀 부담스럽지 않으셨나요?

최 처음부터 저는 조국 개인에 대한 도덕적 판단과 조국 법무부 장관 임용의 의미를 분리해서 생각했습니다. 그런데 조 전 장관이 특권적 삶을 살았다고 이제 와서 비판하는 건 다소 어색했어요. 조 전 장관이 특권 계급이라는 생각을 이미 하고 있었거든요. 그가 참여연대에서 활동할 때 몇 번 스치듯 만났고 '혁신과 통합'에도 결합했기 때문에 마주친 적이 있었는데 모든 게 '귀족적'이었어요. 민언련에 참여한 교수님들에게 서울대 교수는 대한민국에서 가장 좋은 스펙이며 어쩌면 대통령보다 더 대접받는 자리일 것이라는 얘기를 여러 번 들었어요.

조국 교수가 민정수석이 될 때부터 서울대 교수라는 그의 좋은 스펙, 화려한 개인사가 문제인 대통령께 도움이 될 거라고 생각하고 있었어요. 개인적으로 그가 특권층에 속한 사람이고 특권층 일상의 법칙에 따라 살았을 텐데 좋다, 싫다의 감정적 느낌은 각자 있을지 몰라도 선악 구도로 판단할 문제는 아니라고 생각해요.

노무현 대통령이 우리 사회 엘리트들로부터 단 한 번도 대통령으로 인정받지 못했고 뿐만 아니라 운동권 내에서도 운동권의 중심이 아니었기 때문에, 변방의 운동가가 중앙 무대에 진출해 대중의 선택을 받는 과정에서 어떤 수모를 겪었는지 지켜봐 왔어요. 그래서 노 대통령이 더 안쓰러웠고 왜 우리나라 기득권 엘리트들은 진정한 지도자를 알아보지 못할까 안타깝기도 했고 그들의 옹졸함이 한심해 보이기도 했지요.

문재인 대통령 또한 스카이 출신이 아니에요. 경희대 법대 출신으로 아무리 사법연수원에서 높은 성적을 유지했다 하더라도 법조계 스카이 엘리트 집단으로부터 혹시 수모를 겪지 않을까 속으로 걱정했던 것 같아요. 그런데 열여섯 살에 서울법대에 입학한 천재로 알려졌던 조국 교수가 문 대통령을 도와주게 되었을 때 뭔지 모르지만 든든한 느낌이 들었습니다. 한편으로는 그렇게 좋은 스펙과 모든 것을 갖춘 인물이 정파적으로 개혁적인 진영에 속해 있다는 것이 고맙기도 했지요.

물론 조 전 장관의 자녀들에게 검찰이 아무리 털어도 단 한 점의 티끌이 없었다면 매우 좋았을 거라 생각해요. 허나 저는 검찰과 언론이 규정한 사실들이 대부분 허위라고 판단했어요. 단국대 논문 제1저자 건은 귀책사유가 조민 씨에게 있는 게 아니에요. 그는 논문의 제1저자로 자신의 이름을 올릴 권한이 없어요. 논문을 주도했던 장 아무개 교수에게 귀책사유가 있는 거예요. 조 전 장관이나 정경심 교수가 장 교수에게 논문 제1저자에 넣어달라고 부탁했다는 것은 검찰이나 언론에서 확인된 바가 없어요.

결국 남는 문제는 '조민 씨가 왜 한영외고에 들어갔느냐'였어요. 그런데 그게 문제가 되나요? 다만 조 전 장관이 특목고 자체에 반대하는 주장을 SNS를 통해 했다는 점은 충분히 공격받을 지점이라고 생각했고 그 부분은 변명할 수 없었습니다.

사모펀드 문제는 조국을 '주가조작 사기단'의 수괴로 본 자유한국당의 시각이 터무니없다고 생각했어요. 터무니없는 공격을 했기 때문에 방어할 수 있었을 뿐이에요. 사모펀드에 꼭 투자했어야 했냐는 부분은 저로서도 이해가 안 되지만, 그렇게 큰돈을 굴려본 적이 없는 제가 이렇게 말할 자격이 있는지는 모르겠어요. 조국 수석이 사모펀드에 투자해도 되냐고 질의했을 때 공신력 있는 기관에서 사모펀드 투자에 (법적) 문제가 없다고 답변을 했다는데, 정무적 판단 없이 단지 법적으로 문제되지 않는다고 사모펀드 투자를 허용해준 부분은 이해하기 어렵습니다.

동양대 표창장이나 다른 대부분의 의혹 제기는 언급할 가치가 없다고 생각해요. 대부분이 침소봉대에 불과하다고 봐요.

다른 한편으로 자유한국당 쪽에서 조 전 장관의 도덕성을 들고 나왔을 때 어처구니없었어요. 나경원 전 원내 대표의 자녀 비리 의혹은 조국네와 비교할 수 없이 클 것이라고 생각하기 때문이죠. 한마디로 제 눈의 대들보는 못 보고 남의 눈 티끌 가지고 난리라고 생각했기 때문에, 자유한국당이 심지어 인도네시아에서 일어난 의문의 펀드매니저 추락사 사건에까지 코링크PE가 관계돼 있고 조국이 연루돼 있다고 주장했기 때문에 대응할 수 있었어요. 늘 제 숨통은 자유한국당 사람들이 열어줬다고 할까요.

김 그러니까 선배님은 이번 사태의 핵심을 조국 개인의 도덕성 문제로 보지 않았다는 말씀이시죠?

최 검찰개혁을 저지하기 위한 검찰의 조국 흔들기, 더 나아가 문 대통령 흔들기로 봤죠. 보수 정권이 들어서면 검찰과 한 몸이 돼 국가를 운영해왔습니다. 그러니까 보수 정권에서 검찰개혁이라는 단어는 나올 수가 없어요. 민주정부에서는 검찰개혁을 화두로 삼았지만 역부족이라 검찰개혁이 이루어진 적이 없죠. DJ도 검경 수사권을 조정하고 싶어 했지만 손도 못 댔고, 노무현 대통령은 검찰을 개혁하려다가 결국은 검찰에 의해 극단적 상황에 내몰리게 됐습니다.

문 대통령이 검찰개혁을 위해 조국 수석을 선택했고, 힘 있는 법무부 장관이 있어야 검찰개혁을 마무리할 수 있다고 생각한 부분은 진정성이 있어요. 조국 장관이 사퇴하고 행정부 차원의 검찰개혁 조치들마저 후퇴하거나 실행되지 않는 것을 보면 실세 법무부 장관의 필요성이 큰 거 같아요.

결국은 조국네에 대한 무리한 검찰 수사나 자유한국당의 공격, 언론의 총공세는 검찰개혁을 저지하려는 검찰을 중심으로 자한당은 자한당대로, 수구·보수 언론은 그들대로 각자의 기득권을 지키기 위해 유형무형의 동맹을 맺은 것이라고 저는 판단했어요. 크게 보면 검찰개혁과 선거제도 개편을 중심에 두고 '수구·보수 기득권 세력과 각 분야의 엘리트 집단 vs 민주·진보 정권과 촛불시민' 구도가 형성됐다는 겁니다.

자유한국당의 목적은 뻔하죠. 박근혜 탄핵에 대한 한풀이 심리를 바탕으로 문재인 정부를 무너뜨리겠다는 거라고 봐요. 조 전 장관을 '주가조작 가족 사기단'의 수괴로까지 규정할 때 이건 그냥 정치 공세가 아니다 생각했어요. 그래서 9월 28일 촛불집회에서 '이건 문재인 대통령 탄핵 예방 집회'라고 공개적으로 언급한 겁니다.

인도네시아에서 벌어진 펀드매니저 추락 사망 사건까지 연루시킨 것은 조 전 장관의 결정적 하자를 찾아내서 그를 임명한 문재인 대통령을 흔들어 탄핵시키기 위한, 혹은 탄핵시키고 싶은 의도가 없인 불가능한 상상력이거든요. 아마도 자유한국당은 총선까지 검찰과 함께 조국 정국을 끌고 가서 총선에서 이긴 뒤 문 대통령을 탄핵하겠다는 구상을 가지고 있을 거라 추측합니다.

언론은 왜 그랬을까요? 이 부분은 조 전 장관 관련한 언론 보도와 그 원인 분석 부분에서 좀 더 심층적으로 다뤄봤으면 합니다. 다만 검찰발 보도를 사실로 확정한 듯 받아쓰는 데 있어 조중동이나 한겨레신문, 경향신문이 다르지 않았다는 점은 천착할 필요가 있어요. 방송계 선배 한 분은 "어쩌면 단순히 기자들이 게으르기 때문일지도 모른다"고 말씀하셨어요. 정말 그런 것이라면 참으로 어이없을 것 같네요.

김 저는 검찰개혁의 명분이 있다고 해도 청와대 민정수석을 법무부 장관으로 임명하는 것은 부적절하다고 생각했습니다.

최 MB가 권재진 민정수석을 법무부 장관으로 내려보냈을 때, 민주당이 민정수석을 법무부 장관으로 보내 총선에 개입하려 한다며 거세게 저항한 일이 있어요. 그 논리대로라면 문 대통령이 조국 민정수석을 법무부 장관으로 내정한 것은 부적절한 일일지도 모르죠.

그런데 당시 권재진은 100% 흠결이 없었냐? 그렇지 않았습니다. 아들 병역 의혹, MB 최측근으로 청와대 대포폰 의혹 및 민간인 사찰 연루 의혹 등 검찰이 수사할 만한 사안이 나왔어요. 하지만 권재진 의혹이 검찰에 고발되고 검찰이 그를 탈탈 터는 일은 벌어지지 않았어요. 그런데 조국에 대해선 내정 단계부터 검찰이 반대하고 나섰거든요. 검찰이 대통령의 인사권에 직접 개입하는 초유의 사태가 벌어진 겁니다.

동양대 표창장 하나로 온 가족을 탈탈 털고, 자녀들이 입학원서를 냈던 대학과 대학원을 탈탈 털고. 이게 정상인가요? 정상적이지 않은 것에는 반드시 숨겨진 의도가 있는 거고, 검찰이 왜 조국 장관을 그토록 반대했는지 생각해야 하는 것이 아닌가 합니다. 그건 실세 법무부 장관이 싫다는 거예요. 검찰개혁을 일생의 과제로 여겨온 실세 법무부 장관에 대한 거부였고, 조국을 법무부 장관으로 임명한 문 대통령에 대한 일종의 '경고' 같은 것이었다고 생각해요. '털어서 먼지 안 나는 사람 없다, 나올 때까지 판다.' 이게 조 전 장관에 대한 검찰의 수사 태도였다고 봅니다. 수사권 남용이죠.

검찰개혁과 '검란'

김 조 전 장관에 대한 검찰 수사가 이른바 '유재수 감찰 무마 의혹', '청와대 김기현 하명 수사 의혹'으로까지 계속 확장되는 것을 보니까 저도 좀 섬뜩하긴 했어요. 단순한 저항이 아니라는 생각이 들었습니다.

최 피의자든 참고인이든 검찰이 누구를 불러서 조사하는지를 보면 검찰의 의도가 드러나는 겁니다. 먼저 '청와대 김기현 하명 수사 의혹'은 프레임부터 잘못됐는데, 김기현 전 울산시장 주변 비리에 대한 정상 이첩을 자유한국당과 검찰, 언론이 '하명 수사'로 왜곡한 '의제 왜곡 사건'이라고 봐요. 조중동과 종편을 믿고 자유한국당과 검찰이 억지로 하명 수사로 만들어가고 있는 겁니다. 이 사건 하나에도 여러 집단의 이해관계가 맞아 떨어진 것이 검찰을 움직이는 큰 동력이 되고 있어요.

어쩌면 이런 '별건의 별건' 수사는 검찰이 스스로의 잘못을 은폐하기 위한 성동격서일지도 몰라요. 검찰은 동양대 표창장 위조 의혹, 사모펀드 의혹에 대해서 딱 떨어지는 증거를 찾지 못하고 표창장 위조 의혹의 경우는 1심 재판이 시작되자마자 자가당착에 빠졌어요. 사모펀드의 경우 유력한 검찰 측 증인 역할을 해오던 조범동이 정경심 교수 차명 계좌 의혹에 대해 '차명이 아니다, 돈을 빌린 것이다, 배당금이 아니다, 빌린 돈에 대해 이자를 준 것 뿐이다'라고 증언하는 바람에 사모펀드 관련 검찰의 기소 중 차명 계좌 부분까지 흔들리고 있는 상황입니다.

그래서 김기현 주변 비리 관련 정상 이첩 건을 하명 수사로 뒤집어 씌워서 청와대 민정수석실이 엄청난 직권남용, 직무 유기를 한 것처럼 몰아가 조국 전 장관을 기소하려고 하는 거 아닐까요? 만일 표창장이나 사모펀드에서 검찰이 확실한 증거를 잡았다면 굳이 이렇게 무리한 별건의 별건 수사를 할 필요가 없었을 겁니다.

자유한국당은 양수겸장인 거죠. 김기현과 김기현 주변 비리가 청와대 하명 수사에 의해서 시작됐고, 검찰이 무혐의 처리했으니 김기현과 주변에게 면죄부를 줄 수 있어요. 더 나아가서는 청와대 하명 수사로 김기현에게 불리한 여론이 조성됐고, 그 결과 김기현이 낙선했다는 프레임을 만들어 '청와대 지방선거 개입'으로 사태를 키워나가려는 것입니다. 자유한국당이 검찰에게 청와대의 선거 개입을 수사할 수 있는 길을 터주고 있는 것이지요.

이 과정에서 뜬금없이 불려 나온 인물이 황운하 대전경찰청장입니다. 자유한국당이 울산시장 선거 개입으로 그를 고발한 것이 1년 6개월 전인데, 계속 묵혀두다가 지금 검찰이 이 사건을 들춰내는 이유는 뻔하지 않겠어요? 〈형사소송법〉 제257조를 보면 고소·고발 사건의 처리 시한은 3개월입니다. 그 시한이 지나도 검찰이 기소하지 못하면 '3초사건(3개월을 초과한 미제 사건)'이 된다고 하더라고요. '3초사건'인 황운하 고발 건이 검찰의 수사로 고발 1년 6개월 만에 갑자기 뜨거운 감자가 된 거죠. 당연히 검찰의 수사 의도가 의심스러울 수밖에 없어요.

김 검경 수사권 조정과 연관돼 있다고 보는 것이 상식적인 판단 같습니다. 황운하 청장 개인에 대한 검찰의 경고라고도 볼 수 있겠죠?

최 황운하 청장은 경찰 쪽에서는 신화적인 인물이더라고요. 경찰대 1기 졸업생으로 '성매매 집결지 해체'부터 시작해서 이런저런 일화들을 많이 남겼어요. 수사권 독립은 경찰 모두의 소망이지만 경찰 조직이 힘이 없었고 검찰의 하부기관인 양 돼 있어서 이루지 못할 꿈으로 계속 남아 있었죠.

그런데 1999년에 경찰청장이었던 김광식은 경찰 수사권 독립을 소신으로 밝혔답니다. 그런 분위기에서 당시 성동경찰서 형사과장 황운하는 독자적 행동에 들어갔어요. 검찰에 파견돼 있던 경찰을 철수시키려고 했던 거예요. 파견 경찰을 철수시키려면 해당 경찰서장에게 결제를 받아야 하는데 경찰서장이 검찰이 보복하면 어떻게 하냐고 걱정하면서도 황운하가 워낙 대차게 나가니까 사인을 해줬다고 합니다.

그때 보낸 공문이 '파견 경찰관 철수 복귀 협조 요청'이었다고 해요. 서울중앙지검에 보낸 거죠. 당연히 서울중앙지검은 반응이 없었고, 황운하는 미리 방송카메라를 불러놓고 파견 경찰 철수를 선언하게 됩니다. 그리고 이것이 9시 메인 뉴스에 나와요. 이후 검찰이 경찰청 정보국장을 구속하면서 검찰이 경찰 길들이기에 나섰다는 비난이 일었고 검경 수사권 논의는 흐지부지됐습니다.

이후 황운하는 검찰에 미운털이 박혔겠지요. 그런데도 비리 검찰 뒷조사를 하는 등 검찰에 대한 '투쟁'을 멈추지 않았다고 해요. 노무현 정부는 2004년 9월 검경 수사권 조정 협의체에 시동을 걸었고 관련 회의를 거친 결과, 2005년 중반 국회가 〈형사소송법〉 개정안을 발의했습니다. 2005년 1월 외무고시 출신 허준영이 경찰총장이 되면서 경찰 수사권 독립 소신을 거듭 밝혔어요. 그는 수사구조개혁팀을 꾸리고 황운하 총경을 수사구조개혁팀장에 임명했습니다. 그런데 이후 시위 도중 인명 사고로 허준영이 물러나면서 노무현 정부의 검경 수사권 조정도 흐지부지됐죠.

이후 이택순 청장이 오면서 황운하는 대전서부로 밀려 내려갔어요. 그런데 거기서도 '수열모'라는 모임을 만듭니다. '수사 구조 개혁을 열망하는 사람들의 모임'. 한마디로 그는 검경 수사권 조정에 앞장서온 사람이고 경찰대 1기 출신으로서 검찰에 대한 경찰의 자존심을 회복하기 위해 노력해온 사람입니다. 이 시점에서 검찰이 그를 문제 삼는 것은 검경 수사권 조정을 앞둔 힘겨루기인 동시에 정계 진출 의사를 밝힌 황운하 견제하기로 보여요.

검경 수사권 조정은 힘 있는 자들이 서로 견제하고 권력을 행사하게 하자는 것으로 국민에게 이익이 됩니다. 직접수사권, 수사지휘권, 기소독점권, 영장독점청구권 등등으로 사법권력을 독점하고 있는 검찰이 자기 기득권을 내려놓기는커녕 더 강화하고 싶어 하기 때문에 검찰개혁, 즉 검찰권력의 분산은 쉽지 않아요. 계속해서 경찰을 하부 조직으로 거느리고 싶어 하죠. 경찰이 힘이 커지면 검찰이 맘대로 하기 어려워지니까요. 김대중 정부에서 경찰은 '수사권 독립'을 요구했는데 지금은 '검경 수사권 조정'을 하고 있는 것이니 후퇴했다고 봐야죠. 그래도 아무것도 이루지 못하는 것보다는 낫습니다. 한 걸음이라도 전진해가야지요. 문재인 정부가 못하면 한동안 불가능하다고 봐야 해요.

김 검경 수사권의 조정이 이렇게 힘든 것을 보면 검찰권력이 대단하긴 합니다.

최 지금 대한민국은 '검찰공화국'입니다. 자유한국당은 아주 작은 건수만 생겨도 검찰에 고발해 검찰을 끌어들여요. 자유한국당이 고발한 것들은 검찰이 전광석화처럼 수사합니다. 반대로 패스트트랙 과정에서 〈국회법〉을 어긴 자유한국당 의원들에 대해서는 제대로 수사가 이뤄지지 않은 상태에서 민주당 의원 4명을 구색 맞추기로 끼워 넣어 기소했고, 나경원 자녀 입시 의혹은 시민단체가 10여 차례나 고발했는데도 고발인 조사만 계속하고 있어요. 계엄령 문건 관련해서도 그렇고…. 강효상 의원의 국가기밀누설 사건은 조 전 장관 구속영장을 치면서 눈치 보기 불구속 기소를 했죠. 주광덕 의원의 조민 씨 생기부 유출 건도 유야무야돼가고 있어요. 심지어 종편 사주 집안의 입시 비리 의혹은 몇 번 보도되고 그만이고요.

검찰이 수사를 하면 그것을 언론이 그대로 받아쓰면서 사회 의제가 되니, 결국 검찰이 2019년 대한민국의 의제를 설정하고 있는 셈입니다. '의제를 설정하는 자가 그 사회를 이끄는 주도 세력'이라는 관점에서 보면 2019년 대한민국은 검찰공화국인 것이죠. 더 나아가 검찰에게 조국보다 더 큰 타깃이 있고 검찰공화국을 완성하고자 하는 목표가 있는 게 아닌가 하는 의혹이 들 정도입니다. '대호 프로젝트*'라는 단어가 심심찮게 떠돌아다녀요.

김 '대호 프로젝트'가 뭔가요?

최 한 월간지에 보도된 내용인데, 언론 사주가 낀 재벌 및 기득권 일부 세력이 중도층을 겨냥해 중도·보수정당을 만들고 윤석열 총장

---

* "'작년부터 윤석열 감찰說' 법무부 '답변 어려워' '굳건한 사명감, 국민의 검찰, 수사권 보호'", 《신동아》, 2019년 10월호.

을 차기 대권 주자로 세운다는 계획입니다. 믿거나 말거나 수준이었는데 윤 총장이 언론 사주를 만난 것이 사실로 확인되면서 다들 고개를 갸우뚱하고 있는 상태죠.

[김] 유재수 사건은 개인 비리인데 왜 조국 민정수석실은 '오해의 여지'를 남겼을까요? 유재수가 감찰에 응하지 않았을 때 검찰에 수사 의뢰할 수도 있었을 것 같은데요.

[최] 유재수의 관련 범법 행위는 2014년 박근혜 정부 때 벌어진 일입니다. 유재수는 참여정부 시절 청와대에 파견된 공무원이었다는 이유로 한직으로 돌고 있던 상황이었다고 해요. 2014년에 벌어진 일을 2017년에 문제 삼은 경위도 저는 석연치 않게 봅니다. 박근혜 정부 때 그런 일이 벌어졌고 박근혜 정부의 민정수석실도 다 알고 있었을 텐데 왜 가만히 놔뒀는지 모르겠어요.

뒤늦게 문재인 정부의 감찰관이 2014년의 유재수 건을 감찰하겠다고 나선 이유를 저도 속 시원하게 알고 싶어요. 어쨌든 2017년 조국 민정수석실은 감찰을 통해 유재수의 비위 사실 일부를 확인한 것으로 보입니다. 그리고 감찰을 종료한 상태에서 어떻게 처리할까를 두고 조국 수석 주재 하에 박형철, 백원우 3인 회의에서 처리 방향을 정한 거 같아요. 3인 회의는 감찰 완료 후 사후 처리 논의였기 때문에 외압에 의한 감찰 중단이라는 말은 성립될 수 없다고 봅니다.

감찰이 완료되면 처리 방향은 세 가지 정도예요. 검찰에 수사 의뢰를 하거나 감사원에 넘기거나 해당 부처에 통보하는 것인데, 조국의 민정수석실은 세 번째 해결 방식을 택한 거죠. 기재부를 통해 사직하게 하는 것으로요. 이건 정무적 판단의 영역일 뿐 법적 처리의 대상이 될 수 없어요. 만일 이런 것까지 법적 처벌의 대상이 된다면 앞으로 정부 관료들은 민감한 행정행위를 할 때 검찰에 일일이 허락을 받아야 한다는 모순이 발생한다고 봐요.

그런데 유재수 사건에서 오르내리는 인물이 백원우, 김경수, 윤건영, 천경득 등 문 대통령의 핵심 실무자들이기 때문에 검찰의 무리한 수사는 자유한국당이 '친문 게이트' 운운하는 빌미를 주고 있는 것입니다. 이쯤 되면 검찰과 자유한국당이 주고받기 하면서 정치적 거래를 하고 있는 것이 아닌가 하는 의심을 갖지 않을 수 없죠. 다시 한번 얘기하지만 검찰과 자유한국당 그리고 일부 언론은 21대 총선까지 관련 수사를 이어가려는 것으로 보여요.

김기현 토착 비리 의혹 수사를 두고 지방선거 5개월 전에 정치적 수사를 했으니 선거 개입이라고 주장하는 자유한국당과 검찰에 묻고 싶어요. 총선을 4개월 앞두고 청와대를 압수수색하는 등의 행태는 선거 개입이 아닌지.

적폐 수사와 검찰개혁의 딜레마

김 근본적인 질문인데요, 문재인 정부는 왜 지지율이 높았던 집권 초반부터 검찰개혁을 밀어붙이지 않은 걸까요?

최 문재인 정부 집권 초에 나온 대부분의 여론조사를 보면 국민들은 개혁 1순위로 검찰개혁으로 꼽았습니다. 당연히 검찰개혁부터 시작했어야지요. 그런데 이건 당위론이고 현실을 보면 문재인 정부 초기에는 국정 농단 수사, 각 영역의 적폐 수사 등을 할 수밖에 없었고, 지금의 사법 구조에서는 검찰이 이런 수사를 할 수밖에 없었습니다. 검찰이 국정 농단 수사, 적폐 수사를 수행하고 있는데 그 과정에서 검찰개혁을 할 수가 없었을 거예요.

만일 검찰이 적폐 수사를 하고 있는데 문재인 정부가 검찰개혁을 밀어붙였다면 국민들은 적폐 수사를 중단하려고 한다는 메시지를 받았을 수 있어요. 저는 상황의 한계였다고 생각합니다. 아마도 청와대는 검찰은 적폐 수사를 하고, 청와대 민정수석실 중심으로 검찰개혁안을 만드는 투 트랙으로 갔던 것으로 보여요.

참여정부 때 대선 자금 수사 과정에서 안대희가 국민적 영웅으로 떠오른 적이 있어요. 검찰은 검찰 조직 내에 누군가를 내세워 국민적 여망이 집중된 수사를 수행함으로써 검찰개혁의 칼날을 무디게 만들고, 그 상황이 지나면 다시 과거의 검찰권력으로 돌아가 기득권을 공고히 해왔어요.

윤석열은 안대희와 다를 바 없다고 저는 판단합니다. 안대희나 윤석열이나 그들이 지키고자 하는 것은 법의 정의나 민주정부가 아니라 검찰권력이라고 보는 것이 합리적인 판단이라고 생각해요. 검찰 의도대로 정국이 흘러가지 않았을 뿐입니다. 문재인 대통령은 적폐 수사가 마무리되어가자 검찰개혁 드라이브를 걸었거든요. 과거 정권에서는 집권 초기 검찰이 앞선 정부의 비위 수사를 하고 나면 검찰이 마치 법의 수호자처럼 포장되어버려서 검찰개혁 의제가 사라져버리곤 했잖아요.

문 대통령은 바둑 한 수, 한 수 두듯 적폐 수사에서 검찰개혁으로 국면을 이끌어왔어요. 그 사이 김태우, 환경부 블랙리스트 공세 같은 '거역적 흐름'이 있었지만 개의치 않았어요. 검찰개혁에 대한 대통령의 의지가 확고한 것이 확인되자 검찰은 청와대를 직접 흔들기 시작합니다. 그게 울산시장 선거 개입 의혹이라는 가짜 프레임입니다. 자유한국당이 민주당 추미애 전 당 대표를 선거 개입으로 고발하고 검찰이 재빨리 수사 팀을 배정하는 것을 보고 '저들이 급하긴 급하구나' 싶었어요. 당 대표가 선거에 '개입'했단 말은 성립이 안 돼요. 지휘한 거죠. 당연한 직무고요.

검찰은 울산시장 선거 개입이라는 억지 사건으로 청와대를 흔들어 청와대와 검찰 간 권력투쟁이 벌어지는 듯한 착시 효과를 노린 겁니다. 검찰개혁을 막기 위해 검찰도 두뇌를 쥐어짠 것 같은데, 문 대통령과 이해찬 당 대표의 수를 이길 수 없었다고 봐요.

김 촛불정부가 여전히 취약하다는 생각이 듭니다. 정권을 잡았지만 '메인스트림mainstream(주류)'은 못 된 것 같아요. 구조적인 한계일까요, 주체들의 능력 문제일까요? 촛불시민들도 문재인 정부의 대응에 대해 좀 답답해하는 것 같아요. 검찰의 폭주를 막을 방법이 없는 걸까요?

최 지금 상황을 도식화해봅시다. 조국은 문재인 정부의 2인자라고 규정돼 있어요. 그 2인자에게서 불법인지 합법인지 판단하기 어려운 흠결이 나왔어요. 당연히 야당은 그 흠결이 엄청난 불법이라고 몰아붙이겠지요. 검찰이나 야당의 의도를 처음에는 잘 알 수가 없어요.

한 발 떨어져서 보면 국민들은 문재인 정부 2인자를 검찰이 수사하는구나, 살아 있는 권력을 두려워하지 않는구나 생각하게 되고 검찰에 우호적인 여론이 형성될 수밖에 없어요.

언론이 검찰의 시각으로 조국 일가가 '주가조작 가족 사기단'이고 온갖 특혜를 누려서 자녀들을 대학에 진학시킨 파렴치범으로 몰아가는 상황에서 정부가 쓸 수 있는 카드는 마땅치 않아 보입니다. 그런데 구원은 늘 엉뚱한 곳에서 오는 법이죠. 예기치 않은 곳에서 구원의 문이 열리는데 다름 아닌 검찰의 과유불급이에요.

조국 수사에 대한 국민적 지지 분위기에 고무된 검찰이 문득 자신들이 무리한 수사를 하고 있다는 사실을 깨닫고 조국네 관련 수사를 접는 일은 일어나지 않아요. 일이 의도대로 되면 사람은 늘 무리하게 되는 존재이고 검찰 조직도 예외가 아닐 겁니다.

조국을 수사하고 여론이 그 수사를 지지하는데다가 야당이 검찰과 한 몸처럼 움직여요. 여론이 윤석열을 정의로운 검찰총장으로 추켜세우게 되면 스스로 확증 편향의 늪에 빠지게 됩니다.

그래서 검찰은 동양대 표창장 하나로 70~80군데를 압수수색하게 되는 거고, 무엇을 얻었는지 알 수 없는 조국 장관의 집을 압수수색하는 과정에서는 딸의 중학교 2학년 일기장까지 가져가려 하는 무리수를 범하게 되는 겁니다. 조국의 팔순 노모까지 기소하겠다는 기사가 나오는가 하면, 조 장관 집을 압수수색 하면서 검찰은 짜장면인지 한식인지를 배달시켜 먹고 기자들은 배달원을 쫓아가는 모습이 그대로 국민 앞에 드러나게 된 거죠.

제가 방송 토론을 할 때 자유한국당 쪽 패널의 허위와 침소봉대가 제 숨통이었다고 말했는데, 마찬가지로 검찰의 목표를 정해놓은 듯 보이는 과도한 수사가 역설적으로 검찰개혁의 필요성을 국민에게 각인시켰고 결국은 수많은 시민들을 촛불집회 현장으로 불러낸 것이죠.

저는 수차례 법무부가 검찰에 대한 감찰권, 인사권, 법무부 장관의 검찰총장 지휘권을 제대로 발휘해서 이 사태를 끝내달라고 공개적으로 요청했습니다. 하지만 현실에서 법적 권한의 행사라는 것도 결국 그 상황의 프레임, 그 상황의 국민 여론을 고려하지 않을 수 없다는 것 역시 이해해야겠죠.

추미애 장관은 방향을 잡으면 좌고우면하지 않는 스타일이므로 기대가 큽니다.

잔인한 '정의의 유전자'

김 솔직히 말씀드리자면 위법 여부를 떠나 조국 전 장관이 그동안 보였던 언행과 그 가족들 삶의 방식이 불일치하는 데서 오는 실망이 컸습니다. 그런데 저도 10월 5일 서초동 촛불집회에 나갔어요. 나는 왜 서초동 집회에 나가게 됐을까 생각하고 있는데 잘 모르겠어요. 저와 비슷한 과정을 겪은 사람들이 많지 않았을까 짐작하고 있어요. 시민들이 '검찰 개혁'의 목소리를 내게 되는 변곡점 같은 게 있었을까요?

최 진보 단체나 시민단체 활동가와 일반 시민은 이번 사태를 바라보는 시각부터 다를 수 있어요.

하여간 그 변곡점이 조국 장관네 압수수색이라고 봅니다. 그리고 그 과정에서 검찰수사관이 밥을 시켜 먹는다던지, 정경심 교수가 실신한 상태가 되었는데 그것을 조롱 비슷하게 검찰이 논평한다던지, 심지어 딸의 중학교 2학년 일기장을 가져가려 했다는 게 드러나면서 지켜보던 국민들에게 해도 해도 너무한다는 생각을 갖게 만들었고 더 나아가 법무부 장관으로 지목된 사람의 가족도 저렇게 탈탈 털리는데 평범한 시민들은 검찰에 한 번 찍히면 끝장이 나겠구나 하는 공포감을 불러온 것이라고 봐야지요.

많은 사람들이 처음에는 조국 가족의 특권적 행태에 실망했겠죠. 만일 검찰이 그 특권적 행태를 수사하는 데 머물렀다면 어쩌면 조국은 더 일찍 낙마했을지도 몰라요. 그런데 자꾸 수사 초점이 옮겨갔어요. 표창장에서 사모펀드로 웅동학원으로.

왜 그랬을까 생각해봅니다. 조국 가족을 표창장으로 탈탈 털고, 논문 제1저자에 딸이 올랐다고 문제를 지적하는 기득권 엘리트 모두 '특권 찬스'에서 자유롭지 않다고 봐요. 그렇기 때문에 더 심한 불

서초동 검찰개혁 촛불집회에서 발언하는 모습. 시민들이 사진을 찍어 SNS로 보내주곤 했다.

법적 행위를 찾아야 한다고 생각했던 것은 아닐까요?

이 과정을 지켜보던 시민들은 처음에는 의구심, 다음에는 측은지심, 그 다음에는 공포감이 찾아왔고 결국은 나도 조국처럼 당할 수 있다, '조국이 우리다'라는 묘한 연대 의식이 형성된 것이 아닌가 합니다. 직관적으로 시민들은 검찰과 자유한국당의 최종 타깃이 조국 장관이 아니라 문재인 대통령이라고 느끼고 있었을 거예요. 기저에는 '노무현 대통령을 잃었는데 문재인 대통령까지 험한 일 당하게 할 수는 없다'는 생각을 공유하지 않았을까요?

사실 집회 인원이 20만 명 이상 넘어가면 참여 인원을 추산하는 게 불가능하다고 봐요. 10월 5일 집회 때 정말 구름 떼처럼 사람이 몰려왔어요.

김 리처드 도킨스Richard Dawkins의 '이기적 유전자' 이론을 인용해서 조국 사태의 역사적, 사회적 의미를 설명하신 적이 있어요. 촛불집회에서 말씀한 것으로 기억하는데, 조금 구체적으로 말씀해주세요.

최 촛불집회가 아니라 팟캐스트 〈다스뵈이다〉에서 얘기했죠. 그때 정확한 워딩은 이런 거예요. '역사에서 정의의 유전자는 잔인하다. 그 정의의 유전자가 전봉준을 통해, 이순신을 통해 우리 역사에 발현돼서 한반도의 역사가 이뤄져왔다. 한반도의 역사를 영원하게 하기 위해 역사는 누군가의 희생을 강요한다. 조국 전 장관도 지금 우리 시기 검찰개혁이라는 시대적 정의를 실현하기 위해서 검찰개혁의 정의 유전자가 그를 희생양으로 딛고 나아가는 것이다.'

꿀벌이요, 종족 번식을 잘 하려면 더 튼튼한 꿀벌들이 후세대에 만들어져야겠죠? 그래서 꿀벌들은 여왕벌과 교접할 수 있는 일벌이 더 튼튼한 후세를 생산하게 하려고 열심히 일해서 먹이를 공급해주고,

자기는 후세를 남기지 않고 죽어버려요. 그래야 후세에 좋은 유전자가 이어져 더 좋은 개체군으로 존재할 수 있기 때문에 그렇게 하는 거죠.

창형흡충檜形吸蟲이라는 벌레는 소나 양 등의 위장에서 살 수 있어요. 그런데 스스로 이동해 양의 위장으로 들어갈 수가 없답니다. 그래서 양이 자기를 먹게 하려고 개미를 매개 숙주로 삼아, 개미 속으로 들어가 개미의 뇌를 감염시켜요. 그러면 개미가 미쳐서 한밤중에 갑자기 풀잎 위로 올라갑니다. 다음 날 새벽 양이 풀을 뜯어 먹으러 와요. 풀잎과 함께 미친 개미도 양의 위장으로 들어가게 되죠. 그래서 미친 개미는 양의 위장에 들어가 장렬히 전사하고, 창형흡충은 양의 위장 속에서 생존하죠. 개미는 창형흡충을 번식시키기 위해 불의의 희생자가 되는 겁니다.

지금 시대적 과제는 검찰개혁인데 그 정의를 실현하기 위해서는 누군가의 희생이 필요해요. 너무 어려운 일이에요. 전봉준의 희생이 부패한 왕조나 일본을 몰아내진 못했어요. 그러나 반제 반봉건 투쟁 정신이 〈녹두꽃〉이라는 구전동요로까지 남아서 길이길이 후세에 이어졌죠. 조국네가 검찰개혁의 정의를 실현하는 희생양으로 느껴졌어요. 그래서 역사에서 정의의 유전자는 잔인하다고 한 거예요.

김 선배님의 해석이 참 잔인하네요. 조국 가족이 안타깝지만 검찰개혁을 위한 희생은 필연이었다는…. 제가 몇 년 전 파리에 갔을 때 오르세 미술관Musée d'Orsay에서 잊을 수 없는 그림 하나를 봤어요. 막스밀리앙 루스Maximilien Luce라는 인상파 화가가 '파리코뮌Paris Commune'을 그린 작품 〈1871년 5월 파리의 한 거리〉인데, 강렬하고 환한 빛이 쏟아지는 거리에 사람들이 죽어 있어요. 네 명이 쓰러져 있고 몇 발짝 더 나아간 햇살 아래 한 사람이 더 있어요. 그림을 잘 모르지만 그런 생각이 들더라고요.

세상을 바꾼다는 건 한 걸음 더 가서 죽는 게 아닐까. 조 전 장관 가족이 겪는 고초가 검찰개혁을 위한 '의미 있는 희생'이 되었으면 좋겠네요.

최 영화 〈레 미제라블〉에서 'Empty chairs at empty tables(텅 빈 테이블의 텅 빈 의자)'이라는 OST가 흘러나오는 장면을 보면, 젊은 아낙들이 피로 물든 거리를 닦잖아요. 마리우스가 혁명이 실패한 후 사라진 동지들을 그리워하며 눈물로 그 회한을 노래하는 장면이 이어지죠. 저는 〈레 미제라블〉을 보면서 그 장면에서 가장 많이 울었어요. 눈물이 폭포수처럼 흘러내리더라고요. 새로운 세상을 향한 젊은이들의 열정과 그들의 외침이 외로운 새벽의 바리케이드 앞에서 유언이 되어버리고 말아요. 에디 레드메인이 워낙 마리우스 역할을 잘 하기도 했어요.

82년에 감옥에 갔다 나오니 행사 때마다 '임을 위한 행진곡'을 부르는 겁니다. 갑자기 위로받는 느낌이 들었거든요. 제 외로움에 대한 위로 같은 느낌이 들었나 봐요. '동지는 간 데 없고 깃발만 나부껴 새날이 올 때까지 흔들리지 말자'는 부분이 특히 가슴에 와닿았어요. 세상을 바꾸겠다는 변혁의 늪에 빠진 사람이라면 파리코뮌을 담은 그림, 〈레 미제라블〉의 저 장면과 비슷한 경험을 여러 번 했을 것 같아요. '동지는 간 데 없고 깃발만 나부끼는' 현장에 여러 번 서봤을 겁니다.

그 순간 그 혁명은 실패한 거죠. 우리가 군부독재 반대 투쟁을 할 때 부모님들이 늘 그러셨어요. '계란으로 바위 치기다.' 그러면 우리는 바위에 던져진 달걀의 흔적은 남는다며 맞서고 그랬거든요.

도저히 다시 일어날 수 없을 것 같은 순간들이 여러 번 있었어요. 87년 6월항쟁 후 '양 김' 분열로 노태우가 당선됐을 때, 다음 날 아침 서울 거리의 느낌을 잊을 수가 없어요. 모든 게 가라앉아버린 느낌,

마주치는 사람 한 명, 한 명의 무표정했던 얼굴. 우리 마음과는 달리 세상은 그래도 굴러가고 버티며 싸우다 보니 기회가 오더라고요.

역사 속에 실패한 혁명은 없는 것이 아닐까요. 개별 사건에는 성공과 실패가 명료하게 기록되지만 혁명에는 실패가 없어요. 그 정신이 남아 면면히 이어지니까요. 우리가 못하면 내일 누군가는 다시 평등하고 자유로운 세상을 만들기 위한 한 걸음을 내디뎌줄 거라고 믿어요.

〈공수처법〉*이 국회에서 통과돼 한시름 놓았죠. 기뻤어요. 〈공수처법〉은 '조국희생법'이다 싶었어요. 조국네의 희생이 헛되지 않았구나 싶어 가슴이 먹먹했어요.

봉건제에서 자본주의로, 민주주의적 제도가 정착해가는 과정에서 벌어진 혁명적 비극들이 민주주의가 제도로 완성된 21세기 대한민국의 현실과 일치하거나 정서적으로 일체화될 수는 없겠지만, 만일 국회에서 입법을 하지 못하고 검찰개혁이 실패로 돌아간다면 문재인 정부는 큰 위기에 빠지지 않을까 걱정이 컸어요. 그렇게 된다면 심정적 허망함의 문제로 끝날 것 같지 않았어요. 검찰개혁의 실패가 총선까지 이어져서 민주개혁 세력의 좌절을 가져올 것 같았습니다. 문재인 정부에게도 감당하기 어려운 시련이 다가올 것이라 생각했어요.

그런데 민주당 대표가 이해찬 대표잖아요. 통과되리라 믿었어요. 지금처럼 민주당이 안정되게 개혁을 추진한 경우가 있었나요. 〈공수처법〉과 '검경 수사권 조정 법**', '유치원 3법***'이 통과되고 나서 심정적으로 검찰과 동일시되어 있는 언론이 이해찬 당 대표와 민주당의

---

* 정식 명칭은 '고위공직자범죄수사처 설치 및 운영에 관한 법'이다.
** '〈검찰청법〉·〈형사소송법〉 개정안'을 말한다.
*** '〈유아교육법〉·〈사립학교법〉·〈학교급식법〉 개정안'을 말한다.

유능함을 인정하지 않아 많이 섭섭했어요. 이인영 원내 대표도 지도자로 발돋움하는 계기가 된 것 같아요.

김 공수처 법안이 어렵사리 통과됐지만 검찰권력에 대한 실효성 있는 견제 장치가 될 수 있을까 걱정이 남습니다. 공수처가 검찰권력을 견제하는 만병통치약은 아닐 텐데 무엇이 더 필요할까요?

최 공수처는 딱 한 가지만 하면 돼요. 불법행위를 저지른 검사의 수사와 기소를 검찰이 하지 않도록 하는 것. 불법행위를 한 검사의 기소권만 공수처가 가지면 성공이라고 봤는데 검사, 판사, 일정 계급 이상 경찰까지 공수처 기소권 범위가 제법 돼요. 국회의원 등등에 대한 기소권은 공수처가 법원에 재정신청을 할 수 있기 때문에 검찰이 자의적으로 기소권을 행사할 수 없을 거예요.

일반인들은 고등법원에 재정신청을 해도 잘 안 받아줘요. 하지만 공수처가 재정신청을 하면 법원이 받아주지 않을까요. 그래서 군이 국회의원이나 정부 공직자에 대해서는 공수처가 기소권을 가지고 있지 않아도 무방하다고 봅니다. 공수처장에 대한 국회 동의도 수용 가능하다고 봤는데 아무래도 야당의 반발로 공수처장 임명이 지연될 우려가 있죠. 그런데 법안에 들어가지 않아 다행입니다.

검경 수사권 조정이 함께 이뤄졌기 때문에 검찰권력이 분산된 것은 사실이에요. 검찰, 공수처, 경찰 3각 견제 구도가 형성되었다고 봐요. 그러나 여전히 검찰권력은 막강합니다. 검찰 내부 개혁이 중요한 이유죠.

검찰 내부 개혁은 윤석열 총장만이 할 수 있는 일일 겁니다. 신년 기자회견에서 문 대통령이 윤 총장에 대해 조건부 재신임을 한 것은 검찰 내부 개혁을 추진해달라는 요구라고 봐요.

'공정'이란 무엇인가

김 일부 언론과 지식인들은 조국 사태로 진보 진영이 균열 또는 분화되었다고 말합니다. 조 전 장관을 비판하는 쪽과 검찰개혁을 주장하는 쪽으로 나뉘었다는 건데요. 김경률 회계사가 조국 사태에 대한 참여연대의 태도를 공개적으로 비판하고 공동집행위원장에서 사퇴한 일이 '진보의 균열'을 대표하는 사례로 거론되기도 했어요. 진보 진영이 균열되었다는 주장을 어떻게 생각하세요?

최 현재 조국네 관련해서 나오는 정보가 대부분 검찰발이기 때문에 언론에 보도된 정보만으로 이 사태를 단정하고 진보가 균열됐다면, 이쪽이든 저쪽이든 성급한 거죠. 김경률 회계사의 경우는 지나치게 검찰 편향적 태도를 보이고 있다고 저는 생각합니다만, 때로는 인간은 편향적 정보에 따른 오류를 범할 수 있는 게 아닐까요?

진보 지식인 일부가 조 전 장관을 도덕적으로 비난하는 것을 본 적이 있어요. 정말 도덕적으로 완벽하게 산다고 생각되는 한 지식인은 자신의 도덕적 순결성이 조국으로 인해 훼손됐다며 대단히 분노하고 계시더군요. 그분이 정말 도덕적으로 완벽하게 살려고 노력하는 것을 알기 때문에 그분의 분노는 충분히 공감이 되고 이해할 만했습니다.

반면 진중권 씨의 주장은 무슨 뜻인지를 모르겠어요. 표창장과 관련해서는 위조한 거냐, 아닌 거냐 둘 중 하나밖에 없습니다. 위조했는데 안 했다고 한 것이 증거로 밝혀지면 조 전 장관은 그에 따른 합당한 모든 책임을 져야 하는 거고, 위조 안 했다는 것이 증거로 발견되면 검찰과 자유한국당과 최성해와 대다수 언론은 그에 따른 합당한 책임을 지면 되는 겁니다.

언론 보도가 맞다면, 진중권 씨가 표창장을 위조하지 않았다는 증거를 대라는 등의 주장을 했다는데 그게 말이 됩니까? 왜 진중권 씨는 최성해 총장의 몇 십 년에 걸친 거짓말에 대해서는 지적하지 않고 조 전 장관에 대해서만 성직자 수준의 도덕적 잣대를 들이대는 건지 답해야 진정성을 인정받을 것 같아요.

재판이 끝나고 진보는 차분하게 이 사태를 돌아보고 스스로의 태도를 정하는 것이 맞지 않을까 합니다. '진보는 분열로 망하고, 보수는 부패로 망한다'는 말처럼 진보는 본래 분열하고 각자 자기 목소리를 내면서 스스로의 존재를 확인하는 것이거든요. 진보가 균열했다 안 했다가 지금 이 시점에 새삼 중요해 보이지 않아요. 진보가 균열했다고 떠들면서 좋아하는 수구·보수 언론들에게는 중요하겠죠.

김 검찰개혁 문제와는 별개로 조국 사태를 계기로 '공정'이라는 의제가 우리 사회의 화두가 되었어요. 정치적 성향이나 이념을 떠나서 청년층은 조 전 장관 딸에게 제기된 특혜 의혹에 대해서 비판적이었어요. 불법은 아니지만 어쨌든 소수만이 가질 수 있는 기회를 가진 것은 사실이라는 거죠. 결국 청와대가 나서서 대학 입시 제도를 바꾸는 상황까지 벌어졌는데요. '공정'이라고 표현하지만 저는 정확하게 말하면 계층 또는 계급 문제라고 생각합니다. '공정'은 입시 경쟁에 뛰어든 사람들 사이의 문제이지만 거기에 낄 수조차 없는 사람들이 더 많으니까요.

최 현재 이른바 스카이에 재학 중인 사람들, 2009년 이후 스카이 대학에 들어갔다가 졸업한 사람들 중 다수가 조민 씨와 비슷한 과정을 거쳐서 대학에 들어간 거 아닙니까? 2007년 대선에 승리한 MB는 인수위 시절부터 영어 공용화 시대, 즉 '오륀지 시대'를 열겠다고 공표했어요. 입학사정관제 도입이 본격화됐죠. 당시 신문 기사를 찾아보면 모든 언론이 입학사정관제를 어떻게 하면 홍보할까 안간힘을 쓰고 있었어요.

중학교 때부터 입학사정관제를 준비하라, 인턴을 하기 위해서는 어떻게 해야 하나 등등의 기사가 학부모와 아이들을 부추겼어요. 이런 인턴 열풍은 박근혜 정부 들어서 교외 인턴 활동을 수시 입시에 반영하지 못하게 함으로써 어느 정도 사그라진 듯했죠. 그러나 기본적으로 자기소개서 등에 여러 가지 편법으로 교외 각종 활동을 넣을 수 있게 돼 있어요.

조 전 장관 자녀 관련해서 공정의 문제를 제기하는 집단이 조 전 장관 자녀와 비슷한 방식으로 대학에 들어간 스카이 대학생들로부터 비롯됐다는 것이 아이러니죠. 결국 조국 사태를 부르짖었던 서울대 총학생회장이 고교생 논문 저자 건으로 창피한 일을 당하고 이런저런 구설수로 사퇴하는 지경에 이르지 않았나요?

대학 진학과 관련해보면 진정한 공정의 문제는 최상위권 학생들 간의 문제가 아니라 서울 소재 대학과 지방대학 간의 불공정한 조건 문제를 어떻게 해결하느냐를 제기해야 하는 게 아닐까요?

스크린도어 사고, 건설 현장 사고 소식이 들려올 때마다 언제나 다치고 죽는 사람들은 노동자였지 사장이 아니에요. 김용균 씨가 열악한 조건에서 일하다가 목숨을 잃었을 때 스카이 대학생들은 뭘 했는지 묻고 싶어요. 공정의 문제조차 최상위 기득권 대학생들이 독점해버리는 행태는 진정한 공정 의제를 훼손한다고 생각합니다.

김 대다수 청년들에게 좀 더 근본적으로 공정한 기회를 주기 위해서 정부는 무엇을 할 수 있을까요?

최 교육제도를 어떻게 설계하느냐에 따라 우리 사회의 계층 문제

완화 여부가 달려 있어요.

DJ 때부터 교육 기회의 평등을 구현하기 위해 '농어촌 인재 특별 전형' 같은 제도가 시작됐고, 노무현 정부 시절인 2005년 '지역 균형 선발'이 도입됐어요. 중산층 혹은 강남 지역 사람들에게 '지역 균형 선발'이란 제도는 쉽게 받아들여지지 못했을 거예요. 지역 균형 선발을 채택해서 지역별로 각 대학에 입학 정원을 할당한다는 제도가 발표됐을 때 저도 낯설었어요. 수없이 많은 토론이 벌어졌는데 똑같이 시험 봐서 대학 가는 게 공정하지 않냐는 생각을 갖고 있었던 거죠.

지역 균형 선발의 논리적 근거는 이런 거 같아요. 지방에서 성실하게 공부하는 A가 강남에서 열심히 공부하는 B와 경쟁하면 A는 아무리 경쟁해도 B를 이길 수 없다는 겁니다. 부모의 경제력 차이가 학력에 대한 지원 격차로 이어지는 것이 기본 요인이고요, 중산층 이상이 주로 모여 사는 강남의 교육 인프라 등등의 조건이 또 다른 이유예요. 만일 지방에 있는 성실한 A가 강남에 있는 B와 위치를 바꾼다면 A는 B와 같은 역량을 발휘할 수 있다는 믿음이 두 분 대통령에게 있었던 거예요. 이게 〈헌법〉이 얘기한 '교육의 평등'을 실현하는 거죠.

제가 가지고 있던 마지막 기득권 엘리트적 사고의 잔재가 사라지는 느낌 같은 것을 받았어요. 그리고 사고가 확장되는 느낌? 두 분 대통령을 존경하게 됐죠. 제도로써 교육 기회의 평등을 실현하는 가장 유효한 방식이 지역 균형 선발 아닐까요. 정시를 늘리더라도 수시와 정시 모두에 지역 균형 선발의 개념을 대폭 확대하는 것이 핵심이라고 생각해요. 이런 게 평등하고 공정한 거라고 생각해요

다음으로 더 근본적인 문제가 있습니다. 대학을 안 가도 기본적인 삶을 누리고 '소확행'을 즐기며 살 수 있게 가야 하는 거죠. 너무 근본적인 문제 제기이긴 하지만…. 저는 문재인 대통령이 이 생각을 확고하게 갖고 있다고 봐요. 그래서 최저임금을 올리려고 그렇게 애를 썼

던 거죠. 최저임금 1만 원으로 올려봤자 8시간에 주 5일 근무한다 치면 월 200만 원이 채 안 돼요. 적어도 최하 월 200만 원은 벌어야 연애도 하고 결혼도 하고 애도 낳고 하지 않겠습니까? 그에 덧붙여 프랑스식 '모성 수당' 같은 것을 도입해줘야 젊은이들이 애를 낳지 않을까 생각해요.

지금 중산층의 기준이 뭐냐, 결혼해서 애 둘 낳으면 중산층이라는 거예요. 애를 낳을 수 있는 공정한 권리도 보장되지 않는 사회예요, 대한민국이. 공정의 개념이 표창장, 논문 제1저자로 대학에 갔냐 아니냐의 문제로 협애해지면 공정의 문제에 있어서도 대다수가 소외되는 현상이 발생하는 것입니다.

미디어 크라이시스

2020년 1월 27일 해가 바뀌고 여섯 번째 대화.
공을 들여 준비했지만 이 문제에 답이 있을까. 답답하다.

깨져버린 '조중동 vs 한경오' 프레임

김 조국 정국에서 '검찰개혁'과 함께 '언론개혁'의 요구도 터져 나왔습니다. 특히 촛불집회 현장에서 언론을 향한 시민들의 분노를 체감할 수 있었어요.

최 우리 언론 보도의 오랜 문제점들이 총체적으로 드러났으니까요. 거기에 포털을 통해 언론 보도를 접하는 구독 환경이 만들어지면서 클릭 수 경쟁이 더해지고, 이명박 · 박근혜 정부 9년간의 방송 장악 결과 전반적으로 기자들의 취재 역량이 떨어졌다는 문제가 더해졌습니다. 뿐만 아니라 기본적으로 조국 전 장관에 관련된 모든 보도가 검찰의 수사 과정에서 흘러나온 피의 사실을 쫓아가다 보니 검찰이 의제를 이끌어가는 형국이 되었다는 점이 가장 큰 특징입니다.

김 언론 보도, 특히 수구·보수 언론의 편파 왜곡이라든가 이중 잣대, 정파적 흔들기 같은 문제는 시민들도 어느 정도 알고 있었다고 생각합니다. 시민들의 분노를 이것만으로 설명하기가 어려워 보여요. 앞서 잠깐 언급하셨는데 이른바 '조중동 대 한경오'라는 프레임이 깨진 것도 중요한 요인은 아닐까요? 과거에는 진보적인 매체가 수구·보수 언론과 다른 정보들을 제공하면서 각축이 벌어졌는데 조국 사태에서는 수구·보수, 개혁·진보 구분 없이 거의 모든 언론이 한목소리를 냈잖아요.

최 맞습니다. 어느 때보다 단독 경쟁이 과열되면서 검찰개혁 의제를 둘러싼 신문사 간 입장 차이라든가, 촛불정부 흔들기에 대한 태도 차이가 실종된 느낌이에요. 지금 상황이 2009년 노무현 대통령 퇴임 이후 박연차 기획 수사 과정과 흡사해 보입니다. 노무현 대통령에 대한 검찰 수사가 시작되면서 당시에도 '조중동 대 한경오' 프레임이 깨졌거든요. 그렇다면 그 프레임은 왜 깨졌을까요?

당시에 진보·개혁 언론에 실렸던 기사 제목을 지금도 잊을 수 없어요. '굿바이 노무현'. 그리고 대표적 시민단체에서 노무현 대통령을 강도 높게 비판하면서 '역사의 무대에서 사라져라'는 식의 성명서를 냈던 것이 선명하게 기억납니다. 지금도 대표적인 시민단체들이 조국 국면에서 이런저런 갈등을 겪고 있는 것을 보면 데자뷔 같은 기분이 들어요.

2009년 당시에도 검찰이 노무현 대통령 수사를 시작하자 검찰발 기사가 쏟아졌죠. 그땐 국정원까지 공작 정치에 개입했고 언론 플레이를 할 때이니까 언론은 검찰과 국정원 그리고 MB 청와대로부터 수사 관련한 이런저런 일방적 정보를 가지고 기사를 썼어요. 결국 중요한 사건에 대한 보도의 소스가 어디이고, 해당 언론사에서 누가 관련 보도를 주도하느냐가 의제의 방향을 결정 짓는다고 봐요. 조선일보건 한겨레신문이건 경향신문이건 조 전 장관네 관련해서 취재원이 같았어요. 검찰과 그 주변. 조 전 장관네 비위 의혹에 대해 한겨레신문이나 경향신문이 발로 뛰어 쓴 기사는 사모펀드 관련해서 '익성 연루설' 정도밖에 기억이 나지 않거든요. 결국 검찰 출입 기자들이 조국네 관련 기사를 주도하고, 취재원이 검찰이다 보니 조선일보나 한겨레신문이나 기사 내용, 방향에 차이가 있을 수 없어요.

동기는 다를 수 있었다고 봅니다. 조선일보 등은 문재인 정부와 검찰개혁 흔들기가 동기였을 것 같고요, 조 전 장관 가족의 아주 작은 먼지라도 잡히면 확대시키려 했을 테죠. 한겨레나 경향신문 같은 경우는 검찰이 주는 정보를 '사실'로 보고 기사를 쓴 것이라고 봐요. 다른 동기, 같은 방향의 기사가 된 거죠.

다만 한겨레신문에 아쉬운 점은 검찰발 소스를 재확인하는 데 게을렀던 것입니다. 사실 기자가 게으르면 안 되는 것인데 왜 게을러졌을까도 따져봐야겠죠. 앞서 언급한 기자들의 취재력, 지식인으로서의 준비 정도도 이유겠지만, 특히 일부 기자들이 검찰과 매우 밀착돼 거의 한 몸으로 움직이고 있는 것이 가장 큰 이유가 아닌가 싶습니다.

이런 상황에서 적극적으로 언론 대응을 하기 어려웠던 조 전 장관의 처지 때문에 일찌감치 '정권 실세의 비리와 이중성'이라는 왜곡된 프레임이 설정됐고 그 프레임에 모든 언론이 빠져버린 게 아닌가 생각합니다.

김 조 전 장관이 초기에 보다 적극적으로 언론에 대응했다면 상황이 달라졌을까요?

최 약간은 달라졌겠지만, 크게 차이가 있었을까요….

개인적 추론인데, 누군지 모르겠지만 이번 사태를 배후에서 기획한 사람은 문재인 대통령을 흔들기 위한 큰 틀의 프로그램을 짰다고 봐요. 조국 국면에 다른 한편에서는 대통령 자녀 흔들기가 진행되고 있었어요. 문준용 씨와 문다혜 씨에 대한 각종 의혹이 제기됐죠. 조국 흔들기와 대통령 자녀 흔들기라는 두 트랙으로 문재인 대통령을 흔들고 '털어서 먼지 안 나는 놈 없다'는 식의 믿음을 갖고 검찰이 참전하는, 보통 사람들은 상상하기 힘든 계획을 세운 느낌이 들었어요.

그런데 문준용 씨는 곽상도, 하태경, 최연혜 등이 교육 콘텐츠 납품 의혹, 아내 관련 특혜 의혹 등등을 제기할 때마다 하나하나 적극적으로 대응했습니다. 아내가 시아버지 찬스를 썼다는 지적이 나오자 "내 아내는 유능한 사람이어서 시아버지 찬스를 쓸 필요가 없다"고 적극적으로 나서기도 했어요. 그 결과 대통령 아들 특혜 프레임이 형성되지 못했죠. 최근에는 자유한국당이 다시 문다혜 씨 갤러리 취업 건을 걸고넘어지고 있는데, 문준용 씨가 여기에 대해서도 적극 반박하고 있어요.

제3자에게는 대통령 아들의 이러한 대응이 별거 아닌 것처럼 보일 수 있으나, 본인으로서는 대단한 용기를 내서 주위의 반대를 무릅쓰고 나선 것이라고 봅니다. 하여간 문준용 씨의 반박이 'VS 여론'을 만들었고, 자칫하면 대통령 아들딸 특혜에 관해서도 조국 전 장관과 비슷한 국면이 펼쳐질 뻔했는데 '특혜 프레임'이 형성되지 못했죠. 이 점은 문준용 씨가 용기를 내어 적극적으로 대처한 것에 대해 칭찬하고 싶은 마음이에요.

반면에 조 전 장관은 청문회를 앞둔 내정자였기 때문에 언론의 문제 제기에 적극적으로 대응하기 어려웠다는 아쉬움이 있습니다.

김 조국 사태 초기부터 주요 매체들의 보도만 보는 분들은 정경심 교수가 정말 동양대 표창장을 위조했다고 생각할 수도 있을 것 같더라고 요. 그런데 아무리 조국 전 장관의 초기 대응이 부족했다고 해도 보수, 진보 가리지 않고 한목소리를 냈다는 사실이 잘 이해가 안 됩니다. 적어 도 취재원의 주장을 의심해볼 수는 있잖아요.

최 〈뉴스공장〉, 《오마이뉴스》 같은 극소수 매체와 1인 미디어들은 표창장 위조 가능성이 낮다는 점을 구체적으로 지적했어요. 서울경 제신문의 일부 기자는 사모펀드 관련해 대다수 언론과는 다르게 '익 성'과 '신성' 등 그 업계의 큰손들을 중심에 두고 기사를 썼어요. 이들 언론 보도의 결정적 차이는 검찰발 피의 사실을 그대로 받아쓰느냐 아니면 독자적인 취재를 하느냐에 있었다고 생각해요.

동양대 표창장 위조 의혹은 오직 '내가 결재한 기억이 없다. 위조 다.'라는 최성해 씨의 말 한마디로 시작된 겁니다. 왜 대다수 언론은 최성해의 말을 금과옥조로 받아쓴 것일까요. 동양대 현직 교수나 관 계자 등을 통해서 과연 표창장 위조가 가능한 것인지, 정경심 교수가 표창장을 위조한 게 사실인지 직접 취재한 언론이 거의 없었죠.

〈뉴스공장〉에서 동양대 현직 교수가 출연해 '조민 씨 표창장은 위 조되지 않았으며, 최성해 총장과 정경심 교수의 관계를 고려할 때 위조할 이유도 없다'는 증언이 있었으나 대다수 언론은 외면해버렸 어요.

조민 씨의 서울대 환경대학원 장학금 같은 경우 '신청 여부'가 최대 쟁점이었잖아요. 환경대학원 교수가 〈뉴스공장〉에 출연해 '장학금을 신청하지 않아도 받게 되는 경우가 많다', '조민 씨가 받은 장학금도 그런 장학금이었다'고 사실을 확인해주어도 대부분의 언론이 받지 않 았어요. 장학금을 신청한 일이 없다는 것이 확인되면 이 사실은 보도 하지 않고, 서울대 환경대학원을 자퇴하면서 왜 장학금을 반환하지 않았느냐고 물어뜯었죠. 장학금 반환이 불가능하다고 해명하고 이것이 사실로 확인되면 한동안 장학금 반환이 가능하다더라는 식의 근거 없는 물타기 보도가 이어지다가 잠잠해지는 식이었어요. 조민 씨 장학금의 경우 반환이 불가능하다는 것이 확인되니 '다른 사람이 받을 수도 있었을 장학금을 받고 먹튀 했다'는 식의 도덕적 비난 보도가 이어졌지요.

김 10월 1일에 MBC 〈PD수첩〉이 이른바 '동양대 표창장 조작 의혹'을 다룹니다. 방송을 보면서 그런 생각이 들었어요. '아니 저 정도는 조작 의혹이 제기된 직후에 그냥 기자들이 영주에 내려가서 취재하면 되는 것 아니었나? 시사탐사프로그램이 나서야 할 일인가?'

최 그렇지요. 실제로 대구MBC와 안동MBC 등 지역 방송사들이 관련 보도를 했어요. 표창장 위조 의혹 초기에는 표창장이 문제가 아니었어요. 조민 씨가 참여했다는 동양대 프로그램이 없었다고 언론들이 보도했거든요. 대구MBC가 해당 프로그램이 있었다는 사실을 특종 보도한 뒤 관련 음해 보도는 사라지게 되고 검찰 공소장에도 등장하지 않게 되었어요. 요지는 검찰과 다른 주장을 하는 언론 보도는 대다수 언론의 암묵적 카르텔에 의해 무시되고 사라져버렸다는 겁니다. 예를 들어 한겨레신문 기자 한 명이 영주에 내려가 취재한 뒤 '사실은 해당 프로그램이 있었고 조민 씨가 봉사 활동을 하는 것을 본 목격자들도 있었다. 표창장도 위조할 필요가 없어 보인다.'는 언론사 내부 정보 보고가 올라갔다 해도 어느 선에선가 없어지지 않았을까 싶어요.
　더 근본적인 문제는 동양대 표창장이 뭐라고, 표창장 하나에 대한민국이 석 달 동안 휩쓸렸느냐 하는 게 아닐까요? 저는 상황을 지켜보던 〈PD수첩〉 제작진이 오죽 답답하면 직접 나섰겠나 하는 생각이 들더라고요.

일반적으로 시청자들은 방송사를 한 묶음이라고 생각하는데, 기자와 PD가 방송을 만드는 방식은 차이가 큽니다. 기자들은 어떻게 보면 하루살이라고 할까요? 이슈를 좇아 빨리 리포트를 만들어서 뉴스에 올려야 하기 때문에 심층 보도를 할 여유가 없을 수 있어요. 그에 비해 PD들은 심층 기획 취재를 통해 프로그램을 만들 수 있기 때문에 일정한 흐름 속에서 사건을 바라보고, 객관적으로 평가할 시간적 여유가 있어요. 그런 업무 방식이 쌓이면서 좀 더 심층적인 사고를 하게 되는 게 아닐까요? 이번 사태를 PD들이 바라보면서 참으로 황당했을 것 같아요. '표창장을 주고받는 과정에서 엄청난 금품이 오갔거나 어마어마한 자리가 대가로 주어졌나? 이게 몇 조 원대의 권력형 비리인가? 금융 사기인가?' 하는 의문을 가지게 되고 그러다 결국 〈PD수첩〉이 관련 취재를 하게 된 것 같습니다.

넘치는 '단독', 몰려나온 '좀비 기사'

김 세월이 한참 흐른 후에 〈PD수첩〉 제작자들이 '동양대 표창장 의혹' 편을 두고 '우리가 참 별걸 다 했네' 하지 않을까요? 과거에 〈PD수첩〉은 '황우석과 줄기세포', '검사와 스폰서', '4대강 사업의 의혹', '미국산 쇠고기의 광우병 우려' 같은 그야말로 나라를 들었다 놨다 할 만한 의제를 다뤄서 명성을 얻었잖아요. 그런데 표창장 한 장의 진위를 〈PD수첩〉이 나서서 따져야 한다니, 이런 언론 상황 자체가 블랙코미디 같아요.

조국 사태에서 드러난 언론 보도의 문제를 하나하나 열거하기는 힘들지만 크게 몇 가지로 정리를 좀 해봤으면 합니다.

KBS '표창장 위조' 단독 보도를 그대로 받은 보도들

매체명	기 사 명	게재일	기자명
KBS	[단독]"정경심 아들 표창장 스캔해 딸 표창장 만들어" …동양대 컴퓨터서 물증	9/17	방준원
MBC	"딸 입시 위해 표창장 위조"…檢 공소장에 '적시'	9/17	최경재
서울신문	"동양대 표창장 위조" 검찰, 정경심 정조준	9/17	나상현
연합뉴스	조국 부인, 아들 상장서 오려낸 직인으로 딸 표창장 위조 정황	9/17	임수정
JTBC	정경심, 딸 표창장 위조 정황…"아들 상장서 직인 합성"	9/18	강신후
MBC	"조국 아내가 위조"…"아들 상장 직인 오려 붙여"	9/18	홍신영
SBS	"정경심, 아들 상장서 직인 오려내 딸 표창장 위조"	9/18	한지연
YTN	"아들 상장 복사해 딸 표창장 위조" …커지는 입시 부정 의혹	9/18	전준형
국민일보	"아들이 받은 거 스캔 후…" 조국 부인 표창장 위조 정황 포착한 검찰	9/18	천금주
노컷뉴스	검찰이 보는 조국 부인 '딸 표창장' 위조 방법은?	9/18	정석호
서울신문	檢 "정경심 위조 딸 표창장 발급 일자 이듬해 생성됐다"	9/18	나상현
연합뉴스	조국 딸, 표창 사유도 허위 의심… 검찰, 아들 상장도 조사할 듯	9/18	임수정
이데일리	조국 부인, 아들 상장서 오려낸 직인으로 딸 표창장 위조 정황	9/18	박일경
중앙일보	'기생충' 같은 위조 정황… 정경심, 아들 표창장 잘라 만들었다	9/18	김기정

최 음, 저는 크게 다섯 가지 정도로 요약해봤어요. 우선 단독 같지 않은 단독 보도, 그리고 그 단독 보도를 받은 '좀비 기사'들이 쏟아졌다는 점을 들 수 있어요. 한 언론사의 단독 보도가 뜨면 그와 동일한 보도가 단어 몇 개 바뀌거나 표현이 약간 바뀌어서 연이어 포털에 올라왔습니다. 처음 나온 단독 보도의 진실성을 검증하거나 가치를 따지는 과정은 생략되고 유사한 내용의 기사들로 포털이 도배되는 현상이 반복됐어요. 좀비가 생명은 없는데 움직이는 유해한 귀신 같은 거잖아요. 저는 이번 조국 국면에서 검찰발로 보이는 단독이 나오고 그 단독을 베껴 쓴 영양가 없는 기사들은 '좀비 기사'라고 봐요. 기사 형식은 취했으나 기사로서의 가치는 제로에 가까웠으니까요.

김 정말 '단독'이 붙은 기사가 나오기만 하면 거의 모든 언론이 그것을 기정사실로 다룬 것 같아요. 저는 KBS의 동양대 표창장 의혹 단독 보도가 딱 떠오릅니다. 너무 이상했거든요. '정경심 교수가 아들의 표창장을 스캔해서 딸의 표창장을 위조한 물증이 나왔다'는 보도였어요. 그러니까 여러 언론이 비슷한 보도를 쏟아냈어요.

KBS 보도를 납득할 수가 없어서 연합뉴스 등의 기사도 봤는데 도무지 이해가 안 됐어요. 정 교수가 한글 파일로 딸의 표창장을 작성하고 나서, 아들의 상장을 스캔한 그림 파일에서 동양대 총장 직인을 오려내 딸의 표창장에 얹었다는 거예요. 검찰이 정 교수가 쓰던 컴퓨터에서 이 파일들을 확보했다는데, 제 실무 경험상 한글 파일에 그림 파일을 얹으면 일부가 가려지거든요. '내가 모르는 뭔가 새로운 기술이 나왔나, 정 교수가 그런 기술까지 이용할 수 있단 말인가, 기자들은 나와 같은 의문이 들지 않나' 그런 생각을 했었습니다.

최 김유진 씨가 지적한 KBS 단독 보도와 그 뒤에 이어진 언론 보도들은 더 근본적인 문제가 있어요.

검찰이 표창장 위조로 정경심 교수를 기소한 것은 9월 6일 밤 10시 40분경입니다. 조국 장관 후보자 청문회가 끝나기도 전에 검찰이 기소했고, 기소 사실을 사전에 입수한 것으로 보이는 자유한국당 청문위원들이 사퇴를 유도하는 질문을 이어갔지요. 당시 공소장은 육하원칙이 무시된 어설픈 공소장이었어요. 그런데도 그 공소장이 어설프다고 지적한 언론 보도는 찾아보기 힘들었죠. 오직 장관 내정자의 아내가 기소됐다는 것에 초점을 맞춘 기사들이 대부분이었습니다.

뿐만 아니라 9월 6일 공소장을 보면, 정 교수는 딸의 유명 대학 입시 과정에서 사문서를 행사할 목적으로 익명의 공범과 도장을 훔쳐서 오프라인에서 표창장을 위조한 것이라고 적시돼 있어요.

그런데 KBS의 9월 17일 단독 보도는 검찰의 공소장을 뒤집는 내용입니다. 도장이 아니라 PC에서 파일들을 붙여서 표창장을 위조했다는 거니까요. 또 공소장에는 공범이 있다고 했는데 KBS 단독 보도를 보면 공범의 존재는 없었죠. 이렇게 KBS의 단독 보도는 검찰의 공소장을 하나하나 반박하는 내용인데, KBS는 자신들의 보도가 검찰의 공소장과 아무런 모순이 없는 것처럼 교묘하게 검찰 입장을 덧붙이기까지 해요.

다른 언론들도 KBS 보도와 검찰 공소장이 모순된다는 사실을 지적하지 않았고 오히려 KBS 보도를 쫓아갑니다. 범죄행위는 하나인데 범죄 방식이 두 가지, 범죄행위의 장소도 두 군데, 위조된 사문서의 행사 목적도 다른 이상한 상황이 벌어졌어요.

더 희한한 건 검찰의 공소장을 뒤집는 KBS 보도와 그런 KBS를 따라간 언론 보도들의 출처가 모두 검찰이라는 사실이에요. 즉 검찰이 KBS를 이용해서 자신들의 공소장 내용을 뒤집었다고 할 수 있는데, 왜 그랬는지는 정 교수의 재판 과정에서 드러났죠. 검찰은 자기들이

'입시 비리' 프레임을 만든 동아일보 단독과 뒤따르는 기사들

매체명	기 사 명	게재일	기자명
동아일보	[단독] 고교 때 2주 인턴 조국 딸, 의학논문 제1저자 등재	8/20	황성호
동아일보	[단독] "조국 딸 열심히 해… 제1저자 등재는 지나친 측면 있어"	8/20	황성호
국민일보	[단독] 조국 딸 제1저자 등재 후 사라진 '인턴십'	8/20	방극렬 이도경
중앙일보	"화나 죽창 들고 싶다"…'조국 딸 논문 논란' 대학가도 분노	8/20	이민정
노컷뉴스	"희귀 스펙에 유급 장학생"…조국판 '스카이캐슬'	8/20	유원정
동아일보	[단독] 조국 딸 '논문 1저자' 파문, 청년층 분노 화산	8/21	신동진
한국일보	조국 딸 논문 논란에 대학가 분노… "죽창이라도 들고 싶다"	8/21	이소라
MBC	"차라리 공정 경쟁 말을 말지"…2030 '부글부글'	8/21	윤정혜
조선일보	[김광일의 입] 조국 씨 '금수저 딸', 청년층 분노	8/21	김광일
서울경제	[기자의 눈] 조국 '로얄 패밀리'에게 바라는 것	8/21	조권형
한국경제	한국당, '조국 딸' 입시 의혹에 "조유라…고려대 입학 취소해야"	8/21	뉴스룸
아시아경제	"조국캐슬, 조로남불" 조국, 입시·병역 다 건드렸다 2030 분노	8/21	한승곤
조선일보	"조국 딸은 고대 정유라"… 고대 이어 서울대도 23일 촛불집회	8/21	최지희
이데일리	입시전문가 "조국, 약삭빠른 학부모 전형… 딸 논문, 고대 입학에 큰 영향"	8/21	이정훈
한국경제	[단독] 조국 딸, '영작 실력' 인정받아 제1저자 됐는데…논문 초록부터 '오타'	8/21	김소현
중앙일보	[최준호의 과학&미래] 조국의 스카이캐슬, 학부모의 피눈물	8/22	최준호
한국경제	[사설] 청년들의 좌절과 분노에 기성세대는 뭐라고 답할 건가	8/22	–
중앙일보	[중앙시평] 조국의 강남 좌파, 싸가지 없는 진보로 추락하다	8/23	고대훈

봐도 말이 안 되는 9월 6일 공소장을 바꾸려고 했고, 바꾸려고 하는 공소장의 내용을 KBS에 '단독'으로 던져준 거라고 봅니다.

검찰이 주는 '단독'에 취해 언론들이 어떻게 휩쓸려 다녔는지 단적으로 드러나는 사례예요.

김 조국 장관 임명 반대 여론에 큰 영향을 끼친 딸 조민 씨의 '단국대 논문 제1저자'도 단독 보도였어요. 제 기억으로는 8월 20일 동아일보 단독일 거예요. 이 보도 직후에 조민 씨의 입시, 인턴십과 관련한 엄청난 의혹 보도들이 쏟아졌습니다. 그러면서 '입시 부정' 프레임이 만들어졌어요.

최 맞아요. 8월 26일에 중앙일보가 긴급 여론조사를 보도했는데 조국 장관 임명을 찬성하는 여론은 27%, 반대하는 여론은 60%였습니다. 중앙일보는 친절하게 여론이 등을 돌린 결정적인 이유가 '딸 논문(55%), 장학금(44%)'이라는 내용을 덧붙였어요.

우리 사회에서 대학 입시는 뜨거운 감자 중에서도 뜨거운 감자입니다. 아이가 어느 대학을 가느냐가 아이의 인생뿐만 아니라 부모의 인생 성패를 좌우하는 아킬레스건으로 인식되고 있죠. 그만큼 민감하다는 건데요. 언론은 조민 씨가 단국대 논문 제1저자로 올라간 과정이나 그 적절성 여부를 먼저 취재하고 사실을 전달한 뒤 논평하는 것이 아니라 '불법이 있을 것'이라는 전제를 일단 만들어놓고, 그 전제를 뒷받침할 만한 내용만 뜯어 붙이는 형식의 기사를 양산해냈습니다.

이것이 공주대 교수의 인터뷰로 폭로되기도 했어요. 조민 씨의 공주대 논문 제3저자 등재에 대해서 담당 교수가 경향신문 유희곤 기자에게 '아무런 문제가 없다'는 취지의 설명을 충분히 했지만 보도가 안

됐고, 국민일보 기자에게는 '귀찮게 하지 말아 달라, 제발 놔두라'고 했더니 '선의로 도운 것이니 덮어달라'로 기사가 나왔다고 증언했죠.

공주대 논문 제3저자 등재 건은 공주대가 '조민의 인턴십은 적절히 진행됐고 논문 제3저자 등재도 문제없다'고 공식적으로 밝혔습니다. 이런 결론이 나왔을 때 공주대 논문으로 조민 씨를 흔들던 대다수 언론은 역시 제대로 보도하지 않았어요.

김 '입시 비리 프레임'이 만들어지면서 대학생들의 분노가 굉장히 자극적으로 다뤄지기도 했습니다. 고려대, 서울대에서 열린 조국 사퇴 촛불집회를 규모나 인원에 상관없이 크게 부각하기도 했지만 '죽창이라도 들고 싶다', '고대 정유라' 같은 제목을 달았더라고요.

최 죽창을 들고 싶다니…. 이런 것을 보아도 언론은 이미 조국을 낙마시켜야 한다는 목표를 정하고 거기에 맞추어서 가장 타격을 줄 만한 제목을 뽑은 느낌이 드네요.

정확히 말하자면 대학생 일부의 분노였죠. 언론이 '태산명동서일 필泰山鳴動鼠一匹'식 보도를 한 거죠. 결과적으로 보면, 마치 대학가에 엄청난 분노가 있고 그것이 집회로 조직될 듯 보도했지만 집회 규모는 초라했습니다.

정유라 입시 부정 건과 조민 씨를 엮은 보도 역시 악의적 프레임입니다. 정유라의 경우는 이화여대가 그를 위해 입시 요목에 없는 '승마'를 만들었고 이후에도 꾸준히 정 씨에게 맞춰 입시 및 학사 비리를 저지른 것입니다. 이대는 이 과정에서 기본적인 출석 일수를 안 채워도 봐주고 성적도 조작해주는 여러 방식을 동원했죠.

조민 씨는 당시의 입시 제도 안에서 합법적으로 열심히 뛰어다닌 죄밖에 없어요. 대학에 가려면 인턴십이 중요한 분위기라 많은 학생들이 인턴십을 하려고 했고 그도 그중에 하나였을 뿐이었던 거죠. 누구보다 서울대나 고려대 학생들이 이 사실을 잘 알 겁니다. 그들도 같은 방식으로 대학 간 경우가 많을 테니까요. 그런데 서울대 학생들이 고교 인턴 문제나 논문 저자 등재 문제 등등을 들고 나올 때 이해하기 힘들었어요.

일부 대학생들의 분노 역시 검찰과 야당 그리고 언론이 부추긴 측면이 없지 않다고 봅니다.

받아쓰기, 익명, 따옴표─저널리즘의 실종

김 언론 보도의 두 번째 문제로 넘어갔으면 합니다.

최 앞에서도 짧게 얘기했는데 언론들이 '받아쓰기 보도'만 했다는 지적을 안 할 수가 없네요. 주로 '검찰과 자유한국당'발 받아쓰기였죠. 동양대 표창장 위조 의혹도 단 한 명의 주장으로 시작됐는데요, 최성해 총장이었습니다. 지금까지 가장 이해할 수 없는 행동을 한 사람이에요. 최성해 관련 보도 역시 사실상 검찰발이라고 봐도 무방할 것 같습니다.

최성해 씨는 자진해서 검찰에 출석했고, 검찰 수사를 받고, 검찰청을 나서는 그 이른 새벽 시간에 마치 그 순간을 위해 멘트를 오래 준비한 사람처럼 '교육자적 양심과 친분 사이에서 고민이 많았으나 교육자적 양심을 따르기로 했다'는 '고급진 멘트'를 했어요. '나는 표창장을 주라고 한 적이 없다', '그 표창장은 위조됐다'는 수사의 단초가 된 발언도 앞서 지적한 대로 다 그의 입에서 나온 것이었죠. 언론들은 그의 발언을 기정사실처럼 받아써줬고요.

김 네, 언론이 정말 경쟁적으로 최성해 총장을 인터뷰했습니다. 어떤 기사를 보면 최 총장이 마치 권력형 비리의 피해자인 것처럼 비춰지기도 했어요. 중앙일보 인터뷰 기사였는데 정경심 교수가 검찰의 동양대 압수수색 사흘 전쯤 최 총장에게 전화를 걸어 '압수수색이 나오면 자기 서류는 하나도 주지 말라', '안 줘도 된다', '주면 총장님도 다친다'고 했다는 주장이었어요. 최 총장이 병원에 입원해 있고 수척해 보였다면서 환자복 입고 있는 사진까지 실어줬더라고요.

최 정경심 교수와 최성해 총장이 통화한 건 사실이었고요. 조국 장관도 잠깐 통화했다고 인정했어요. 그러나 최성해가 말했다고 언론이 보도한 내용들은 부정했죠. 최성해 총장과 정 교수가 워낙 가까워서 가족끼리 식사를 할 정도였다고 하니 아마도 정 교수는 최 씨의 정체를 모르고 '사실대로 말해달라'는 정도의 부탁은 한 것 같아요.

김두관, 유시민 작가가 최 씨에게 전화를 건 것도 자유한국당과 언론이 매우 크게 문제 삼았죠. 유 작가는 취재차 전화했다고 주장했고, 최 씨는 협박을 받았다는 식으로 말했다가 그냥 친분상 농담 차원의 통화를 했다는 등 말이 오락가락했어요. 최 씨가 해당 통화의 녹취록을 제시할 듯, 말 듯하다가 결국은 흐지부지됐죠.

검찰 받아쓰기 기사는 너무 많아서 일일이 예를 들 수가 없어요. 조범동이 코링크 실소유주는 정경심이라고 말했다, 김경록 PB가 조국이 '증거인멸을 도와줘서 고맙다'고 말했다고 증언했다, 조범동이 조국의 지위 때문에 정경심을 도와줬다고 말했다, 정경심이 차명 계좌로 수백 건의 선물 투자를 했다는 등등 조국 일가를 사기꾼, 범죄 집단으로 몰아가는 검찰의 주장이 그대로 기사화됐습니다.

그러나 조범동은 재판 초기에 사모펀드 차명 계좌 관련해 검찰 기소의 핵심 내용을 부정했어요. 정경심 교수가 자신에게 자금을 빌려

줬고 이 돈의 이자를 준 것일 뿐 차명 계좌는 아니었다고요.

김 제가 뭔가 같은 질문을 반복하는 것 같은 느낌이 드는데요, 도대체 기자들은 왜 그렇게 받아쓰기만 했을까요?

최 제가 언론운동 현역에 있을 때, 그래도 그때는 '저널리즘'이라는 단어가 모든 젊은 언론인들에게 도달하고자 하는 목표였던 것 같아요. 심지어 당시에는 중앙일보 기자를 만나도 저널리즘이라는 단어를 입에 올리고 저널리즘에 충실하겠다고 다짐을 하기도 했어요. 그것이 비록 현실에서 데스크에 의해, 혹은 자신의 역량 부족으로, 어쩌면 저널리즘이라는 것이 도달할 수 없는 이상이기 때문에 구현해내지 못할지라도 당시에는 보수 언론 기자들도 저널리즘의 이상을 가슴에 품고 있었다고 할까요.

그 저널리즘의 기본은 취재로부터 시작돼요. 그런데 이명박·박근혜 정권 9년 동안 언론 장악, 방송 장악이 방송사 상층부뿐 아니라 일선 기자에게까지 체화되면서 저널리즘이라는 단어가 실종된 것 같습니다. 방송 장악 초기에는 저항도 해보고, 자기가 취재한 사실이 신문 지면 혹은 방송 리포트로 나가게 하기 위해 애썼던 일선 기자들이 아무리 노력해도 정권 차원의 방송 장악, 낙하산 사장들에 의한 편집·편성·취재 독립성 훼손으로 불가능하게 되자 어느 순간 낙담하게 되고, 자포자기 상태로 빠지면서 그저 출입처에서 던져주는 보도자료, 혹은 흘려주는 자료를 받아쓰는 데 익숙해진 문화가 형성된 건 아닌가 싶어요.

한마디로 저널리스트는 사라지고, 회사원으로서의 생존경쟁만 남은 거죠. 그래서 검찰이나 자유한국당 혹은 특수한 개인이 편안한 취재원으로 인식되고, 받아쓰기에 대한 자의식이 실종된 게 아닐까요?

일방적 의혹 제기를 제목으로 뽑은 '따옴표 보도'들

매체명	기 사 명	게재일	기자명
중앙일보	[단독] 이혼 뒤에도 전처 법적 대리인…조국 동생 '수상한 결별'	8/18	성지원
아시아경제	곽상도 "조국 딸, 성적 미달로 두 차례 유급에도 의전원 장학금 수령"	8/19	임춘한
중앙일보	"외고→대학→의전원…조국 딸, 시험 한 번 안 보고 진학했다"	8/20	김은빈
동아일보	김진태 "조국 선친 묘비에 이혼한 전 제수 이름 새겨져"	8/20	김혜란
서울신문	김진태 "조국 아들 학교 폭력 연루"… 조국 측 "가해자 아닌 피해자" 반박	8/26	오달란
조선일보	곽상도 "조국 아들, 서울시 청소년참여위서 부실 활동하고도 증명서 발급받아"	8/27	유병훈
서울경제	[단독] 정점식 "조국 20대에 산 강릉 땅, 스키장 소문에 투기 의혹"	9/1	조권형
중앙일보	주광덕 "조국 딸, 조국 근무 서울대 법대서 셀프 인턴"	9/1	추인영
매일경제	주광덕 의원, 조국 딸 특혜 의혹 제기…"서울법대서 셀프 인턴"	9/1	김승한
한국일보	주광덕 "조국 딸, 영어 독해·작문 6~7등급… 영어 잘해서 제1저자 된 거 아냐"	9/3	박준석
조선일보	주광덕 "조국 딸 영어 잘했다고? 외고 때 문법·작문·독해·회화 모두 4~8등급"	9/3	김명지
국민일보	주광덕 "조국 딸 영어 성적 최고가 4등급, 나머진 5~7등급 이하"	9/3	지호일
연합뉴스	주광덕 "조국 딸, 한영외고 재학 때 영어 성적 4~8등급"	9/3	설승은
동아일보	[단독] "조국 아들, 서울대 인턴 하기도 전에 '예정 증명서' 받아"	9/7	이지훈
중앙일보	주광덕 "조국 아들만 양식 달라…서울대 인턴 증명서도 가짜"	9/8	성지원
뉴시스	주광덕 "서울대 인턴십 증명서 28장 중 조국 아들만 양식 달라"	9/8	김형섭 유자비
연합뉴스	주광덕, '조국 자녀 인턴증명서 의혹' 수사 의뢰…"조작 확실"	9/9	방현덕
국민일보	주광덕 "조국 아들 서울대 인턴증명서는 허위"	9/9	김용현
국민일보	곽상도 "조국 딸 출생신고 직접 했다…청문회 위증"	9/9	문동성
TV조선	[단독] 조국 딸 출생신고자는 '父'…청문회 위증 논란	9/10	김정우
세계일보	곽상도 "文 며느리 '시아버지 찬스'? 문준용 유학 시절 '아버지 찬스'는?"	9/22	박태훈
동아일보	[단독] "조국 딸 의전원 입시 때 학부 성적- 영어 점수보다 서류-면접 더 많이 반영"	9/26	이지훈

김 '검찰 받아쓰기' 보도는 저널리즘의 원칙이라는 측면에서도 심각한 문제가 있어요. 취재원을 밝히지 않는 익명 보도들이 쏟아졌잖아요. '검찰에 따르면'은 양반이고 사실상 검찰로 추정되는 취재원을 아닌 것처럼 바꾸는 거죠. '검찰 안팎에서는', '법조계 인사에 따르면', '서초동 주변에서는' 이런 식으로요. 평소에도 우리 언론의 익명 보도는 비판을 많이 받았지만 조국 사태에서는 극단적으로 악용된 것 같아요.

최 현실에서 구속력은 별로 없지만 '신문윤리실천요강'에 보면 취재원에 대한 규정이 있습니다. 제5조 취재원의 명시와 보호 조항인데 '취재원을 원칙적으로 익명이나 가명으로 표현해서는 안 되며 추상적이거나 일반적인 취재원을 빙자해서 보도해서는 안 된다'고 되어 있죠. 공익이나 취재원 보호 등을 예외로 두긴 하지만 우리 언론은 일상적으로 익명 취재원을 남발해요. 심지어 어떤 경우는 취재원이 기자 본인이 아닌가 의심스럽기도 합니다.

해외 언론들은 보도의 정확성과 신뢰성을 위해서 엄격한 기준으로 익명 보도를 제한한다고 알고 있어요. 예를 들면 BBC의 경우 자체 윤리강령과 '편집정책 및 프로그램 표준 법률 권고 사항'을 통해 익명성 허용의 조건을 규정해놓았어요. 익명성은 '지켜져야만 하는 편집상의 명분', 예를 들면 취재원의 보호와 같은 경우에만 허용한다는 건데 적용 대상이 구체적이죠.

우리 언론이 취재원을 얼마나 불투명하게 처리하는지 보여주는 연구 결과가 있어요. 2018년 4월에 좋은저널리즘연구회가 국내외 언론의 1면 기사 892건을 분석한 결과를 보면 국내 언론사는 실명 취재원 수가 기사당 2.6개에 그친 반면 《뉴욕타임스》는 8.4개, 《타임스》는 4.3개, 《아사히신문》 3.8개라고 해요. 또 취재원이 익명인 기사가 국내 언론은 8.4%였지만 《뉴욕타임스》는 없어요.

취재원이 누군지 정확하게 밝히고 기사를 쓰는 문화가 정착되었다면 지금처럼 '검찰 안팎에서는', '검찰 관계자에 따르면' 등의 보도가 가능했을까 돌아봐야 해요.

김 익명 취재원 남발의 다른 한편에서는 실명 취재원의 발언을 무조건 따옴표 처리해서 부각해주는 병폐도 심각합니다. 말씀하신 것처럼 이번 조국 사태에서 '자유한국당 받아쓰기'도 심각했는데요, 자유한국당 의원들이 '의혹'이라고 던져주면 그것을 그대로 따옴표 처리해서 제목으로 달아주는 기사가 쏟아졌어요.

최 《동아일보》 8월 20일자 보도 제목이 "김진태, '조국 선친 묘비에 이혼한 전 제수 이름 새겨져'"입니다. 소위 조국 전 장관 동생과 제수가 위장 이혼을 했다는 주장을 뒷받침하는 내용이었어요.

《한국일보》 9월 3일자 "주광덕 '조국 딸, 영어 독해·작문 6~7등급…영어 잘해서 제1저자 된 거 아냐'" 기사는 놀랍죠. 주광덕 의원의 생기부 유출이 불법이란 점에 대한 지적보다 조국 장관 딸이 '영어를 잘 하지 못한다'를 부각하고 있거든요.

《아시아경제》 8월 19일자 "곽상도 '조국 딸, 성적 미달로 두 차례 유급에도 의전원 장학금 수령'" 보도는 성적 미달 시기와 장학금 수령 시기가 무관한데도 무조건 받아썼어요. 조민 씨가 두 번 성적 미달된 것은 사실인데요, 성적이 미달된 다음 학기에는 장학금을 타지 못했어요. 그런데 기사 제목만 보면 성적 미달되고 바로 다음 학기에도 장학금을 받은 것처럼 읽혀지잖아요.

앞서 제가 소개한 보고서는 취재원의 발언을 제목으로 사용하는 '제목의 직접 인용구 사용'에 대해서도 '갈수록 심해지는 부정적 관행'이라고 지적했습니다. 취재원의 특정 발언을 제목으로 뽑을 경우 기사 전체 내용을 포괄하지 못하는데다 취재원의 발언이 검증되지 않고 전달된다는 거죠. 해외 언론과 비교한 연구 결과를 보면 국내 언론사의 1면 기사 중 59.1%가 취재원의 발언을 직접 인용해 제목으로 사용했지만 《뉴욕타임스》는 2.8%(1건)에 불과했고 《타임스》는 한 건도 없었고, 《아사히신문》은 13.9%라고 합니다. 이 수치를 보면 갑자기 대한민국이 선진국이 맞나 하는 자괴감까지 들어요.

짓밟힌 인권, 스토킹 보도

김 이렇게 무분별한 받아쓰기를 하는 과정에서 인권침해도 정말 심했어요.

최 제가 세 번째로 지적하고 싶은 것도 바로 '선정적 스토킹 보도'예요. 이건 저널리즘이라는 단어를 언급조차 할 수 없는 수준인데요, 그런 보도를 보며 두 가지 생각을 했어요. 하나는 '저렇게까지 경쟁이 심해졌나? 혹은 데스크가 저렇게까지 다그치나?' 또 다른 하나는 '우리 기자들이 진짜 이 수준밖에 안 되나?' 하는 생각이었어요. 독자들이 전혀 궁금하지도 않은 기사를 내보내거든요.

예를 들면 나중에 오보로 밝혀졌지만, 검찰이 조국네를 압수수색하면서 짜장면을 먹었는지, 된장찌개를 먹었는지 국민들은 관심이 없습니다. 조민 씨가 거주하는 오피스텔 지하에 포르쉐가 몇 대 있는지 사람들은 관심이 없어요. 채널A 보도라고 기억되는데, 조 전 장관 집에 불이 8시에 꺼졌는지 켜졌는지 그게 무슨 기사 가치가 있나요? 《매일경제》 신문 기사였던 것 같은데 조 전 장관이 차 문을 '쾅' 닫고 외출을 했대요.* 그게 제목이었어요. 차 문을 쾅 닫았는지 살짝 닫았는지가 기삿거리가 되나요? 조선일보는 조 전 장관이 매일 등산을 간다는 기사를 '단독'이라고 내보내기도 했죠.** 또 조 전 장관 동생 부부가 위장 이혼을 한 게 아니냐며 동생의 전 부인을 쫓아다니고, 부친 묘비에 조 전 장관 동생의 전 부인 이름이 새겨져 있다는 사실을 보도하는 등의 행태는 인권침해의 전형이라고 할 수 있어요.

김 TV조선 시청자위원회가 비슷한 지적을 했다는 기사***를 본 적이 있습니다. 10월 21일에 〈보도본부 핫라인〉이 산책하는 조국 전 장관의 모습을 보도했는데, 조 전 장관을 따라다니며 "등산 다니신다는 이야기가 있던데, 맞습니까?", "우면산 가신다고 하던데", "서울대 출근은 혹시 안 하시나요?", "서울대 월급은 어느 정도 받으셨는지", "부인께서 수차례 검찰 조사 받으셨는데 한마디만 해주시죠" 등을 물었어요. 시청자위원회마저 '보기 불편했다', '시청자 입장에서는 (기자가 조 전 장관을) 괴롭히고 있다는 느낌을 준다'는 지적이 나올 정도로 스토킹 같은 보도 행태가 심각했던 거죠.

최 언론의 무분별한 스토킹 보도가 오히려 측은지심을 유발해 조 전 장관의 호감도를 높인 경우도 있었습니다. 딸의 생일날 늦은 시간에 케이크를 들고 엘리베이터 앞에 서 있는 사진은 많은 사람들을 짠하게 만들었잖아요.

김 앞서 잠깐 언급하셨는데 2017년 한국언론진흥재단 조사 결과를 보면 한국은 포털을 통해 뉴스를 소비하는 비율이 77%나 됩니다. 다른 나

---

* "굳은 표정 조국…車문 '쾅' 닫고 외출", 《매일경제》, 2019. 10. 15.
** "[단독] 조국, 학교 안 나가고 매일 등산", 《조선일보》, 2019. 10. 21.
*** "TV조선 시청자위도 조국 쫓아가는 기자 '보기 불편'", 《미디어스》, 2019. 11. 27.

라들을 보면 일본을 제외하고 50%도 안 되거든요. 대부분 언론 보도가 포털을 통해서 독자에게 노출되다 보니 가능하면 선정적이고 자극적인 제목, 막말에 가까운 제목으로 클릭을 유도하는 것 같아요.

최　"'제2의 조꾸라지(조국+미꾸라지)막자' 야당 '조국방지법' 잇단 발의"(《조선일보》, 11/15), "'조국形 범죄 안 돼' 한국당, 공천 부적격자 '3대 기준' 발표"(《중앙일보》, 12/11) 등등 조 전 장관을 공격하는 자극적인 표현을 그대로 제목으로 뽑아 보도한 경우가 정말 많았어요.

　자유한국당이 공천 부적격자 3대 기준을 발표하면서 '조국형 범죄'라는 단어를 쓰니까 중앙일보가 그대로 제목에 써줬거든요. 그런데 딴지일보 게시판에서 제가 그와 관련한 참신한 댓글을 봤습니다. "조국형 범죄가 아니라 병역은 황교안식 범죄, 입시는 나경원식 범죄, 음주운전은 장제원 아들형 범죄라고 세분해서 불러야 맞지."

　선정적인 표현이 일반 기사뿐 아니라 사설이나 칼럼에도 넘쳐났는데, "파렴치 위선자의 '피해자' 시늉, 역겹다"라는 조선일보 사설*이 기억에 남아요. '파렴치, 위선자, 피해자 시늉, 역겹다'… 제목에 쓰인 단어 전부가 선정적이고 막말에 가깝죠.

김　이런 보도를 보면 조국 일가가 박근혜·최순실 국정 농단 세력보다 더한 범죄를 저지른 사람들 같아요. 저는 그런 생각까지 들었습니다. '조 전 장관이 평소 기자들한테 까칠하게 굴었나, 뭔가 인간적으로 밉보일 만한 일이 있었던 게 아닐까?'

최　기초적인 문제부터 짚어볼까요. 기자는 소설가가 아닙니다. 누

---

* "[사설] 파렴치 위선자의 '피해자' 시늉, 역겹다", 《조선일보》, 2019. 10. 16.

군가로부터 정보를 받고 얘기를 들어야 기사를 쓸 수가 있어요. 이번 조국 국면에서 기자들이 주로 정보를 받은 쪽이 어디일까요. 표창장을 예로 들어보면, 관련 정보를 줄 수 있는 사람은 첫째, 최성해 둘째, 동양대 관계자 셋째, 당사자인 정경심 교수와 조국 가족 그리고 검찰이 수사를 개시한 이후에는 검찰이 중요한 정보 제공처가 되지 않겠어요? 표창장과 관련해 주로 얘기를 하는 게 최성해와 검찰이었습니다. 그리고 자유한국당 의원들이 출처가 불분명한 정보를 기자들에게 보도자료 형식으로 제공했겠죠. 반면에 당사자인 조국 가족들은 검찰 수사를 받는 피의자 신분이었기 때문에 불이익을 받을 수 있으므로 적극적인 정보 제공을 망설이게 되죠. 제 말은 기본적으로 기자들에게 전달되는 정보에 비대칭성이 있었다는 뜻이에요. 이게 가장 기초적인 문제라고 생각합니다.

다음으로 기자들과 출입처의 관계, 즉 검찰 출입 기자와 검찰은 어떤 관계인가 짚어보지 않을 수 없죠. 참여정부 말기에 기자실 폐지 문제로 언론계와 참여정부 간의 일대 전쟁이 벌어진 일을 기억하실 거예요. 당시 참여정부는 기자실의 폐쇄적이며 권위주의적 운영, 기자들의 카르텔 형성, 사적 친분에 의한 정보 제공 등을 고치기 위해 기자실을 브리핑룸으로 바꾸겠다고 밝혔습니다. 청와대 브리핑룸을 대폭 개방하겠다고도 했어요. 이후에 청와대 등 정부 부처의 브리핑룸 개방은 완벽하지는 않지만 다수 기자들이 자유롭게 출입할 수 있게 됐죠. 그런데 검찰청 출입 기자실은 여전히 폐쇄적이며 카르텔적인 구조에 머물러 있습니다. 〈PD수첩〉이 12월 3일에 방송한 '검찰 기자단' 편에 대해 법조 출입 기자 22명이 사과와 정정 보도를 요구한다는 성명을 냈죠. 검찰 출입 기자와 검사의 일체화 현상이 그냥 관행으로 자리 잡은 것처럼 보입니다.

그런데다가 일단 검찰 수사가 시작되면 해당 사건에 대해 가장 많은 정보를 갖고 있는 곳이 검찰이 돼버립니다. 만일 검찰이 누군가를 찍어서 죽이려고 하고 A, B, C, D 기자들을 활용하려든다면 그 순간 기자는 '슈퍼 을'이 되어서 검찰의 의도대로 움직이는 부품이 되어버리고 맙니다.

최근 KBS 엄경철 기자가 보도국장이 되면서 출입처를 폐지하겠다고 선언한 것은 획기적인 선언입니다. 앞으로 어느 정도 출입처와 관련한 기자들의 자율성이 확보되어갈지 지켜봐야 합니다.

김 출입처 제도가 없어지면 정부나 기관이 제대로 정보를 제공하지 않을 것이라고 주장하는 기자들도 있습니다. 출입처가 사라지고 기자단이 해체되면 자료를 구하거나 취재하는 데 어려움이 있을 것이라는 반론을 어떻게 생각하세요?

최 기자들의 입장에서 그런 생각을 할 수 있겠죠. 그렇다면 기자들은 지금 정부 부처에서 제대로 된 자료를 잘 받아서 제대로 된 보도를 하고 있나요? 지금 문제가 된 것은 검찰 출입 기자들이 검찰에서 주는 정보에만 의존해서 기사를 씀으로써 검찰 입장만 대변한 결과, 해당 사건의 사실이나 더 나아가 진실을 밝히기는커녕 검찰의 입이 된 현실 때문입니다. 여타 정부 부처에 출입하는 기자들이 정보를 공개하도록 노력해서 성과가 있었다면 해당 기자는 일을 잘 한 것이겠죠. 그런데 정부 정책 관련 보도를 보면, 심층 보도를 본 기억이 그다지 많지 않습니다. 제 생각에는 같은 보도자료, 같은 정보를 입수한 이후 그 정보를 어떻게 활용해 기사를 쓸 것인가의 문제가 아닐까 생각합니다.

언론이 권력자와 친분 관계를 갖게 되면, 제대로 된 기사를 쓸 수 없다는 지적은 매우 타당해요. 검찰 출입 기자들이 검사들과 친해진 상태에서 제대로 된 기사를 쓸 수 있을까요? 과연 기자들이 검찰발 기사를 쓰면서 단 한 번이라도 검찰이 준 정보가 사실인가 혹은 맥락상 진실인가 의심해본 적 있는지 묻고 싶습니다.

저널리즘을 공부할 때마다 언급되는 사람이 미국의 평론가·칼럼니스트인 월터 리프먼Walter Lippmann인데요, 이분은 관료들로부터 얻은 정보를 그대로 기사화한 적이 없다고 합니다. 언론인 시절에 일정한 출입처를 가지고 출입처 관련 기사를 쓴 적도 없다고 합니다. 그리고 이런 의미심장한 말을 했죠. "뉴스와 진실은 같은 것이 아니며, 명확히 구분되어야만 한다. 뉴스의 기능은 어떤 사건을 알리는 것이고, 진실의 기능은 숨겨진 사실에 빛을 비추고 그 사실들의 관계를 설정하는 것이다."

기자들이 출입처가 주는 정보를 넘어서 어떤 사건의 실체에 도달하려고 노력한 적은 있는지, 이번 사태에서 검찰이 숨기려는 사실이 있는가 의심하고 검찰이 주는 정보와 숨기려는 사실들은 어떤 맥락상의 관계가 있는지 천착한 적은 있습니까?

뒤끝 작렬 조국 보도와 사라진 의제들

김 지금까지 말씀해주신 언론 보도의 문제를 정리해보면, 단독 같지 않은 단독 보도와 '좀비 기사', 받아쓰기 보도, 선정적 스토킹 보도입니다. 나머지 두 가지는 무엇인가요?

최 언론들이 몇 달 동안 조국 전 장관 의혹 보도에 열을 올리면서 중요한 사회 현안이 묻혔다는 것, 그리고 조국 전 장관이 물러난 후에도 언론들의 '뒤끝 작렬' 보도가 계속되고 있다는 것입니다.

김 언론이 얼마나 많은 조국 전 장관 보도를 했는지는 여러 통계가 나왔는데 조금씩 달랐어요. 어디서 어떻게 검색했느냐에 따라 차이가 나는 것 같았습니다. 예를 들어 JTBC '팩트 체크'에 따르면 네이버 검색으로는 조국 전 장관이 지명된 뒤 한 달간 100만 건 정도의 기사가 나왔지만, 빅카인즈* 검색으로는 3만 6000건 정도가 나왔다고 했거든요. 어쨌든 말씀하신 요지는 언론이 조국 사태에 몰두하는 사이에 다른 현안이 소홀하게 다뤄졌다는 것인데, 어떤 사례들이 있을까요?

최 여러 가지가 있죠. 군인권센터가 폭로한 계엄령 추가 문건과 황교안 책임론, 이에 대한 검찰의 부실 수사 의혹, 나경원 자녀 입시 부정 및 이중국적 의혹, 강효상 국가 2급 기밀누설 사건, 주광덕 생기부 유출 사건, 패스트트랙 관련 자유한국당 불법행위에 대한 수사 등등 사라진 사건들이 많이 있습니다.

김 10월 초 《경향신문》에서 '서초동과 광화문 사이'라는 릴레이 기고를 읽었어요. '서초동 촛불집회와 광화문 태극기집회 어디에서도 담아내지 못하는 소수자들의 목소리를 전하겠다'는 취지로 SNS에서 청년들이 글쓰기 프로젝트를 열었고 그들의 글을 경향신문이 실어준 것이에요. 장애인·성 소수자·난민·노동·환경 등의 의제를 위해 싸우겠다는 내용인데, 이런 글이 소개되는 것 자체는 의미가 있었어요.
그런데 한국 사회를 '조국'으로 갈라놓고 다른 현안을 파묻어버린 책임에서 언론이 자유로운가, 언론부터 진보적인 의제 실종에 대해 반성해야 하는 것 아닌가 하는 생각이 들었습니다.

---

* 한국언론진흥재단이 빅데이터 분석 기술을 접목하여 만든 새로운 뉴스 분석 서비스를 말한다. https://www.bigkinds.or.kr

최 근본적으로 노동 의제, 양극화 의제 등은 우리 사회의 주류 의제가 되기 굉장히 어렵습니다. 노무현 정부 때 양극화 대책을 위한 특위도 만들어보고 많은 노력을 했는데, 어떻게 보면 이런 의제들이 반기득권 의제잖아요? 그러다 보니 언론이 잘 보도를 안 해요. 사회경제적 개혁에 관한 의제가 실종됐다는 거대 담론은 조국 국면과 직접적으로 연계해 누구에게 책임을 묻기는 어려운 상황이라고 봅니다.

조국 사태와 비견할 만한 정치적 사안 중에는 실종된 것이 많이 있죠. 앞에서 제가 예로 들었던 사안들 같은. 여기서 지적해야 할 더 큰 문제는 현재 우리 언론이 스스로 의제 설정을 못한다는 겁니다. 의제 설정의 주체가 검찰이라는 거예요. 아무리 중요한 사건이 벌어져도 검찰이 수사하지 않으면 중요 의제가 되지를 않아요. 반면 별것 아닌 사건도 검찰이 수사를 시작하고 수사 내용의 일부를 흘리기 시작하면 그게 중요 의제가 됩니다. 이 점이 현재 가장 근본적인 문제인 것 같습니다.

김 '뒤끝 작렬' 보도라는 표현을 쓰셨는데요. 정말 검찰 수사도 이를 다룬 언론 보도도 끝없이 이어지고 있습니다. 조 전 장관이 물러난 지 두 달이 지났고, 조민 씨 입시 부정 의혹으로 부산대 등 20여 군데를 압수수색한 8월 27일 이후로 따지면 넉 달이 넘었거든요.

최 '인디언 기우제'식 수사라는 말이 나올 지경이에요. 인디언 기우제란 말 자체가 일종의 세뇌인데, 기우제로 비가 오는 게 아니라 비가 올 때까지 제사를 지낸다는 거거든요. 조 전 장관네 수사는 조 전 장관을 구속시킬 '거리'가 나올 때까지 지속되는 것 같아요. 표창장에서 장학금, 다시 사모펀드, 웅동학원으로, 이도저도 안 되니 유재수건에 김기현 주변 비리 의혹까지.

장관 후보자가 낙마하면 대개 의혹 제기도 멈추고 언론의 관심이 줄어드는 게 보통이었습니다. 유독 조 전 장관에 대해서는 검찰 수사도 계속되고 그에 따라서 언론 보도도 이어집니다. '검찰과 언론이 이렇게 뒤끝이 길었나?' 이런 의아스런 감정에 빠지게 돼요. '뒤끝 작렬' 보도를 분류해보자면 조 전 장관의 서울대 복직 관련 보도, 일상생활을 스토킹하는 보도 등이 있었는데 최근에는 검찰이 '별건의 별건' 수사까지 개시하면서 언론도 별건 수사 관련 보도에 치중하고 있죠.

김 조 전 장관의 서울대 복직이 아주 파렴치한 짓처럼 몰아가는 보도가 많았어요.

최 조중동, 그중에서도 조선일보가 단연 앞장섰던 것 같아요. 10월 14일에 조 전 장관이 사퇴 발표를 했는데 그 후로 일주일간 10건이 넘는 기사가 나왔습니다. TV조선도 9건이나 보도를 했고요.

조중동이 초점을 맞춘 것은 조 전 장관의 월급이었어요. 10월 중순에 그만둬서 법무부와 서울대 양쪽에서 월급이 나온다며 그 액수를 크게 부각했죠. 칼럼이나 사설에서는 장관직을 물러나자마자 복직을 신청한 조 전 장관과 복직 신청을 받아준 서울대를 맹비난했습니다. 그런데 〈교육공무원법〉 규정은 30일 이내에 복직 신청을 하면 별도의 허가 없이 복직이 가능하게 돼 있어요. 이것을 두고 월급을 받으려고 냉큼 복직을 신청했다느니, 팩스 한 장 보내서 수백만 원을 챙겼다느니 비난한 거예요.

김 절차에 따라서 복직한 건데 '양쪽에서 받을 월급이 1000만 원이 넘는다' 이런 식으로 몰아가면 서민들은 박탈감을 느낄 테니까요…. 그건 그렇다 쳐도 '별건의 별건' 수사는 위법이 아닌가요?

최 크게 보아 위법이지요. 검찰이 피의자에 대해 어떤 혐의를 수사하려는지 피의자가 알아야 방어권을 행사할 텐데, 피의자의 방어권을 근본적으로 막아버리기 때문에 별건 수사는 위법행위라고 법조계에서는 보고 있습니다.

한명숙 전 총리의 경우도 정치 보복성 재판을 받게 됐는데, 하나의 뇌물 사건이 대법원에서 무죄판결을 받자 검찰이 변칙적인 별건 수사를 벌여서 결국은 감옥까지 가게 됐어요.

지난 10년간 검찰 수사 도중 자살한 사람이 100명 가까이 된다고 해요. 이 자살자들 중에 별건 수사에서 비롯된 자살이 적지 않은 것으로 알려졌어요. 검찰이 별건 수사를 하게 되면 피의자뿐만 아니라 피의자 주변을 무차별하게 털어요. 어떤 사람에게는 경영하고 있는 회사를 압박하고, 어떤 사람에게는 가족의 비리를 들춰내 압박하기도 하는 것으로 알려져 있습니다. 그러니까 피의자들은 자신으로 인해 너무 많은 사람들이 피해를 본다고 생각하게 되고 생명을 끊는 것이 유일한 출구라는 극단적인 생각에 빠질 수 있는 게 아닐까요.

12월 1일부터 조 전 장관이 재임 시 마련한 〈인권보호수사규칙〉*이 시행되는데 그 핵심적인 내용이 '12시간 이상 장기 조사 금지, 심야 조사 금지, 별건 수사 금지 및 수사 장기화 제한' 등입니다.

말하자면 유재수 건과 김기현 건은 별건 수사인데, 오히려 검찰은 표창장이나 사모펀드가 아니라 유재수 감찰과 관련해 당시 민정수석이던 조 전 장관을 직권남용 혐의 등으로 구속영장을 청구할 수도 있다는 보도가 나오더니 실제로 그렇게 했어요. 다행히 기각됐지만요. 이상하지 않습니까? 검찰과 언론은 조 전 장관이 서울대 공익인권법센터 활동증명서를 위조했다며 공문서 위조 운운했고, 사모펀드와

---

* 법무부령 제961호, 2019. 10. 31., 제정.

관련해서는 주가조작 가족 사기단의 수괴처럼 몰아갔어요. 두 건 모두와 관련해 조 전 장관을 어떻게 처리하겠다는 건지 감감무소식이더니, 12월 30일 〈공수처법〉이 처리되자 보복이라도 하려는 듯이 12월 31일 조국 전 장관을 불구속 기소했어요. 무려 11개의 항목이었는데, 사모펀드 주가조작 가족 사기단의 혐의는 온데간데없는 참으로 초라한 기소장이었어요. 저러려고 넉 달 동안 대한민국을 혼란에 빠뜨렸나 싶은 생각이 절로 들더라고요. 이례적으로 청와대 홍보수석이 논평을 냈죠. '태산명동서일필이다, 재판이 진행되는데 검찰은 더 이상 언론 플레이 하지 말고 지켜보자.'

김 언론 보도의 문제점을 다섯 가지로 나눠서 지적하셨는데, 마지막으로 혹시 다섯 가지에 포함되지는 않지만 덧붙이고 싶은 사례가 있다면 말씀해주세요.

최 '조국 낙마'라는 목표에 매몰돼서 자신의 보도를 자신이 부정했던 기묘한 사례를 지적하고 싶어요.

SBS가 9월 20일에 "조국 가족 운영 창원 웅동학원 법인재산만 130억대"라는 온라인 기사를 내보냈습니다. 당시에는 조국네 가족이 재산이 많고 그래서 사모펀드에도 투자를 하나 하는 의구심을 자아낼 필요가 있었던 게 아닐까 싶어요. 그런데 9월 24일 조 후보자가 웅동학원을 사회에 환원하겠다고 밝힙니다. 그러자 웅동학원 재산에 대한 SBS 논조가 180도 달라졌고 "조국 '펀드·웅동학원 사회 환원'… 웅동학원, 빚 더 많다"고 보도했어요.

웅동학원을 130억대 재산을 가진 부유한 사학 재단처럼 써놓고 나흘 만에 갑자기 빚이 더 많은 재단으로 바꿔버린 거예요. 사실 이런 부류의 보도들은 조국 국면에서 많이 있었습니다. 우리가 목표를 정해놓고 조국 관련 기사를 썼다고 하는 단적인 예가 SBS 보도라고 할 수 있겠죠.

중앙일보도 그랬어요. 《중앙선데이》 8월 31일 기사에서는 2009년 당시 고대 입학처장 인터뷰가 실렸는데, "조민 씨는 어학 특기자 전형에 지원했으므로 단국대 논문 제1저자 건이 입시에 별로 영향을 주지 않는다"는 것이 중요 내용이었어요. 심지어 그는 조 씨의 자기소개서에 대해 "왜 이리 가성비 없는 짓을 했는지 한심한 생각이 들었다. 주변에서 '이런 거 해야 한다, 저런 거도 해야 한다'는 소문만 듣고 뛰어들은 게 아닌가 하는 생각도 들었다"고 했다는 겁니다. 그런데 《중앙일보》 9월 17일자는 당시 고대 입학사정관을 내세워 '단국대 제1저자 논문이 입시에 중요한 변수였다'는 인터뷰 기사를 내보냈어요.

어떤 이유에서였는지 모르지만 대다수 언론은 조국이 법무부 장관이 되면 안 된다는 윤석열 총장과 동일한 입장에서 기사를 만들어냈다고 볼 수 있어요. 일단 조국은 낙마시켜야 한다는 전제가 서 있고, 그러다 보니 제기되는 의혹에 대해 사실을 확인하기보다는 '조국 공격'이라는 목표에 부합하면 과거에 자신이 같은 사안에 대해 어떤 기사를 썼는지도 검토하지 않은 채 모순되는 기사를 서슴지 않고 썼던 것이지요.

김 시간이 흘러 기자들이 조국 국면에서 자신이 썼던 기사들을 다시 읽어본다면 어떤 생각을 하게 될지 궁금하네요.

쿠오바디스, '한겨레'

김 촛불시민들은 '진보 언론'이라는 한겨레신문, 경향신문에 대해서도 불만이 많습니다. 선배님은 조국 사태를 다루는 두 신문의 보도 태도를 어떻게 평가하세요?

최 경향신문은 잘 모르겠고요, 한겨레신문은 내부가 다소 복잡했을 것으로 예상합니다. 한겨레는 창간 초기부터 출입처주의와 검찰의 피의 사실 공표에 문제를 제기해온 '국민주 신문'입니다. 그런데 어떻게 보면 이번 조국 관련 언론 보도는 검찰 출입처주의와 검찰의 피의 사실 공표 받아쓰기의 문제라고도 할 수 있는 거잖아요? 한겨레신문이 30년 전에 올바른 취재 관행 확립을 위해 선도적 의제를 던졌는데 오늘날 다른 언론사와 똑같이 출입처주의, 피의 사실 공표 받아쓰기 늪에 빠졌다는 지적은 뼈아프죠.

한겨레신문은 창간 초기부터 개혁적 의제를 공격적으로 제기해왔습니다. 특히 남북 관계 보도에 있어서는 여타 언론사와 비교할 수 없는 파격적인 의제 설정을 했죠. 문익환 목사 방북 사건이 터졌을 때 만일 한겨레가 없었다면 문익환 목사가 생명을 보전할 수는 있었을까 싶어요. 임수경을 '통일의 꽃'이라고 명명한 것도 한겨레신문이었던 것으로 기억해요.

노동문제나 노동운동에 대한 적극적인 의제 설정을 넘어 권력이라는 개념을 재해석한 것도 한겨레의 공적이었습니다. 《한겨레》신문이 창간되기까지 권력 비판이라고 하면 무조건 정치권력 비판이었는데 한겨레신문은 그 영역을 확장시켰어요. 자본에 대한 문제 제기나 권력화한 언론에 대한 비판도 한겨레신문에서만 해낼 수 있는 의제 설정이었습니다. 그런데 이번 조국 관련 보도를 보면 한겨레신문의 시계가 거꾸로 돌아가서 오직 대한민국의 권력은 정치권력밖에 없는 것 같은, 문재인 정부를 비판하는 것만이 권력을 비판하는 것이라는 협애한 시각에 빠진 게 아닌가 싶어요.

이 부분은 좀 더 살펴볼 필요가 있습니다. 1987년 이전 우리가 군부독재 권력에 대한 정치적 투쟁에 몰두했던 것은 군부가 모든 권력을 장악하고 언론, 검찰, 국정원, 자본 등등을 하수인처럼 거느리고 있었기 때문이었어요. 그러나 민주화가 진행되면서 지금 상황은 대통령 권력도 행정부에서 통하는 정도이고 법적, 제도적으로 견제를 받습니다. 민주화된 한국 사회에서는 언론권력과 검찰권력, 법원권력 그리고 그 중요 권력 배후에 있는 자본권력이 어쩌면 더 센 권력입니다. 그런데 수구·보수 언론의 경우는 자신이 개혁적 행정부 권력 외에 다른 권력과 카르텔이 형성돼 있기 때문에 다른 권력에 대한 비판의 날은 무디고 문재인 정부 비판에만 치중하는데, 어떻게 보면 자연스러운 것이죠. 그렇다면 한겨레는 뭐란 말인가요.

김 아시겠지만 한겨레신문의 젊은 기자들은 오히려 '편집국장 등이 조국 의혹 보도를 못하게 기자들의 손발을 묶고 있다', '정권에 따라 검증 기준과 수위가 변하고 있다'는 비판 성명을 내고 편집국장 사과와 의견 수렴제도 마련을 요구했습니다. 만일 성명서에 나온 것처럼 간부들이 취재를 막았다면, 그건 정말 잘못된 것이 아닐까요?

최 젊은 기자든 편집국 간부든 언론사는 취재한 사실과 정보를 기반으로 이후에 무엇인가가 만들어지는 곳입니다. 만일 취재 자체를 못하게 막았다면 이건 한겨레신문이 문 닫아야 할 심각한 사안으로 봅니다.

리영희 선생님이 생전에 "최 기자는 애국하고 싶나?"라고 물으신 적이 있어요. 저는 "네, 애국하고 싶어요."라고 답했습니다. 그랬더니 "최 기자가 말하는 애국이 뭐야?" 하셔서 굉장히 당황했었죠. 리영희 선생님은 "기자에게 있어서 애국은 사실을 기초로 진실을 추구하는 거다. 애국이라는 게 진실과 충돌하면 진실을 택해야 하는 게 기자다."라고 하셨어요. 제가 소박한 애국적 열정에 때로는 진실보다 나라를 지키는 게 더 중요하지 않냐고 말하니까 통킹만 사건을 예로 드시면서 결국 거짓으로 애국하려 했던 미국의 소수 군지도부 때문에 미국은 망신당하고 그 불의한 전쟁에서 그 대국이 베트남이라는 약소국에게 패배한 것이라고 말씀하셨어요.

조국 장관 내정자는 일개 장관 내정자가 아니라 시대의 화두인 검찰개혁을 담당할 법무부 장관 내정자였는데 만일 한겨레신문 간부들이 인사청문회 특별 취재 팀 꾸리는 것을 막았다면 저로서는 이해하기 힘든 결정이라고 봅니다.

김 특별 취재 팀을 꾸려서 있는 그대로 사실을 취재하고 뉴스 가치를 판단해 보도하면 되었을 텐데, 왜 그랬을까요?

최 젊은 기자들은 기사를 쫓아다니다 보면 조 전 장관이 정권 2인자이고 2인자의 비리를 검찰이 수사한다고 볼 수 있죠. 진보적 교수의 이중성이라든가, 강남 좌파의 위선이라든가, 개인의 도덕성 코드로 접근하게도 되고요. 그게 검찰이 친 그물이니까요. 그런데 데스크는 좀 더 종합적으로 판단할 위치에 있다고 봐요.

이미 조 전 장관의 개인적 도덕성 문제로 정권을 흔들려는 의도를 가진 수구 기득권 세력과 언론의 의도를 파악한 데스크라면 더욱 더 기자들과 대화하면서 사태의 본질을 공유하려는 노력이 있어야 했겠지요. 기자들이 사실을 제대로 취재하게 지침을 주고 검찰발 정보들도 의심하고 재취재할 수 있게 이끌 의무가 있는 게 아닐까요.

확인된 사실을 기초로 보면 조국 사태가 도덕성에 빠져서 예단할 문제가 아니라는 것을 공유할 수 있지 않았을까 싶어요. 기자란 취재하고 또 취재한 사실로 자기 기사의 진실을 증명해야 하는 것이니 특별 취재 팀은 구성했어야 하죠. 사실은 사실로 반박해야 하는데 사실 아닌 것을 관념적 우려나 음모론으로 대응하게 되면 엉뚱한 다른 문제가 파생됩니다. 한겨레신문이 지금 그런 모호한 갈등의 상황이 아닌가 싶어요.

김 한겨레신문은 박근혜·최순실 국정 농단의 진실을 밝히는 데 큰 역할을 했어요. 젊은 기자들은 그 과정에서 언론의 기본 역할이 집권 세력을 감시, 비판하는 데 있다고 확신하지 않았을까요? 그래서 문재인 정부와 거리를 두고 비판의 날을 더 세워야 한다고 생각할 수도 있을 것 같습니다. 그런데 사실 박근혜·최순실 국정 농단은 단지 집권 세력의 문제라기보다 집권 세력과 자본권력, 검찰의 조력으로 벌어진 기득권 세력의 스캔들이잖아요. 촛불집회와 박근혜 탄핵을 두고 뉴욕타임스가 '박정희로 대변되는 구 질서의 종언'이라고 평가를 했거든요. 5년짜리 정부를 탄핵한 게 아니라 박정희 시대부터 만들어진 기득권 카르텔이 무너졌다는 의미인데, 우리 언론이 박근혜에만 초점을 맞추면서 기자들의 시각도 집권 세력 비판, 집권 세력 교체에만 머물렀던 것은 아닌가 싶기도 해요.

최 지금 한겨레신문은 젊은 기자 그룹과 소위 민주화운동 과정에서 기자로 성장한 그룹으로 나뉘는 것으로 보입니다. 편의상 주니어 기자라고 불리는 그룹은 민주화운동 과정을 겪지도 못했을 뿐만 아니라 당연히 우리 사회의 기득권 세력이 반공주의에 기초한 친일 세력과 군부 세력, 거기에 자본권력이 결합된 형태라는 구조적인 인식을 갖기 힘든 것이 아닐까요?
　과거에 한겨레신문은 채용 과정에서 영어 시험을 안 본 적도 있어요. 사회과학적 인식과 면접을 더 중시한 때도 있는데 언제부턴가 한겨레신문 입사 제도도 다른 언론사와 비슷한 형태가 됐다고 해요. 제가 알기에 조선일보 입사 시험도 보고, 한겨레신문 입사 시험도 보는 회전문식 지원이 흔하다고 알고 있습니다. 이럴 때 중요한 건 입사한 기자들에 대한 양질의 연수, 훈련이겠죠.

시니어 기자들이 이번 사태에서 만감이 교차할 것 같습니다. 앞서 얘기했듯 언론이 감시 비판해야 할 권력을 집권 세력에서 자본, 언론, 검찰 등으로 확대한 것이 한겨레신문이었는데…. 지금 구성원들의 일부가 다른 언론과 똑같이 집권 세력에 대한 비판만을 권력 비판이라고 생각한다면, 특히 아무도 견제할 수 없는 검찰권력의 남용에 대해 제대로 인식하지 못하는 상황이라면 이에 대해 일정 부분 시니어 기자들의 책임도 있다고 봅니다.

제가 《말》지 기자 시절만 하더라도 현안을 놓고 밤새 토론하는 것이 다반사였어요. 때로 토론하다가 심하게 싸우기도 했죠. 돌아보면 그것이 상황을 정확하게 인식할 수 있게 하는 중요한 밑거름이 된 것 같은데 지금 시니어 기자들과 주니어 기자들 사이에 그런 치열한 토론이 있는지, 경험의 공유가 있는지 궁금합니다.

김 선배님은 우리 사회가 노무현의 죽음 이전과 이후로 나뉜다고 말씀하셨어요. 노 대통령의 서거도 시니어 기자와 주니어 기자들의 인식을 나누는 한 요인이 아닐까요?

최 그럴 수 있어요. 시니어 기자들은 검찰과 국정원의 공작에 의해 흘러나온 사실을 베끼다가 스스로도 오염된 정보와 일체화된 안 좋은 경험이 있는 사람들이에요. 어떻게 보면 노무현 대통령 서거에 대한 책임감도 느꼈을 것이고 그로 인해 큰 반성의 기회를 맞았던 사람들입니다. 글 한 줄이 사람의 생명을 좌우할 수도 있다는 것을 경험했죠. 반면 주니어 기자들은 노무현 대통령의 서거가 일반적인 대통령의 비극적 최후였을 뿐, 기자로서 반성할 계기는 되지 않은 세대죠. 그 사건을 기자로 대한 것은 아니었으니까요.

모든 직업이 서로서로 영향을 주지만 특히 생각에 영향을 주는 직업의 사람들인 기자, 교사, 성직자 등등은 말 한마디, 글 한 줄 조심스럽게 써야 함이 분명합니다. '굿바이 노무현'을 제목으로 뽑았던 기자는 그것이 노무현 대통령에게 얼마나 큰 충격을 줄까보다는 기사가 얼마나 주목받을까를 먼저 생각했을 수 있어요. 그러나 그 대가가 너무 컸지 않습니까.

촛불시민은 왜 진보 언론을 비판하나

김 시니어, 주니어 구분을 하지 않더라도 조국 사태 이전부터 문재인 정부 '적극 지지'층에서는 '진보 언론'에 불만을 드러냈어요. 대선을 앞두고 안철수 후보에 편향된 보도를 한다. 김정숙 여사를 '씨'로 부른다. 왜 문재인 정부에 대해서만 엄격한 잣대로 비판하느냐 등등. 심지어 한겨레신문이나 경향신문을 '가난한 조중동'이라고 부르기도 했어요. 몇몇 기자들은 이런 비판에 예민하게 반응해서 갈등이 일어나기도 했죠. 한겨레신문을 바라보는 촛불시민들과 내부 기자들 사이의 인식 차이는 어디에서 온 걸까요?

최 사태의 본질을 파악해야 문제 해결의 길을 찾을 수 있는데 본질을 파악하는 건 의외로 단순합니다. 곁가지를 쳐내면 돼요. 쳐낼 수 있는 곁가지를 다 쳐내고 뼈대만 남겨서 토론하는 거죠. 문재인 정부 지지층의 진보 언론에 대한 불만도 그 근본적 원인을 찾아내기 위해서는 한겨레신문이 문재인 정부에 대해 어떤 태도를 가지고 접근하고 있는지 스스로 돌아보면 돼요.

지난 이명박·박근혜 정부 9년 동안을 거치면서 시민들에게 기자란 정권에 할 말을 제대로 못하는 존재로 각인되었어요. 국정 농단 촛불집회 시기에 박근혜와 인터뷰하는 모든 기자들이 다소곳하던 그 장면이 권력에 대한 언론의 태도를 적나라하게 보여준 장면이 아닐까요? 한겨레신문 구성원들은 박근혜 정부에 대해 비판적이었다고 자부할지 모르지만, 시민들은 이런 장면으로부터 한겨레신문 기자들도 자유롭지 않다고 생각할 수 있어요. 그러다가 문재인 정부에 대해서는 왜 호칭조차 무례하냐, 이 정부가 음험한 방식을 써서 언론 탄압을 하지 않을 정부니까 만만하게 보는 거 아니냐 등의 불만이 나오는 게 아닐까요? 이런 불만이나 비판이 억울한 점이 있다고 하더라도 기자들이 항변하기보다는 스스로를 냉정하게 돌아보는 기회로 삼았으면 좋겠어요.

예를 들어 김정숙 여사를 '여사'로 부르느냐 '씨'로 부르느냐는 논란은 시민들의 입장에서는 토론거리가 안 되는 문제로 보입니다. '영부인'이라는 권위주의적 호칭 대신에 '여사'라고 불러달라는 게 청와대의 공개적이고 공식적인 요청이었어요. 자유한국당을 자한당, 자유당이라고 부르는 사람들이 있지만 자유한국당은 '한국당'이라고 써달라고 요청했고 언론은 그렇게 써줍니다. 전국민주노동조합총연맹은 공식적인 약칭이 '민주노총'이고 대부분 그렇게 부르고 씁니다. 그런데 수구·보수 신문들은 굳이 '민노총'이라고 쓰고 우리는 그런 행태를 비판하잖아요.

물론 호칭과 약칭이 똑같지는 않지만 불리는 쪽에서 공식적으로 요청을 하니까 그것을 그냥 수용해도 되는 문제예요. 그런데 한겨레신문이 굳이 '김정숙 씨'를 쓰겠다고 하니 시민들은 이명박 정권 아래서 '김윤옥 여사'라고 불렀던 사례들을 찾아내서 그때는 왜 그랬냐고 따지는 상황이 벌어져요. 시민들이 '영부인'을 '씨'로 부르기로 했던 한겨레신문의 깊은 뜻을 몰라서, 또는 맹목적으로 이 정부를 지지하기 때문에 화를 낸다고 생각하면 안 됩니다. 시민들은 상식적으로 '씨'가 대통령의 아내를 존중하는 표현이 아니라고 보는 거예요. 한겨레신문이 '씨'를 고수하겠다면 시민들의 비판도 그냥 수용해야지 비꼬거나 가르치려들면 안 된다고 생각합니다. 시민들은 언론이 가르치는 대상도 아니고 가르치려고 드는 언론을 용납하지 않아요.

김 조국 사태를 겪으면서 《한겨레》의 구독자가 줄었다고 해요. 어떤 독자들은 조국 전 장관 보도가 수구·보수 신문과 다르지 않다는 이유로, 또 어떤 독자들은 조국 검증에 소홀하다는 이유로 절독한다고 들었습니다. 《한겨레》가 '국민주 신문', '진보 진영의 신문'으로 다시 위상을 찾을 수 있을까요?

최 《한겨레》신문이 국민주 신문, 진보 진영의 유일한 신문으로 인정받았던 시대는 지났다고 봅니다. 어떻게 보면 1987년 이후, 민주정부가 들어설 때까지 한겨레신문이 중요한 역할을 한 게 맞죠. 그런데 사회가 민주, 반민주라는 이분법 구조로 설명하는 게 불가능해졌기 때문에 한겨레신문도 변신해야 했고, 지금도 어떤 논조로 어떻게 의제를 설정할지 깊이 성찰해야 할 시점이라고 생각해요. 예전처럼 '민주·진보 진영의 대표 신문'이라는 위상 자체가 더 이상 존재하지 않는 허상 아닐까요?

다만 한 가지 지적하고 싶은 것은 종이신문이 어떤 역할을 할 수 있을까, 과연 데일리 배달 신문이 존재 이유가 있을까 이런 근본적인 고민입니다. 신문이라는 명칭 자체가 새로운 소식인데 포털과 SNS

를 통해 독자들은 거의 분, 초별로 새로운 소식을 이미 접하고 있어요. 그러니까 종이신문을 굳이 찾아보는 경우는 엄청난 특종을 했거나, 헷갈리는 사안에 대해 권위 있는 분석을 보고 싶은 때일 겁니다. 과연 지금 한겨레신문은 그런 권위를 가지고 있을까요?

김 JTBC 얘기도 빠뜨릴 수 없을 텐데요. 2014년 세월호 사건과 2016년 국정 농단을 거치면서 JTBC는 신뢰도와 영향력 측면에서 급성장했습니다. 그랬던 JTBC가 조국 정국에서는 힘을 쓰지 못했고 시민들에게 비판을 받게 됐어요. 촛불집회에 '돌아오라 손석희'라는 손팻말이 등장하고 과거 국정 농단 촛불집회에서 크게 환대받았던 JTBC 기자들은 리포트를 하기 어려울 만큼 원성을 들었어요.

최 손석희 사장의 고뇌가 매우 컸을 것으로 생각합니다. 손석희 사장이 보도 부분 사장에서 총괄 사장이 되면서 구조적으로 방송 기사 하나하나에 개입할 수 없는 위치가 되었지만, 앵커 겸 총괄 사장이다 보니 JTBC 뉴스의 책임을 손 사장에게 물을 수밖에 없는 구조이기 때문이죠. 조국 정국에서 〈뉴스룸〉 정치부장이 손 사장과의 이견으로 사임했다고 들었어요. 정치부장은 조 전 장관을 더 세게 비판해야 한다는 입장이었고 손 사장은 이 문제는 그럴 상황이 아니라고 판단했다고 해요.

　그 정치부장은 JTBC 사주의 입장을 충실히 대변하는 사람으로 알려져 있었는데, 이 장면을 보더라도 조국 국면이 결코 조국 개인의 도덕성 문제가 아니라 세력과 세력의 갈등, 개혁 정부와 수구 기득권 세력의 검찰개혁을 앞에 둔 한판 승부라는 것을 알 수 있지 않을까요? JTBC가 아니라 '손석희'라는 인물이 세월호 참사나 박근혜·최순실 국정 농단 때 나라를 구하는 수준의 기여를 했다고 생각합니다.

언론인 한 명이 모든 정치적 격변기에 나라를 구하는 역할을 할 수는 없지 않을까요?

김 손 사장은 이미 역사적으로 해야 할 일을 다 했다는 말씀으로 들려요. 비슷한 얘기인데, 제가 촛불시민들이 손 사장과 JTBC를 비판하는 모습을 보면서 뭐랄까 참 냉정하고 손익계산서를 잘 뽑는다고 느꼈어요. 시민들도 손 사장이 이미 많은 역할을 했다고 인정하고 비판의 마지노선을 넘지 않는 것 같았어요. '돌아오라, 기다리겠다. 안 돌아와도 할 수 없고, 그러면 그냥 JTBC도 손석희도 버린다. 하지만 당신의 공로를 인정해서 인간적 비난이나 공격은 자제한다…'

최 손석희 사장은 '까방권'이 엄청 있었거든요. 이번에 다 쓰고 한 장 정도 남은 것 같아요. (웃음) 손석희 사장이 앵커에서 물러났는데, 여러 추측이 있지만 〈뉴스룸〉 시청률과 무관하지 않을 거예요. 조국 국면에서 한때 〈뉴스룸〉 40대 시청률이 제로였던 적도 있었다고 해요. 검찰의 반대로 늘 검찰개혁이 무산되어왔는데, 이번에 〈공수처법〉이 통과되고 검경 수사권 조정안이 제도화되는 검찰개혁의 과정에서 크고 작은 희생은 불가피한 건가 봐요. 손사장도 억울한 면이 있을 겁니다.

　JTBC가 퇴조하니 MBC가 정상화하고…. 달도 차면 기울 듯이 언론사가 계속해서 역사의 흐름을 주도할 수는 없나 봅니다.

레거시 미디어에 대한 사형선고

김 촛불집회에서 여러 차례 연단에 오르셨어요. 저는 그중에서 정경심 교수의 자산관리인 김경록 씨가 〈알릴레오〉와 인터뷰한 사실을 한마디로 해석하신 대목이 인상적이었습니다. "김경록 PB가 진실을 알리기 위해 차고 넘치는 언론사를 찾아가지 않고 유시민의 '알릴레오'를 찾아갔을 때 이미 대한민국 언론은 사형선고를 받은 것"이라고 하셨죠. 이른바 '레거시legacy 미디어*'의 신뢰와 영향력 추락, 새로운 미디어의 부상을 지적하신 건데, 조국 사태에서 드러난 언론 상황을 꿰뚫는 말씀이라고 생각했어요.

최 '조국 대전' 초기부터 제도권 언론에 대항해 유튜브와 팟캐스트 등을 중심으로 1인 미디어들이 '프레임 전쟁'을 치르고 있었어요. 〈알릴레오〉는 유 작가가 〈뉴스공장〉에 출연해 조국을 옹호하면서 한발 늦게 참전했던 거고요.
〈뉴스공장〉, 《오마이뉴스》와 함께 〈다스뵈이다〉, 〈김용민 TV〉, 〈새날〉, 〈이동형 TV〉, 〈BJ TV〉 등등 정규군에 맞선 게릴라라고나 할까요, 정말 열과 성을 다해 검찰개혁을 의제화하기 위해 애썼어요.

그런데 공영방송 KBS 사회부가 검찰과 커넥션이 있고 음으로 양으로 그 커넥션을 이용해 보도한다는 게 거의 사실로 확인된 겁니다. 공영방송의 배신이죠. 더 기가 막힌 것은 KBS 정치부장의 항의 글이었습니다. 깜짝 놀랐어요.

정말 중요한 지점이 있어요. 김경록 씨가 처음부터 '알릴레오'를 찾아간 게 아니란 사실이에요. 그는 변호인의 영향이었는지 처음에 조선일보도 인터뷰 매체로 고려했던 것으로 보입니다. 이분이 정파적 성향이 크거나 한 것 같진 않아요. 이런저런 인연으로 KBS 법조 팀과 인터뷰를 한 겁니다.

KBS 법조 팀을 찾아갈 때 김경록 씨는 어떤 심정이었을까요? 그

---

* 올드 미디어. 정보화 시대 이전에 우위를 점했던 대중 매체.

래도 공영방송이니까 최소한 자신의 인터뷰 내용을 왜곡하지는 않을 것이라는 믿음이 있었다고 봅니다. 그런데 KBS가 자신의 인터뷰 내용 일부를 검찰의 시각대로 편집해 보도한 겁니다. KBS는 스스로 '정론 보도'할 기회를 걷어찼다고 할 수 있어요. 만일 KBS가 그의 인터뷰를 중립적으로 보도했다면 검찰의 일방적 폭주에 제동을 걸을 수 있었던 때였거든요. 그때가.

김 KBS가 9월 11일 김경록 씨 인터뷰를 내보냈으니까 만약 그때 그의 주장을 제대로 전달했다면 조국 사태가 다른 방향으로 흘러갔을지도 모른다는 아쉬움이 컸어요. 〈알릴레오〉가 김 씨를 인터뷰해서 방송한 때가 10월 8일, 거의 한 달 후였어요. 그 사이에 말씀하신 것처럼 조국 일가를 사기 집단처럼 몰아가는 보도들은 계속 쏟아졌고요.

KBS 정치부장은 취재원 주장의 신빙성을 확인해야 하는 것 아니냐고 항변했지만 말이 안 된다고 생각해요. 그렇다면 최소한 김 씨의 주장을 왜곡 없이 전하면서 그에 대한 진실성을 따져야 하잖아요. 그런데 KBS가 공개한 인터뷰 녹취록을 보면 김 씨의 발언 맥락이 완전히 뒤집어져서 보도됐어요. 저는 아무리 봐도 김경록 씨의 말이 정경심 교수가 조범동으로부터 사기를 당하는 게 아닌지 의심했다는 것으로 해석됐는데, KBS 보도에서 김 씨는 정 교수가 펀드 운용에 개입했을 가능성을 증언한 사람으로 나왔으니까요. 녹취록과 방송분을 비교해보면서 김경록 씨가 왜 〈알릴레오〉를 찾아갔는지 알겠더라고요.

최 김경록 PB의 선택이 옳았던 거죠. 조국 국면에서 관련 보도를 주도한 건 각 언론사 검찰 출입 기자들이었고 검찰이 수사 중인 사건에 대해 가장 정보가 많은 곳이 검찰이다 보니 정보 제공에 있어 검찰이 갑중의 갑이었겠지요. 만일 검찰의 뜻과 다른 보도를 하게 되면 검찰로부터 기피 기자가 될 것이 뻔하니까 미래에 더 큰 특종을 얻을 수 있는 조건을 만들기 위해 검찰의 뜻에 충실한 기사를 쓸 수밖에 없었을 수도 있어요. 그러나 기사는 '받아쓰기'가 아니잖아요.

조국네 가족을 의심하는 기자들이 왜 검찰이 주는 정보는 의심하지 않았는지 알 길이 없습니다. 이번 조국 국면에서 검찰은 법의 집행자라기보다 조국과 싸우는 '선수'였다고 보거든요. 검찰의 피의 사실 유포가 '참'이라면 그나마 기자들이 체면은 서는 건데 피의 사실인 듯 허위사실을 흘리는 경우도 있었어요. 기자를 지식인에 그루핑 grouping 한다면 지식인의 본질은 의심, 회의하는 태도잖아요.

말하자면 기자들이 이미 검찰 기득권 카르텔의 일부분이 돼버린 게 아닌가 해요. 그럼 그 순간부터는 기자가 아니죠. 검찰 홍보인이 돼버린 거 아닌가요? 언론이 권력화한 상태에서 권력화한 언론사 기자들이 검찰권력의 홍보 기능을 한다는 게 참으로 아이러니입니다.

김 유시민 작가의 사회적 영향력이 크다고 해도 〈알릴레오〉는 유튜브 기반의 개인 방송이잖아요. 그런데도 KBS, 검찰과 '맞짱'을 뜬 형국입니다. 구독자는 이미 100만 명을 넘어섰고요.

최 뭐랄까, 문화권력을 합당하게 쓰고 있다고 할까요? 유시민 작가가 우리 사회에서 매우 독특한 존재죠. 유시민 현상은 이미 그가 트위터를 할 때 예견됐어요. 유 작가 트위터 팔로워 수가 50만을 넘으면서 웬만한 방송보다 영향력이 큰 게 아닌가 싶었죠.

숭배나 존경이 아니라 '사랑받는 정치인 시대'를 연 분이 노무현 대통령이라고 할 수 있을 거예요. 노사모가 등장하면서 정치인과 시민들이 연애를 하게 됩니다. 정말 이처럼 '독한 연애'는 없을 거예요. 사랑하려면 공간이 필요하지요. 그 공간이 노무현 시대에는 인터넷 홈페이지나 인터넷 카페였고 지금은 SNS가 된 거죠.

문재인 대통령이 민주통합당 합당 뒤 정치를 시작하면서 트위터를 시작했어요. 2011년 12월. 트위터를 시작하자마자 팔로워가 30만 가까이 되더라고요. 놀라운 숫자였어요. 그때 정윤재 팀장과 '민심의 흐름'이란 게 참 알 길이 없다'는 얘기를 나눴어요.

SNS를 통한 소통의 특징에서 가장 중요한 건 쌍방향이란 겁니다. 생각해보세요. 예전 같으면 문재인이란 잠재력 있는 정치 신인이 등장했다 칩시다. 그가 대중과 소통할 수 있는 방법은 두 가지밖에 없어요. 현장을 돌아다니며 유권자를 만나는 것. 다음으로 더 중요한 것은 언론 노출 빈도를 높이는 것입니다.

그래서 정치인들은 언론에 잘 보이려고 매우 애를 쓰고, 기자들과의 접촉에 정치 사활을 걸기도 하지요. 그렇게 언론 친화적 정치인이 되는 과정은 초심을 잃는 과정이기도 하거든요. 언론을 통한 간접 소통의 비굴한 쓴맛이라고나 할까요?

하여간, SNS로 직접 소통하게 되면서 언론에만 목을 매지 않아도 된 겁니다. 정치뿐 아니라 사회 전 영역에서 소통의 중심이 SNS로 바뀌어가고 있어요. 심지어 페이스북 광고가 웬만한 TV 광고보다 효율성이 높다는 거 아닙니까. 최근에는 유튜브가 대세인데 얼마나 더 진화해갈지 궁금해요. 설렘이 일기까지 하는걸요.

김 얼마 전에 청암언론문화재단이 현직 검사에게 '송건호 언론상'을 주는 일이 있었습니다. 정보통신 기술이 발전하면서 전통적인 언론 개념이 현실에서부터 변화, 확장되고 있다는 생각이 들어요.

최 임은정 검사가 2019년 '송건호 언론상'을 탔더라고요. 놀라운 일이죠. 그동안 이 상은 언론인이나 언론학자, 언론 단체가 수상하는 게 당연하게 생각됐잖아요. 심사위원회의 선정 사유를 보니 세상 바꾼 게 실감났어요. 사실 청암언론문화재단이 그리 선진적 모임은 아니거든요. 언론계 어르신들이 모여 계세요. (웃음)

심사위원회도 고민이 있었던 것 같은데 하여간 '거짓에 맞서 진실을 추구하고, 사회를 통찰하여 문제의식을 던지고, 대중을 일깨워 여론을 형성하는 행위도 광의의 언론 활동'으로 판단했다고 해요. 임 검사가 검찰 내부에서는 드물게 공개적으로 자성의 목소리를 내왔잖아요. 언론 기고나 인터뷰도 하고 SNS를 통해서 직접 사회적 발언을 하는 방식으로. 검찰 조직의 실상을 공개하고 검찰의 문제를 시대의 화두로 끌어올렸다는 의미에서 '검찰개혁 의제 설정'에 큰 기여를 했다고 본 것 같아요.

좀 다른 얘기인데, 임은정 검사는 물론이고 미투의 서지현 검사, 조국 국면에서 적극적으로 목소리를 낸 진혜원 전 검사까지 전부 여성이에요. 저는 이것을 보며 1979년 말 박정희 정권의 몰락을 가져온 YH 여성 노동자들의 신민당사 점거 투쟁을 떠올렸어요. 늘 여성들이 시대의 변곡점에서 중요한 역할을 해요.

'나꼼수' 나비효과

김 지금은 유튜브가 대세입니다만 개인 미디어가 사회적 의제를 설정하고 영향을 미칠 수 있다는 사실은 2011년에 팟캐스트 '나는 꼼수다(나꼼수)'가 보여주었다고 봐야겠죠?

최 세계 최초로 정치 팟캐스트로 기존 미디어 지형에 도전한 게 나꼼수예요. 가장 높게 평가해야 할 점이 이 '도전'이었다고 생각합니다. 우리가 오랫동안 언론운동을 해오면서 다양한 시도를 해왔어요.

민언련 강좌 중에 VJ 강좌나 사진 강좌 등은 단순히 언론 수용자 관점에서만 접근하는 것이 아니라 생산자로 가기 위한 준비 강좌들이었다고 할 수 있죠. 그러나 당시 비디오저널리스트가 작품을 만들어 공개할 수 있는 플랫폼이 몇 개 안 됐기 때문에 제한적인 의미밖에 가질 수가 없었어요. 더 솔직히 말하면 〈방송법〉이 허용한 '퍼블릭 엑세스'권을 겨냥한 강좌가 아니었나 싶어요. KBS가 시청자 참여 프로그램을 월 100분 이상 의무적으로 편성하도록 되었으니까요.

언론운동 진영이 정보통신 기술 발달과 새로운 시민 직접 소통 플랫폼 개발에 무지하고 게을렀던 것을 시인해야죠. 문과를 공부한 저는 새로운 기술 발전에 따른 창의적 상상력을 갖기가 힘들었어요.

이명박 정부가 들어선 이후 미디어 전문가들이 과거 틀에서 벗어나지 못하고 패배감에 젖어 있거나 거의 포기 상태에 빠져 있을 때, 이명박의 방송 장악에 저항한다고 해도 집회·시위·농성 등에 머물러 있을 때 쌈박한 새 길을 열어젖힌 게 나꼼수 팀이거든요.

"왼종일 / 원고지에 하늘을 메우다 / 말고 / 생소한 골목길들을 지나 / 아름다운 노을이 비낀 저 / 낯선 문짝을 열고 들어서면 / 처음 만나는 얼굴들이 또 / 나를 반겨줄 테지"*

시인이 노래한 새로움에 대한 희망적 낙관이 우리들에게는 부족했던 게 아닐까 싶어요. 나꼼수 열풍이 일었을 때 저러다 식지 않을까 먼저 걱정하고 세상 모든 진지함이 훼손되지 않을까 우려하면서 지켜보고 있었을 뿐! 나꼼수 4인방이 낯선 문짝을 열어젖히며 미지의 세상에 첫발을 디딜 때 무감각했어요. 너무 많은 일을 겪다 보니 새로움을 잃어버린 상태였다고 해야 할까요. 정말 그랬던 것 같아요.

---

* 문익환, 시 〈새삼스런 하루〉 중에서

김 선배님은 그래도 나꼼수를 희망적으로 보셨던 것 같은데요. 저는 나꼼수가 너무 낯설었습니다. 그들의 화법, 거침없는 욕설, 세상 모두를 희화화하는 거친 태도들에 적응하기가 힘들었어요.

최 우리가 적응하건 못하건, 인정하건 말건 그들이 연 세계는 놀라웠어요. 2011년 첫 캐스팅을 시작한 이후에 회당 평균 다운로드 횟수가 1100만에서 2000만 회였어요. 2011년 7, 8월에는 국내를 넘어 세계 팟캐스트 1위를 기록했다고 해요. 대단하죠? 2011년 10월의 한 조사에서는 600만 명이 나꼼수를 청취한 것으로 나왔더군요. 2012년 2월 한 여론조사에서는 1200만 명이 청취했다고 기록되어 있어요.
　이와 함께 주 청취자층 조사도 있었는데 30대의 47.6%, 40대의 31.2%, 20대의 28.4%가 나꼼수를 듣고 있었어요. 같은 조사에서 50대 나꼼수 청취자는 17.5%에 불과했어요.

김 2040세대를 주 청취자로 하는 나꼼수가 정치에는 어떤 영향을 주었다고 보세요?

최 당장 2040세대의 투표율 제고에 영향을 주었습니다. 2011년 10·26서울시장보궐선거, 2012년 19대 총선과 18대 대선에서 2040세대 투표율이 큰 폭으로 증가했어요. 17대 대선에서는 20대 투표율이 46.6%에 그쳤는데 18대 대선에서는 68.5%로 대폭 올랐고, 30대 투표율 역시 55.1%에서 70.0%로 뛰었어요. 대선만큼은 아니지만 19대 총선에서도 2040세대 투표율이 18대보다 많이 올랐고요. 20대는 28.1%에서 41.5%로, 30대는 35.5%에서 45.5%로, 40대는 47.9%에서 52.6%가 됐어요.
　해당 연령층의 투표율은 정치 참여의 바로미터라고 볼 수 있죠. 젊은 층의 정치 무관심은 어제오늘의 일이 아닌데, 나꼼수가 2040세대의 정치 무관심을 깨는 데 크게 기여한 것이라고 봅니다.

김 2040세대가 정치에 무관심하게 된 근본적인 이유가 있을 텐데요, 나꼼수가 근본적인 해결책을 제시한 것 같지는 않습니다. 그럼에도 2040세대가 나꼼수에 반응하고 투표장으로 나오게 된 것은 어떤 이유일까요?

최 탈권위의 소통 플랫폼에 반응한 것이 아닐까요?

우리 사회 기득권 카르텔을 도식화해보면 '60대, 남성, 영남, 서울대' 카르텔 아닐까 싶어요. 60대를 50대 이상으로 확장하고, 영남을 '영남+비호남'으로 넓힌다거나 서울대를 SKY로 확장해볼 수 있겠죠. 하여간 좋은 대학 출신의 비호남 출신이자 나이든 남성이 기득권 카르텔의 중심을 이루죠. 이들이 정치, 경제, 사회, 언론, 종교, 교육, 관료 사회를 모두 장악하고 있어요. 이들의 기득권을 지키려면 '좋은 이미지 창출과 유지'가 필수 불가결한데 언론이 충실하게 그 역할을 해주고 있지요. 2040세대가 보기에는 그들 카르텔이 건강해 보이지도 멋지지도 않은 겁니다. 그런데 물적, 권위적 토대를 그들이 장악하고 있어요.

정치도 '꼰대 욕망의 대행진'으로 보이지 않았을까요? 2002년 대선 때 '노무현'에 반응한 것과 같은 이유로 2040세대가 나꼼수에 반응했다고 생각해요. 제도권 '출세한 꼰대'들의 '라떼는 말이야'라는 식의 기존 언론 문법을 거부하고 MB의 정치적 꼼수를 노골적으로 비아냥대는 방송이 나왔으니 얼마나 신선한 충격인가요. 때는 바야흐로 방송 장악 시대 아닙니까. 제도권 방송들이 'MB어천가'를 부를 때 '각하 헌정 방송'으로 각하를 신랄하게 까니 2040세대가 반응하지 않을 수 없었지요.

김 정보통신 기술 발달, 특히 스마트폰 보급도 중요한 포인트였던 것 같습니다. 언제 어디서나 팟캐스트를 들을 수 있는 기반이 됐으니까요.

최 2040세대가 인터넷 소통에 익숙한 세대죠. 그 세대들 손에 스마트폰이 들어갔어요. 지금까지의 발전도 놀랍지만 앞으로 어떤 스마트폰 혁명이 일어날지, 그 안에서 어떤 방식의 미디어가 출현할지 가늠조차 하기 힘들어요. 우리는.

기존 TV는 지상파, 케이블, 위성을 통해 시청자에게 전달되다가 IPTV에 와서야 인터넷 플랫폼에 진출하거든요. 쌍방향을 추구한다고는 하지만 일방향, 주입식, 생산자 중심일 수밖에 없어요.

온라인상의 소통이란 게 익명성과 자유, 재미 등을 전제로 이뤄지는데, 나꼼수는 가장 진지하고 엄숙해서 '구리기'까지 한 정치를 게임처럼 온라인상의 아이템으로 만든 겁니다. 정치가 일상적인 놀이 대상처럼 다가가면서 2040세대가 정치에 관심을 갖게 되었죠.

나꼼수가 어떤 사안을 정치놀이의 장에 올리면 2040세대의 관심을 끌고 SNS상에서 이슈와 여론을 형성했어요. 물론 나꼼수는 오프라인상의 소통 또한 소홀히 하지 않았죠. 소위 토크 콘서트를 일상화시킨 것도 나꼼수였고 팬사인회, 용민운동회, 봉주버스 같은 신선한 방식으로 2040세대를 결집시킨 것도 나꼼수였습니다. 어떻게 보면 나꼼수가 노무현 대통령의 '깨어 있는 시민'을 어떻게 어디에서 조직할 것인가를 가장 깊이 고민하고 해답을 제시한 것이 아닐까 생각합니다.

김 TBS 〈뉴스공장〉도 지상파 라디오방송이긴 하지만 사실상 '김어준'

이라는 브랜드를 전면에 내세웠어요.

최 김어준도 바뀌었어요. 나꼼수처럼 〈뉴스공장〉을 진행할 수 없으니까요. 김어준과 제도권에서 훈련된 PD와 방송작가들이 만나 우리 시대 최고의 정론 기능을 수행하고 있다는 점에는 이의를 달기 힘들겠지요. 조국 국면에서 보면 검찰발 정보가 아닌 정보를 제공한 언론은 〈뉴스공장〉이 거의 유일했던 것 같아요. 나중에 오마이뉴스와 MBC가 검찰발 정보 받아쓰기를 벗어난 기사들을 생산하긴 했죠.

〈뉴스공장〉을 들어야 기존 언론에서 들을 수 없는 새로운 정보를 듣게 되니 조국 국면에서 〈뉴스공장〉 인기가 치솟았죠. 평소 〈뉴스공장〉 유튜브 실시간 중계 동시 접속자 수는 4만~5만이었는데 조국 장관 내정 이후 8월 하순부터 10월 하순까지 동접수가 6만~10만까지 치솟았다고 합니다.

김 솔직히 말씀드리면 저는 조국 사태 이전까지 팟캐스트나 유튜브를 기반으로 한 개인 방송을 거의 보지 않았어요. 나꼼수는 처음 나왔을 때 20분 정도 들어본 것 같아요. TBS 〈뉴스공장〉도 김어준 씨 개인 방송의 이미지가 강해서 일 때문에 들어야 하는 상황이 아니면 잘 듣지 않았고요. 그런데 조국 사태가 계속되면서 〈뉴스공장〉을 자주 듣게 됐고 〈알릴레오〉 같은 개인 방송도 찾아서 듣게 됐습니다. 저도 제가 좀 낯설어요.

최 왜 그렇게 바뀌었어요? 역시 기존 언론과 차별화된 정보를 찾아듣게 된 것이죠?

김 나꼼수를 처음 듣고 그런 생각이 들었습니다. '이토록 가벼운 형식으로 정보를 주어야만 시민들이 정치 문제에 관심을 갖게 된다면, 나꼼수 방식조차 진부해졌을 때는 어쩌지?' 뉴스가 어렵고 재미없어도 민주 시민은 세상 돌아가는 일에 관심을 갖는 게 의무라고 생각했어요. 쉽고 재미있게 전달할 수 없는 뉴스도 있으니까요. 물론 '나꼼수'의 역할과 성과를 폄하할 생각은 없습니다. 그냥 제 취향이 아니었다고나 할까요. 마초적인 분위기도 저에게는 불편했고요. 무엇보다 심층적인 정보를 얻을 수 있는 진보 매체들이 있었으니까 굳이 나꼼수 같은 개인 방송이 필요하지 않았던 것 같아요.

그런데 조국 사태가 터지고 나서는 '뉴스의 취향'을 따질 처지가 아니었어요. 거의 모든 언론이 검찰에 편향된 목소리를 내니까 객관적 정보, 좀 다른 분석을 찾아서 떠돌게 된 거예요. 그러면서 다시 생각해보게 됐어요. 나꼼수를 비롯해서 개인 방송들이 부상할 때 저는 여전히 전통적인 미디어, 특히 이명박 정권부터 망가진 공영방송의 역할과 기능을 회복이 더 중요하다고 여겼어요. 제 머리가 시대를 못 따라간 건 아닐까, 기술 발전이 불러올 변화를 과소평가한 게 아닐까⋯.

최 세상을 바꾸겠다는 포부를 지닌 사람의 뇌는 보통 사람들의 뇌보다 좀 더 단단하게 구조화되어 있지 않을까 생각해본 일이 있어요. 새가 알을 깨고 나오려면 알껍데기가 새가 깰 만한 정도여야 하는데 너무 단단하면 새는 부리를 다쳐버릴 것 같아요. 우리들 머리가 돌처럼 단단함에 틀림없어요. (웃음)

김 저는 자유로운 개인들의 상상력이 조직적인 언론운동을 앞지르기 시작하는 모습을 2009년에 이미 목격했어요.

광우병 촛불집회 때 벌어진 '조중동 광고주 불매운동'의 파장을 보면서 큰 충격을 받았습니다. 우리가 그렇게 기를 쓰고 안티조선운동을 했지만 아무도 감옥에 가지는 않았잖아요. 조선일보가 지면으로 우리를 음해하고 공격했지만 어떤 물리적 압박을 가할 수 없었고요. 그런데 평범한 시민들이 조중동에 광고를 주는 기업의 제품을 불매하겠다고 나서고, 실제로 불매가 벌어지니까 한마디로 난리가 나는 거예요. 조중동이 '왜 불법을 지켜만 보느냐'고 정권을 압박하니까 검찰이 나서서 시민들을 기소하고 감옥에 보냈어요. 조중동에게는 왜곡 보도를 비판하는 민언련의 운동보다 불매운동으로 '밥줄'을 끊는 네티즌들의 운동이 훨씬 치명적이었다는 뜻이잖아요.

기억하실 텐데 2009년에 《한겨레》신문이나 《경향신문》을 대량 구매해서 시민들에게 배포하는 운동을 벌인 네티즌들도 있었어요. 이런 운동도 민언련은 상상할 수 없는 방식이었죠. 시민단체가 특정 언론을 지원하는 운동을 할 수는 없다는 게 우리의 상식이었으니까요. 그런데 네티즌들은 거리낌 없이 하는 거예요.

KBS 앞 촛불집회도 언론 단체가 아니라 네티즌들이 시작했습니다. 이건 정말 중요한 사실이라고 생각해요. 당시 KBS 노조는 '정연주 퇴진 투쟁'을 벌여왔던 이른바 '구 노조' 세력이었잖아요. 그래서 이명박 정권이 정연주 사장을 쫓아내려고 할 때 전혀 싸울 생각이 없었고, 언론운동 진영 일부에서도 KBS 노조의 이런 입장을 '존중'할 수밖에 없다는 분위기가 있었어요. 한마디로 이명박 정권이 KBS를 장악하기 위해 정 사장을 쫓아내도 싸울 의지가 별로 없었다고 봐요.

그런데 네티즌들이 KBS 앞에서 정연주 사장을 지키는 촛불을 들기 시작했어요. 그 촛불이 시작된 날 제가 너무 고마워서 막 울었어요. 민언련 힘만으로 어떻게 KBS 장악에 맞서 싸울 수 있을까 막막했는데 갑자기 시민들이 나타났으니까요. 그 덕분에 KBS 장악을 막는 시민단체, 언론 단체들의 연대 기구가 힘을 얻었고, KBS 내부에서는 PD와 기자들이 중심이 되어 만든 '사원행동'도 열심히 싸웠어요.

기존의 조직 운동은 오랜 기준과 원칙, 연대 관계 등등 많은 것을 재고 따지면서 운동의 방향과 방식을 결정하는 반면에 네티즌들은 단순 명쾌하게 판단했던 것 같아요. 'MB가 정연주 사장을 쫓아내고 KBS를 장악하려 한다고? 그러면 노조가 뭐라고 떠들든 정 사장을 지켜야지' 이런 식이죠. 실제로 시민들이 KBS 앞에서 촛불을 들고 있을 때 노조 간부가 나와서 시민들과 실랑이를 벌이기도 했어요.

결과적으로 조직 운동 밖의 자유로운 시민들이 언론운동 단체들을 KBS 앞으로 불러 모았던 거예요. 비록 정 사장이 쫓겨나고 KBS가 장악 되긴 했지만 시민들도, 단체들도, 내부 구성원들도 마지막까지 싸웠고 MB 정권의 방송 장악이 얼마나 폭력적으로 이뤄졌는지 드러냈어요.

최 언론 단체들은 아무것도 못할 때 KBS 앞에서 촛불을 들기 시작 해서 끝까지 간 게 네티즌들이란 사실이 시사하는 바가 크죠.

김 돌이켜보면 조직 운동의 퇴조와 새로운 주체들의 등장을 감지했으 면서도 우리가 언론운동에 대한 발상의 전환을 하지 못했던 것 같아요. 저도 MB 정권 4년 동안 민언련 사무처장을 하면서 방송 장악에 맞서고, 결국 장악된 방송을 모니터하고, 수신료 인상에 맞서고, 종편 특혜에 맞 서고, 그러다 다시 종편을 모니터하는 이런 '뻔한 운동'을 했어요. 망가 진 언론을 대신할 새로운 공간, 새로운 기술을 적극적으로 활용하는 일 은 엄두도 못 냈고 정권이 저지르는 일들에 끌려다녔다고 할까요. 반면 에 시민들은 새로운 공간에서 스스로 미디어가 되어왔고요.

최 그런 시가 있어요. '나는 가고 너는 와야지 …'*.

---

* 문익환, 시 〈나는 가고 너는 와야지〉 중에서

'후생가외後生可畏**'라는 말도 있죠. 어디든 고인 물은 썩고 새로운 물이 새로운 물결을 만드는 것이 세상 이치 아닐까요? 나꼼수를 거쳐 유튜브 시대까지 왔는데 이후의 미디어는 어떤 모습일까요? 지금부터 상상력을 발휘해 꿈꾸어볼까 합니다. (웃음)

레거시 미디어는 살아남을 수 있을까

김 시대 변화에 둔감하고 디지털 시대를 적극적으로 대비하지 못했다는 측면에서는 전통 미디어가 가장 심각한 상황이 아닐까요? 미디어 환경이 인터넷으로, 모바일로 계속 중심이 이동하는 상황에서 해외 언론들은 변화하는 환경에 맞는 뉴스의 형식과 내용을 고민하고 생존을 모색했어요. 《뉴욕타임스》 같은 권위지들은 온라인 뉴스가 유료인데도 충성도 높은 독자를 갖고 있고 2011년에 이미 온라인 뉴스와 종이신문 구독료가 광고 매출을 넘어섰어요.

반면 그 시기 한국 사회에서는 조중동이 종편을 만들었잖아요. 종이신문의 퇴조라는 시대 흐름에서 해외 권위지들이 오랜 시간 뉴스의 혁신에 힘을 쏟았다면 한국의 거대 신문들은 정치권력의 힘을 빌려 종편을 챙기는 데 급급했어요. 정권에 장악된 공영방송은 권력의 심기나 살피고 거슬리는 인재들은 현장에서 내몰았으니 디지털 시대에 도태될 수밖에 없었고요.

최 먼저 공영방송부터 보면 우리 공영방송은 권언 유착의 고질적인 뿌리를 가지고 있어요. 해외 선진국의 경우는 방송도 자유로운 경쟁

** 《논어》의 〈자한편(子罕篇)〉에 나오는 말로서, 후진들이 선배들보다 젊고 기력이 좋아 학문을 닦음에 따라 큰 인물이 될 수 있으므로 가히 두렵다는 뜻이다.

으로 시장을 만들어온 데 반해 우리 방송은 관제 방송으로 출발했기 때문에 권력과의 관계에서 '을' 의식을 고착화한 게 아닌가 싶기도 합니다.

이미 사영 방송이 지상파에 진입해 자리 잡은 지 오래고 다매체 다채널에 인터넷 매체를 넘어 SNS 매체가 주도하는 미디어 상황에서 공영방송의 제자리 찾기가 쉽지 않죠. 한편으로는 정론 기능을 수행하면서 다른 한편 경쟁적 방송 환경에서 상업적으로도 성공해야 하는 엄중한 상황임에도 늘 엉뚱한 정치적 논란의 중심에서 휘청거리게 되니까요. 보수 정권은 방송 장악으로 방송계를 뒤흔드는 데 반해 민주정부가 들어서면 방송계 내에 보수 정권 방송 장악의 잔재가 방송계를 어지럽히는 일이 반복되고 있습니다. 공영방송 중립화 법안이 국회에서 꼭 마련되어야 하는 이유이지요.

지금 공영방송 경영 상태가 아주 심각해요. 미디어오늘의 보도를 살펴보고 가야할 듯합니다. KBS는 2018년 585억 원의 영업 손실을 냈고, 2019년 상반기 예상 영업 손실액은 1019억 원이라고 해요. MBC는 KBS보다 영업 손실액의 폭이 컸어요. 2018년에는 1237억 원의 적자를 기록했고, 2019년 상반기에는 445억 원의 적자가 이미 발생한 상황입니다. KBS, MBC 외의 방송국 역시 상황이 녹록치 않아요. SBS는 적자를 기록하지는 않았지만 영업 이익률이 0%대로 떨어졌고, EBS도 2017년 고양 신사옥 입주 직전인 2016년부터 지속적으로 영업 손실을 보고 있다고 합니다. YTN을 비롯한 보도 채널, JTBC나 TV조선·채널A를 비롯한 종편 채널들 역시 이익을 내는 곳은 거의 없어요. 거의 모든 방송국이 적자의 수렁에 빠졌다 봐도 과언이 아닙니다.*

---

* "2019년 한국 방송, 급격한 변화 속에 길 잃다", 《미디어오늘》, 2019. 12. 22.

전체 플랫폼별 광고 매출액을 봐도 지상파가 처한 위기가 잘 드러나요. 2013년 4600억 원이었던 모바일 광고 매출액은 2018년 2조 4710억 원으로 급증했어요. 반면에 같은 기간 지상파 광고 매출액은 2조 675억 원에서 1조 5965억 원으로 급감했어요. 신문 잡지는 2조 97억 원에서 1조 7250억 원으로 줄어들었으나 지상파보다는 그 폭이 적은 것으로 봐야죠. CJ 계열 케이블과 종편은 5306억 원에서 7369억 원으로 소폭 증가한 것으로 나옵니다.**

　우리 방송 구조 개편은 방송 혹은 방송사의 혁신을 통한 것이 아니라 정부의 정책적 특혜를 기초로 구조 개편이 강요되어왔다고 봐야 해요. 정부가 지상파를 통해 관제 방송을 만들어 정권 홍보를 하고, 지상파가 성장한 후에는 특혜로 특정 기업에 사영 방송을 허가해 도입했죠. 이후 케이블 전문 채널을 만든 것도 기업의 방송 진출 요구에 의한 정부 정책에 따른 것이었고, 특정 신문에 대한 정치적 보은을 위해 종편을 만들어 방송 구조를 개편한 것도 MB 정부였어요.

　이런 흑역사 때문에 급변하는 환경에서 공영방송이 자기 역할을 해내려면 뼈를 깎는 노력이 있어야 하는데 여건 마련이 쉽지 않아요. 방송 민주화 투쟁의 성과로 성장한 공영방송 내 '인재 풀'이 그나마 희망이죠.

　신문 시장의 경우는 수구·보수 신문들이 종편을 통해 방송에 진출하면서 퇴조의 위기에서 살아남았는데, 종편이 경영상 자리를 잡게 된 것은 순전히 MB 이후의 특혜 정책의 결과라고 할 수 있어요. 종편에 대한 특혜는 결국 지상파의 위기를 가속화시키는 요인인데, 문재인 정부도 종편 특혜 정책을 아직 바꾸지 못하고 있어 걱정

** "지상파 중간광고 도입, 문제는 도입 이후다", 《미디어오늘》, 2018. 10. 13.

입니다.

신문 시장이 왜곡되면서 종편이 생기고 그로 인해 방송계 전반이 왜곡된 셈인데요. 신문 시장의 왜곡은 신문사들이 신문지대가 아닌 광고로 먹고 사는 데 구조적 뿌리가 있다고 할 수 있어요. 제가 언론 운동하면서 가장 어려웠던 것 중 하나가 '정보는 거저 얻는 것'이란 수용자들의 생각의 벽이었어요. 박정희가 언론을 군부독재 홍보 수단으로 여기고 신문지대를 라면보다 싸게 보급하기 시작했다고 해요. 그러다 보니 신문사 경영 구조가 왜곡되어버렸어요.

신문도 자본주의 사회의 한 상품이고 상품은 합리적 가격으로 거래되어야 하죠. 그런데 신문지대가 너무 싼 겁니다. 매일 주간지 수준의 두터운 신문을 집에 앉아서 받아 보면서 매달 1만 8000원을 냅니다. 신문사 경영에 지대가 기여하는 비율은 10%대예요. 80% 내외를 광고료에 의존하는 신문사가 광고주의 입김으로부터 자유롭겠습니까. 양질의 기사로 독자를 확보해서 신문사를 경영하는 게 아니라 광고주들, 즉 자본권력의 입맛에 맞는 보수적 논조로 광고를 얻고 광고비를 높이기 위해 불법 경품을 주며 부수를 부풀리는 거죠. 김유진 씨가 언급한 해외 권위지들과는 근본적으로 다른 길을 걸어온 거예요.

제가 민언련 사무총장을 하면서 지대인상운동을 고려하고 지도부와 의논한 적이 있어요. 다들 반대했어요. 저도 그 반대 이유를 너무나 잘 알고 있었고, 운동을 할 수가 없었어요.

자본, 즉 광고로부터 독립된 신문사 경영이 가능하게 하는 길을 모색하는 게 가장 근본적인 정상화의 방법일 텐데 그러려면 지대 인상, 회원제 운영 방식 등이 필요하겠죠. 그런데 언론에 대한 불신이 극에 달한 지금 상태에서 과연 시민들이 정상적인 신문지대 혹은 온라인 구독료를 내면서 정보를 얻으려고 하겠어요? 가뜩이나 포털을 통해 모든 언론 기사를 보는 구조에서. 신문사들이 포털에 의존하는 구조를 바꿔야겠지만 동시에 독자들이 개별 신문사 홈페이지에 들어가서 돈을 내고 기사를 볼 만큼 가치 있는 정보를 생산하는 게 과제라고 할 수 있어요.

덧붙여 우리 신문 시장은 이미 '보수 포화 상태'로 봐야 하는데 공식적으로 드러내지는 않지만 신문사에 따라 정파적 입장이 이미 정해져 있고 독자도 이미 성향이 결정되어 있어요. 저는 신문의 경우 아예 지지 정당을 공개하고 기사를 쓰는 게 낫지 않을까 생각합니다. 중립인 척 특정 정당을 지지하는 수구 · 보수 언론들을 보면 표리부동이 심해도 너무 심하고 언론의 중립성에 대해 독자들에게 혼란을 줄 것 같기도 하고.

김 검찰이 조국 전 장관의 집을 압수수색하는 날, 기자들이 아파트 앞에 진을 치고 있다가 조 전 장관 집에서 나오는 음식 배달원에게 몰려들었잖아요. '짜장면이냐 짬뽕이냐, 집안에 어린 여자가 있느냐' 이런 질문을 하는 기자들을 보면서 문득 '포르노는 찍는 사람보다 보는 사람이 더 부끄럽다'는 말이 떠올랐어요. 2004년 노무현 대통령 탄핵 때 정성일 영화평론가가 했던 말이에요. 국민들이 얼마나 분노했는지 모르고 탄핵에 성공했다고 좋아하던 한나라당 의원들을 꼬집은 거죠.

저는 음식 배달원에게 몰려든 기자들이 자신이 무엇을 하고 있는지, 시민들에게 어떻게 보이는지 정말 모르는 게 아닐까 싶어요. 세상은 이미 모바일과 유튜브 중심으로 재편되었고 시민들은 누구나 미디어가 될 수 있는 시대가 됐는데 기자들은 여전히 자신들이 배타적으로 정보를 얻고, 제공할 수 있다고 착각하는 것 같기도 하고요. 전통 미디어가 신뢰와 영향력을 회복할 수 있을까요? 살아남기는 할까요?

최 한국언론진흥재단이 발표한 '2019 언론인 조사'에 따르면 언론인이 느끼는 언론 자유도가 3.31점(5점 만점)으로 10년 이래 최고치가 나왔다고 해요. 오마이뉴스가 의뢰해 리얼미터가 실시한 여론조사 결과를 보면 국민 10명 중 6명이 조국 전 장관 의혹 관련 언론 보도를 신뢰하지 않는다고 해요. '불신' 응답이 59.3%(전혀 신뢰하지 않음 44.4%, 대체로 신뢰하지 않음 14.9%), '신뢰한다'는 응답이 36.5%(매우 신뢰함 19.6%, 대체로 신뢰함 16.9%)로, '불신' 응답이 '신뢰'보다 22.8%p 높은 것으로 나타났어요.

응답자들을 세부적으로 보면 지역별, 세대별, 정치 성향별 모두 '불신한다'는 응답이 높았다고 합니다. 특히 중도층(불신 54.7% vs 신뢰 42.0%)과 보수층(58.1% vs 39.7%)에서도 '조 전 장관 가족 의혹'에 대한 언론 보도를 불신한다는 응답이 절반 이상을 차지했다는 점은 시사하는 바가 크다고 봐요. 앞서 언급한 한국언론진흥재단 조사에서 언론인들조차 스스로 평가한 언론 신뢰도가 2.80점, 공정성은 2.52점으로 낮게 나왔어요.

우리가 앞서 JTBC와 MBC에 대해 얘기를 나눴잖아요. 언론의 보도가 좋아지면 국민들 신뢰가 회복되죠. 반대로 언론 보도가 편향적이라 인식되면 금방 신뢰를 거두는 게 국민입니다. 원론적으로 가장 좋은 것은 자체 개혁입니다. 언론이 먼저 성찰하고 반성하며 스스로 고쳐나갈 수 있다면 좋겠죠. 그러나 현재 언론 상황을 볼 때 언론 스스로 달라지기 기대하는 것은 연목구어緣木求魚라고 할 수 있어요.

김 지금 레거시 미디어는 신뢰의 위기, 생존의 위기를 동시에 겪고 있어요. 위기가 더 심화되면 달라질까요?

최 반성할 줄 아는 사람은 고칠 수도 있어요. 그러나 저는 아무리 언론의 위기가 심해져도 우리 언론사 구조나 언론인들의 자세로 볼 때 자체 개혁은 어렵다고 봐요.

언론개혁 요구가 아주 거세져 국회와 정부가 개혁에 나설 정도의 압박이 가해지면 자체 개혁 시늉이라도 하게 될까요···. 우리 언론의 문제가 하루아침에 생긴 게 아니고 길게는 일제강점기부터 누적되어 온 것이기 때문에 고치기 쉽지 않아요. 게다가 군부 권위주의 정권과의 야합을 통해 물질적 기반을 구축한 수구·보수 언론은 기득권 카르텔의 '입' 혹은 '논리 제공자'로 작동하고 있으니 언론개혁만으로 바로 세우기가 불가능한 측면도 있죠.

한편 언론인이 시대 변화에 가장 민감한 존재여야 함에도 '기득권화'하다 보니 SNS 기반인 1인 미디어 시대를 수용하기보다는 평가절하하는 경향이 있어요. 노무현 대통령 때부터 파괴되어온 권위주의의 잔재가 내재적으로 가장 깊게 그리고 강하게 남아 있는 곳이 언론계가 아닌가 싶습니다. 엘리트 권위주의에 빠지면 새로운 흐름을 받아들이기 어려워져요.

내가 잘나고 똑똑하다고 생각하므로 배우려 하기보다는 가르치려 드니까 점점 시민들과 유리된다고 생각해요. 전문성의 측면에서 보더라도 일반 시민들 중에 외국어를 능통하게 잘하는 사람들이 많아졌고요, 외국어가 되니까 자유자재로 해외 전문 사이트를 드나들게 되고 언론인들보다 먼저 최첨단 정보를 입수하게 되는 경우도 드물지 않아요. 한마디로 언론이 누렸던 정보독점도 이제 옛날이야기가 되었다고 할 수 있지요.

언론은 허위 왜곡 보도를 양산하면서 자신들이 허위 왜곡 보도를 대량 유통하고 있다는 것조차 모를 겁니다. 그래서 언론개혁이 필요해요. 가장 중요한 것이 허위 왜곡 보도를 근절하는 것인데 이제 과거 시스템으로 대응하는 건 큰 의미가 없다고 봐요.

김 과거 시스템이라면 방송통신심의위원회나 언론중재위원회를 말씀
하시는 건가요?

최 지금 있는 제도를 잘 활용할 필요가 있겠지요. 그러나 방송통신
심의위는 개혁이 필요하다고 봅니다. 물론 위원 인선을 잘 하면 심의
결과에 대한 시민 만족도가 좀은 높아질 수 있으므로 전문성 있고 강
단 있는 분들로 차기 방심위원을 잘 구성하는 게 중요하죠.

표현의 자유는 보장돼야 해요. 그러나 허위 왜곡 보도는 표현의 자
유와 다른 카테고리라고 봅니다. 사실을 전제로 자유로운 논평을 할
수 있는 것이니까요. 거짓을 전제로 의견을 개진하면 그 의견 또한
왜곡될 가능성이 높아지는 게 당연하지 않겠어요?

시민들도 잘못된 보도를 접하면 즉시 방송통신심의위 전자 민원
에 들어가 제소하는 게 중요해요. 클릭 3번이면 심의 요청을 할 수
있거든요. 귀찮아하지 말고 방심위를 최대한 활용해보자 제안하고
싶어요.

더불어 앞에서도 얘기했지만 국회가 징벌적 손해배상제든 유효적
손해배상제든 왜곡 보도로 입은 피해를 실질적으로 배상할 수 있는
제도를 도입할 때가 됐다고 생각해요. 악의적 왜곡 보도에 대해 형사
적 책임을 물을 수 있는 방안을 모색해볼 필요도 있고요.

방통위는 방송사 인허가권과 재허가권을 가지고 있어요. 이미 방
통위는 종편 등에 대한 재허가 절차에 들어갔습니다. 법과 원칙에 따
라 재허가 심사를 하는 게 중요해요. '방송사를 어떻게 허가 취소하
나?'는 소극적 태도를 갖지 않는 게 필요해요. 이미 구 방송위원회 시
절 인천방송을 허가 취소한 전례도 있으니 참고하면 됩니다. 방송통

신심의위 심의가 중요한 것은 방송사 재허가 과정에서 법정 제재 건수에 따른 누적 벌점이 방송사 재허가에 반영되기 때문입니다. 또 방통위가 방송사 재허가 심사 과정에서 반드시 시청자 의견을 수렴하게 되어 있거든요. 적극적으로 의견 개진을 하면 좋겠어요.

솔직히 시민들에게 언론개혁을 위해 또 나서달라고 요청하는 게 죄송하기도 하지만 언론개혁 또한 검찰개혁 못지않게 어려운 시대 과제라 제도권 안에서 해결하는 건 불가능하다고 봐요. 정치와 언론의 특수 관계를 고려하면 검찰개혁 때보다 더 큰 촛불이 조직되어야 할지도 모릅니다.

'촛불'의 진화

2020년 1월 27일 저녁, 마지막 이야기는 '촛불'이다.
그런데 생각해보니 시작도 '촛불'이었다.

조직도 리더도 이념도 없는

김 검찰개혁 촛불집회 초기부터 계속 참여하신 것으로 알고 있어요.
집회가 대규모로 확산되어가는 과정을 지켜보셨는데 어떤 흐름을 읽으
셨는지 궁금합니다.

최 2019년 7월부터 〈시사타파〉 이종원 PD 중심으로 일본대사관 소
녀상 앞에서 '반아베 촛불집회'가 열리고 있었습니다. 그 집회에 연사
로 초청돼 가서 참여한 게 시작이었어요. 반아베 촛불집회가 조국 전
장관 국면이 벌어지면서 자연스럽게 검찰개혁 촛불집회로 발전해간
것이지요.
　이번 촛불집회의 가장 큰 특징은 시민에 의한, 시민 주도 촛불이라
는 거예요. 2002년 효순이 · 미선이 촛불집회, 2004년 탄핵 반대 촛

불집회, 2008년 광우병 소고기 반대 촛불집회, 2016년 박근혜·최순실 국정 농단 촛불집회 때는 시민단체, 사회단체들이 집회를 주도하거나 적어도 실무를 책임졌어요.

반면에 이번 촛불집회는 1인 미디어 〈시사타파〉가 중심에 서고 다른 1인 미디어들이 지원하는 형태로 시작됐고, 조직화된 집단이 끼어들 여지가 없었습니다. 초기에 기존 미디어들은 '조국 수호 검찰개혁' 촛불집회에 냉담한 반응을 보였죠. 검찰청 앞에서 소규모 촛불집회가 열렸을 때 언론은 거의 관심을 두지 않았고 보도조차 되지 않았어요. 오직 〈시사타파〉 등 1인 미디어들이 유튜브와 팟캐스트를 통해서 보도했을 뿐입니다. 촛불집회가 집중적 관심을 받게 된 것은 9월 28일이에요. 애초 주최 측에서는 10만 명 정도 모일 것으로 예상하고 집회를 준비했는데 정말 많은 분들이 오셔서 그날 집회 인원이 100만 명이냐 200만 명이냐를 두고 논쟁이 붙기도 했죠.

당일 스피커가 좋지 않아서 주 무대 행사가 시민들에게 잘 전달되지 않았는데 그분들에게 죄송한 생각이 들었어요. 무대에서 발언한 뒤 집회 현장을 구석구석 다 돌았어요. 시민들이 어떻게 하고 계실까, 어떤 생각으로 이 자리에 나오셨을까가 궁금했기 때문이죠. 시민들이 곳곳에서 자기 나름의 소규모 집회들을 하고 있었고 조국 반대 집회를 하고 있는 사람들과 구호 주고받기를 하면서 작은 전투를 치르고 계시더라고요. 스피커도 안 좋고 발언 내용도 안 들리는데 어떻게 그렇게 오랜 시간 동안 대오가 흐트러지지 않고 유지되는지, 이해할 수가 없는 기적 같은 상황을 목도한 것이죠.

대부분의 시민들이 저에게 "참다 참다 못해서 내 마음을 조국 장관과 대통령께 전해주고 싶어서 나왔다", "검찰에게 시민들이 뭘 원하는지 알려주고 싶어서 나왔다"라고 말씀하셨어요. 분을 못 이긴 시민들은 혼자 확성기를 들고 검찰을 비난하고 검찰개혁 당위성을 홍보

검찰개혁 촛불집회를 시작한 시사타파TV 이종원 PD, '촛불남동생'으로 불린 김남국 변호사와 함께.

하고 다니셨죠. 이 집회는 어떤 목적성이 있거나 소수집단이 대중에게 프로파간다propaganda를 해서 대중이 결집되고, 소수집단이 대중에게 새로운 정보를 주어서 대중을 각성시키고 하는 이런 종류의 집회 공식과는 완전히 달랐어요. 검찰의 피의 사실 유포와 그를 그대로 받아쓴 언론 보도의 홍수 속에서 시민들이 검찰 행태와 언론 보도를 지켜보고, 1인 미디어들이 주는 정보를 들어보고, 무엇보다 대중적 직관으로 우리가 나서야 한다는 이심전심의 집회였어요.

과거 집회들은 시민단체가 시작하고 조직화하고 정당성을 알리면 언론이 받아써주면서 집회 규모가 확대돼갔거든요. 언론이 집회 성공에 결정적 변수가 되고는 했죠. 박근혜 · 최순실 국정 농단 촛불집회 때는 JTBC가 결정적 역할을 했으니까요.

언론이 이번 촛불집회에 전혀 도움을 주지 않았다는 것도 이전 촛불집회와 구분되는 지점입니다. 사실 9월 28일 집회를 보고 저는 직관적으로 진짜 새로운 시민 시대가 열리고 있구나, 진정한 시민의 시대가 시작되고 있구나 하는 묘한 흥분 같은 것을 느꼈어요. 결국은 사회의 헤게모니가 밑바닥에서 이동하고 있다. 이렇게 정리할 수 있겠죠.

김 제 친구나 선후배들은 정치 성향이 거의 똑같아요. 다들 검찰의 행태에 분노하고 검찰개혁에 찬성하죠.

그런데 서초동 촛불집회에 대해서는 약간 차이가 있었어요. 이전 촛불집회에는 적극적으로 나갔는데 이번에는 선뜻 나서지 않는다는 애들이 있더라고요. 어쩌면 이런 태도가 이번 촛불집회의 특징을 보여주는 것 같았어요. 사실 저도 집회에서 태극기를 드는 게 광장히 낯설고 어색했거든요. 학생운동을 하고 이념으로 진보를 받아들인 사람들이 더 이상 광장의 중심이 아니라는 생각을 했어요.

최 집회의 주체가 국민 혹은 민중, 혹은 시민인 것은 분명합니다.

그런데 그동안 집회의 주도 세력이 누구였던가 되돌아보면 정치인, 학생, 조직 활동가 등으로 발전해왔습니다. 집회의 주도 세력이 이번 촛불집회를 기점으로 시민으로 바뀐 것, 이런 점은 과거 조직운동을 했던 활동가들에게는 낯설고 불쾌한 지점일 수도 있다고 생각합니다. 기대했던 것과는 달리 촛불집회 현장에서 시민단체 활동가들을 만나기 힘들었어요. '왜 시민단체 활동가들이 이 집회에 결합하지 않지?' 의아한 생각을 가졌는데, 냉정하게 표현하면 촛불집회의 헤게모니가 바뀌고 있기 때문인 것 같아요. 다만 이 헤게모니 갈등은 눈에 드러나지 않게 밑바닥에서부터 벌어진 일이고 미처 진보운동 활동가들이 인지하지 못한 가운데 벌어졌기 때문에 정리하는 데 시간이 필요할 것 같아요. 정서적으로 '이게 뭐지?' 낯설기도 하고, 뭔가 못마땅하기도 한 기분일 것 같아요. 그러나 헤게모니가 교체되고 있는 건 확실합니다.

언론도 마찬가지예요. 시민단체와 언론이 대규모 집회를 두고 협조 관계에 있었다는 것은 명백한데, 이번 촛불집회는 전혀 언론이 힘을 실어주지 않는데도 과거보다 더 진정성 있게 불타올랐기 때문에 언론도 당혹스러울 거예요.

정치권은 어떨까요? 과거 시민사회의 조직 활동이 미약할 때 대부분의 집회는 정치인 주도였어요. 조직화된 정당들이 당원을 동원해서 세를 과시하는 장이기도 했죠. 이번 촛불집회에는 어느 정당도 명함을 내밀지 못했어요. 한편에서 어용 시비를 불러일으키려고 했으나 이번 촛불집회에 나온 시민들은 '어용 집회가 맞다'고 당당하게 얘기했기 때문에 어용 논란이 확대되지도 않았어요.

과거에는 군부 권위주의 정권과 제도언론의 의제에 맞서서 학생이나 민주 세력이 유인물 등의 형태로 안티테제^Antithese*를 만들었어요.

그리고 대중은 그 안티테제를 정보로 받아들여서 또 하나의 '반대 여론'을 만들어가는 방식이었죠. 소위 유언비어. (웃음)

학생 등 진보 세력은 '민주 대 반민주'의 구도에서 사회경제적 개혁까지 일정한 이념을 바탕으로 형성된 그룹이에요. 사회를 구조적으로 인식하기 때문에 검찰개혁 같은 개별 의제를 가지고 행동에 나서기가 힘든 집단이죠. 더군다나 검찰개혁 의제가 검찰과 기득권 세력에 의해 왜곡되고 언론이 그 왜곡에 기꺼이 동참하는 상황에서 조국 개인에 대한 도덕적 거부감 때문에 선뜻 집회에 나서기 어려웠을 겁니다. 유독 진보 진영에서 조국의 도덕성 문제를 크게 의제화하려고 했던 것도 같은 맥락이라고 봐요. 오랫동안 진보적 공익 활동에 몸바쳐온 우리들에게 남은 게 뭘까요. 아마도 도덕적 자부심일 겁니다. 그래서 조국네의 도덕적 흠결에 더 크게 반응하게 된 건 아닐까 혼자 생각한 순간이 있었어요.

김 선배님은 이번 촛불집회의 양상을 '헤게모니 이동'이라고 표현하셨는데요. 저는 단순한 시각차일 수도 있다고 생각합니다. 촛불집회에 모인 시민들과 시민사회단체들이 조국 사태를 보는 근본적인 시각차요. 시민단체들은 조 전 장관에게 쏟아진 의혹에 판단을 보류하고 있는 상태였거나 집권 세력의 2인자를 엄호하는 모양새가 되는 부담감 때문에 애초부터 이 촛불집회의 헤게모니를 잡을 생각이 없었을 수도 있어요.

최 '검찰개혁' 집회의 헤게모니를 잡을 생각이 없었다는 사실 자체

---

* 헤겔의 변증법에서, 발전의 도식인 삼단법의 첫째 단계를 부정하는 둘째 단계를 말한다. 최초의 주장인 정립(定立)에 대립하고, 그 최초의 명제를 부정하여 새로운 주장이 세워진다.

가 헤게모니 이동 아닐까요? 검찰개혁 촛불집회가 대세인데 시민단체는 그 집회를 주도할 수 없는 상황이 됐어요. 시민단체 활동가들도 어쩌면 기득권 언론의 여론 몰이에 포섭된 것일지도 몰라요.

시민들은 제도언론의 보도와 1인 미디어들의 정보들을 면밀히 검토하고, 그 결과 이 사태의 본질을 검찰개혁을 반대하는 검란과 문재인 정부 흔들기로 규정하고 거리로 쏟아져 나온 거예요. 이건 '대중의 촉'이라고밖에 표현을 못하겠는데 시민단체들이 대중의 촉을 못 쫓아간다는 의미이기도 한 것 아닐까요? 우리 내부의 도덕적 결벽증 같은 것이 사태의 본질을 꿰뚫지 못하게 하는 원인일지 몰라요.

그러나 일반 시민들은 일상을 살아가면서 이런저런 비도덕적 일들을 감수하고 힘이 없어서 묵인하면서 갑근세를 내온 사람들이에요. '조국은 집권 세력의 2인자'라는 형식적인 규정보다 문재인 정부가 촛불정부이고 이 정부의 숙명은 개혁이기 때문에 문재인 정부의 개혁에 힘을 실어줘야 한다고 판단하고 있는 거예요.

대중에게는 촛불집회를 통해서 드러내야 할 나, 혹은 우리 집단이 없기 때문에 순수한 상태로 직관할 수 있는 힘이 거기서 나오는 게 아닐까요? 문재인 정부 2인자, 어용 집회 같은 말들이 대중에게 큰 의미로 다가오지 않는다고 봐요. 정권 실세로서의 조국이 개인적인 이익을 추구하다가 비리를 저질러서 곤경에 처한 것이 아니라 검찰개혁을 하려다가 곤경에 처한 것이기 때문에 그를 보호해준다는 것입니다. 문 대통령이 검찰개혁을 하려다 어려움에 처했는데 개혁 대통령을 지키는 대장정에서 '어용'이라는 말 따위는 아랑곳하지 않는 거죠.

대중은 이런 딱지가 무섭지 않아요. 시민단체들만 해도 '어용'이라는 말이 무섭죠. 가진 게 있으니까. 근데 시민은 뭐가 있어요? 아무것도 없잖아요. '와보니까 100만이야, 야, 나 혼자가 아니네!' 나와 같은 생각을 가진 사람들과 유유상종하며 분노를 표출할 수 있다는 것 외에 개인적으로 이 국면에서 사익을 추구할 게 없어요. 당연히 연대 의식이 높아지죠. 이런 상태의 시민들에게 어용이라고 한들 무슨 위협이 되겠습니까. 기득권 세력의 입장에서 보면 시민들이 다 '깡패'가 된 거겠죠. (웃음) 검찰과 기득권 세력에게 아무 목적 없이 자발적으로 자기 돈 내가며 검찰개혁의 촛불을 드는 시민들처럼 겁나는 존재가 있을까요?

'홍위병'이면 왜 안 돼?

김 시민들이 '어용'이라는 규정에 아랑곳하지 않는다는 건 저도 직접 확인했어요. '조국 수호'라는 말을 외치고 노무현, 문재인 대통령과 조 전 장관 얼굴이 인쇄된 손팻말을 흔들더라고요. 진보 진영에서조차 '조국 수호'라는 구호를 비판하는 사람들이 있었는데 현장의 시민들은 전혀 개의치 않았어요. 저는 솔직히 대통령들 얼굴이 들어간 손팻말이나 태극기는 못 들겠더라고요. 저에게는 너무 낯선 것들이어서….

서초동 촛불집회가 앞선 촛불집회와 완전히 달랐던 건 사실이지만 그렇다고 단절적으로 보기는 어려워요. 2004년 탄핵 반대 집회, 2008년 광우병 집회 등을 거치며 집회의 주체나 문화가 서서히 바뀌어왔던 게 아닐까요?

최 진보·개혁 단체들은 오랫동안 '노동자 헤게모니'식 운동에서 벗어나질 못했어요. 그런데 관념적으로 진보·개혁 단체 내부에서는 노동자 헤게모니가 확립된 듯했지만, 단 한 번도 우리 사회에서 노동자의 헤게모니가 관철된 적이 없어요. 아주 부분적이었고, 민주노총의 조직률도 매우 낮고. 그 원인이 무엇일까 생각해보면 자본주의가

고도화되면서 우리 사회의 계층구조가 매우 다양화됐기 때문인 것 같아요.

자업자득인데 우리에게는 다소 엉뚱한 일이 벌어집니다. 시민단체에는 시민이 없고 시민 헤게모니, 시민의 시대를 현실적 힘으로 제시하고 조직화한 사람은 진보 시민단체가 아니라 '노무현'이었던 거죠.

2002년 효순이·미선이 촛불집회는 민주노동당이 중심이 된 집회였어요. 집회 방식이나 이후 동선이 잘 짜져서 단체 활동가에게는 익숙한 집회였을 겁니다. 그러나 시민들은 잘 짜진 집회 계획에는 관심이 없었어요. 효순이·미선이 두 여중생 죽음에 대한 미군의 태도를 보고 아이들이 불쌍하고 억울하고 화나서 집회에 결합한 거죠. 그게 소수의 의도대로 반미적 인식으로 나가거나 한 것은 아니지만, 국민들은 '미국놈들 너무하네'라고 정서적으로 받아들였어요. 소수의 민주노동당 관련 인사들이 시작한 거니까 주도 세력은 운동의 핵심이었던 거죠.

노무현 탄핵 반대 집회의 주도 세력은 형식적으로 시민단체였으나 실질적 주도 세력은 '노사모'였습니다. 그때 노사모가 모집한 자원봉사단들이 집회의 모든 실무를 담당했고 시민사회단체 대표들은 상층부 리더십만 발휘한 집회였죠. 탄핵 초기에 시민단체들은 중립론에 빠져 있었는데, 분명한 탄핵 반대로 돌아서게 만든 힘은 노사모의 대중 동원력이었습니다. 광우병 촛불집회의 주도 세력은 촛불소녀들, 유모차부대, 네티즌들이었습니다. 촛불집회가 불타오르자 시민단체가 연대 기구를 만들어서 집회의 실무를 맡았다고 할 수 있어요.

지금 얘기한 집회들도 서서히 형식과 내용이 일치하는 쪽으로 진화하고 있었는데, 아직은 시민들이 경험하지 못했던 부분들, 예를 들어 집회의 진행이라든가 법적책임 같은 것을 정당이나 시민단체가 헌신적으로 담당하면서 협력했던 것이죠.

국정 농단 촛불집회의 경우는 민주노총과 진보 세력 등이 초기에 중심을 잡았고 JTBC를 비롯한 언론이 힘을 보태서 가능했던 집회라고 봐야죠. 거기에 정당들이 모두 결합했어요. 대권 후보들도 결합했죠. 사안의 성격이 정치적이었기 때문에 새누리당을 제외한 여러 정당, 사회단체, 시민들이 다함께 힘을 합쳐 박근혜 탄핵을 만들어낸 집회였습니다.

그런데 이번 촛불집회는 실무 진행과 법적책임까지 모든 것을 개총수*와 다른 1인 미디어들이 떠맡았어요. 그랬기 때문에 많은 시민들이 부담 없이 나와서 함께한 측면도 있는 거 같아요. 화제가 됐던 대형 태극기 퍼포먼스라든가 태극기 손피켓 등은 만일 시민단체나 민주노총이 함께했다면 적절성 여부로 논쟁하다가 태극기가 집회에 등장할 수 없었겠죠?

김 2008년 광우병 촛불집회 때부터 시민들의 자발성, 주도성이 두드러졌던 것 같아요. 집회 현장에서 시민들은 시민단체들에게 구체적인 요구와 불만을 제기했어요. '단체 깃발을 내려라, 우리를 리드하려고 들지 말라…' 그나마 몇몇 단체들은 존중을 받았는데 제 기억으로는 민변, 민언련, 인도주의실천의사협회(인의협) 같은 전문성을 갖고 시민들에게 도움을 주는 곳들이었어요. 시민들은 시민단체가 정보나 전문적인 서비스를 제공하는 것은 환영했지만 조금이라도 자신들을 '지도'하려는 모습이 보이면 극도의 거부감을 드러냈어요.

그나마 시민단체가 최소한의 역할을 하고 책임졌기 때문에 광우병 촛불집회 때까지는 시민단체의 권위가 유지됐던 거죠. 그 후에 시민단체 영향력이 줄어들면서 사회적 권위도 떨어졌어요. 촛불집회가 온전한

---

* 검찰개혁 촉구 촛불집회를 주도해온 '개싸움국민운동본부(개국본)'의 총수를 말한다.

시민 주도로 바뀐 것은 시민의 자발성이 커진 측면도 있지만 시민단체가 쇠퇴하는 징후라고 할 수 있을 것 같아요.

최 굉장히 다행스러운 일이죠. 시민단체가 권위와 영향력을 잃은 상태에서 여전히 중요한 역할을 해야 하고 대체 세력은 눈에 보이지 않는 상황을 상상해보면 아찔하지 않아요?

검찰이 반인권적 폭압적 수사를 해도 저항할 수 있는 컨트롤타워가 없어졌다는 얘기인데, 다행히 광범위한 시민들의 각성, '깨시민(깨어 있는 시민)'들이 나서서 자발적 집회를 해줬으니 사회적 입장에서 보면 굉장히 다행스러운 일이며 희망적인 일이라고 봅니다.

그러면 이 '깨시민'은 어떻게 형성됐나. 시민사회가 성장하면서 시민들이 정치직으로 각성을 하게 되니까 시민단체의 회원들이 '깨시민'이어야 하잖아요. 물론 '깨시민'들 중에는 시민단체 회원들도 많겠지만 집회 전체를 보면, 시민단체가 포괄할 수 없는 규모예요. 이 '깨시민'의 시초가 어디라고 생각하세요?

김 노사모를 말씀하시려는 것 같은데요. (웃음)

최 저는 살면서 노사모처럼 모든 것을 바쳐서 무엇인가 이룬 집단을 만나본 적이 없어요. 노사모는 지지율 2%였던 정치인을 '바보 노무현'이라 부르며 최초의 정치인 팬클럽을 만들고 결국은 그를 대통령에 당선시켰어요. 독특한 노사모만의 방식으로.

그럼 노사모가 누구인가. 노사모를 들여다보면 대학 다닐 때 학생운동을 하다가 노사모에 결합한 리버럴한 사람들, 박사나 연구원 같은 젊은 중산층 전문직들, 학생운동을 경험하지는 않았지만 운동의 지향은 함께했던 사람들이었어요. 민주주의나 정의 같은 가치에는 동의하지만 운동권의 경직되고 한편으로 룸펜^{Lumpen}*적인 문화가 싫어서 운동권과 거리를 둘 수 있잖아요. 그런 사람들이 정치인 노무현을 만나서 정치 참여에 나선 거예요. 반대로 노무현이라는 사람의 개인적 매력에 빠져서 정치적으로 각성한 사람들도 있었죠. 이렇게 다양한 계층, 다양한 성향의 사람들이 오직 '노무현'이라는 이름을 중심으로 모였는데 폭발적인 에너지를 분출한 거예요.

우리는 대통령을 만들어본 적이 없지만, 정확히 말하면 만들 능력이 없었겠지요. 그러나 노사모는 평범한 시민들이 모여 대통령을 만들었잖아요.

정치 부재? 집단 지성!

김 앞에서도 잠깐 말씀드렸지만 노사모의 헌신성이라든가, 그들이 이룬 성취에 대해서는 저도 이견이 없습니다. 2002년 대선 때는 노무현 후보보다 노사모 사람들에게 더 감동을 받았어요. 그런데 노사모는 아무리 자유롭고 자발적인 형식이라 해도 어쨌든 조직의 형태를 띠고 활동했잖아요.

반면에 광우병 촛불집회 때 등장해서 검찰개혁 촛불집회를 주도한 시민들은 그야말로 조직화되지 않은 개인들입니다. 광우병 촛불집회 때 시민들의 자발성을 칭송하면서 '집단 지성'이라는 말을 쓰기 시작했어요. 하지만 저 개인적으로는 몇몇 문제점들을 현장에서 경험했기 때문에 '집단 지성'을 맹신하기 힘들었어요. 선배님은 '집단 지성' 혹은 '깨시민'들의 자발적인 힘을 얼마나 믿으시는지 궁금합니다.

---

* 사회에서 낙오된 사람을 일컫는 말인데, '빈곤한 지식인'을 자조적으로 일컫는 표현으로 사용된다. 요즘의 '잉여'와 뉘앙스가 가깝다.

최 조금 다른 이야기일 수 있겠는데, 역사 속에서 민중의 선택에 대해 가장 충격을 받은 장면은 성경 속 예수의 최후입니다. '로마법' 관례에 따라 로마 총독인 빌라도^{Pilatus}는 사면권을 행사합니다. 유대 민중에게 십자가에 매달려 있던 예수와 살인강도 바라바^{Barabbas} 둘 중 누구를 사면할 것인가 묻습니다. 당연히 예수를 사면해달라고 할 것 같았는데 유대 민중은 바라바를 선택합니다.

성경을 읽다 보면 난해한 부분이 많은데 이 부분만큼 충격적이며 당혹스러운 장면은 없는 것 같아요. 누군가 바라바에 대한 정보를 잘못 기록했을 수도 있을 테고 바라바가 일부 주장처럼 유대민족해방운동의 전사였는데 신분을 감추었을지도 모르죠. 현실 혁명을 꿈꾸던 유다^{Judas}가 피안의 구원을 설파하는 예수가 오히려 민중의 투쟁력을 약화시키는 유대 민족 해방에 걸림돌이라 여겨 배반했다는 주장도 있을 수 있겠어요.

핵심은 왜 바라바를 선택했느냐가 아니라고 봐요. 왜 예수를 선택하지 않았느냐는 거죠. 왜 그랬을까요? 예수를 믿고 따르지 않아서 그랬을까요? 저는 유대 사람들이 예수를 정말 사랑하고 따랐을 것 같아요.

예전에는 민중의 이중성으로 이 장면을 이해했는데 요즘 생각해보면 유대 민족 보존을 위한 어쩔 수 없는 선택이었던 게 아닌가 싶습니다. 예수가 말하는 천국을 이해하는 사람이 몇 명이나 됐을까요? 그를 따르는 유대 민중은 천국을 이해했을까요? 로마와 유대 기득권자들에게는 예수는 고도의 정치혁명가로 보였을 것 같지 않아요? 매우 위험한 인물이었던 거죠.

유대 사람들이 예수를 사면 대상으로 지목해서 예수가 살았다면 이후 유대 사회에는 어떤 일이 벌어졌을까요? 이것을 생각하면 유대 민중은 당시 상황에서 자신들에게 가장 이익이 되는 선택을 한 것으로밖에 볼 수 없어요. 집단 지성 또한 때로 잔인하게 작동할 수 있을 겁니다.

김 보통은 성경의 그 장면을 '무지몽매한 민중'의 예로 들어요. 반면에 선배님은 '이기적 유전자'의 맥락에서 민중의 가장 현실적이고 합리적인 선택으로 해석하신 거고요. 하지만 예수와 바라바는 너무 차원 높은 얘기 같습니다. 제가 말씀드린 '집단 지성'을 의심하게 만든 집회 현장의 몇몇 모습은 그런 게 아니었어요. 그냥 무분별하고 실망스러운 행동, 진짜 무지몽매해 보이는 것이었거든요.

최 학생운동을 할 때 '민중'을 어떻게 생각했어요?

김 다들 환상을 갖고 있었죠. 저는 좀 예외였는데 대학교 2학년 때쯤 그 환상을 다 버렸습니다. 우리가 '민중'이라고 흠모하는 대상을 현실에서 만나면 아름답지만은 않아서요. 그런 사고방식의 연장에서 '시민의 힘'이나 '집단 지성'을 인정하면서도 경계심을 풀지 않는지 모르겠어요. 선배님도 공장에서 만난 현실의 노동자가 이념 서적 속의 '노동자'와는 달랐다고 하셨잖아요.

최 작은 이해에 민감하고 때로 비겁한 선택을 당연하게 하는 모습도 본 적이 있어요. 그런데 우리 모두 그래요.
　집단 지성이란 어떻게 보면 시민에 대한 믿음이기도 하고 권위에 대한 도전이기도 해요. 전문가라는 존재는 정보를 많이 가졌다는 것을 전제로 과거의 경험 속에 정보를 돌려 사안을 판단하고 때로 추상적으로 미래를 예측해내는 사람이잖아요? 그런데 어떤 사안에 대해 깊이 있는 정보를 공유하지 않더라도 기초적인 정보를 가지고 사안을 판단할 때 전문가 혼자 판단한 것보다 일정 숫자 이상의 사람이 판단한 것이 더 정확할 수 있다는 겁니다.

언뜻 들어보아도 집단 지성이라는 개념은 참으로 매력적인 것 같지요?

사이버상의 집단 지성을 정리한 피에르 레비Pierre Levy는 "인류는 과학 기술을 기반으로 공동의 지적 능력과 자산으로 소통하며 집단 지성을 만들어왔고, 이 집단 지성을 통해 시공간을 초월한 진정한 인류 통합을 완성할 수 있다"고 말했어요. 이런 규정을 전제로 인류애적 세계에 대한 무궁무진한 상상을 할 수 있다는 것만으로도 벅찬 개념이죠.

근데 집단 지성이 발휘되려면 일정한 조건이 필요하다고 합니다. '다양성, 독립성, 분산화, 통합'이라는 4가지 요소가 있어야 해요. 다양성이란 다양한 성별, 나이, 직업, 취미, 가치관 등을 가진 사람들이 모여야 한다는 것이고요. 독립성은 타인에 동조하는 것이 아니라 자신만의 생각이 있어야 한다는 의미입니다. 분산화는 문제 해결이 한 군데로 쏠리면 안 된다는 거죠. 소수가 끌어가는 토론은 집단 지성이라 보기 어려워요. 마지막으로 통합 개념은 분산된 지식이나 경험을 공유하는 시스템이 있어야 한다는 것이죠. 아고라나 인터넷 커뮤니티가 있어야 소통이 될 테니까요.

집단 지성의 전제 조건들이 구비되지 못하면 정보 조작에 휘말릴 수도 있고 정보 조작에 의해 전체주의로 갈 수 있는 위험이 있겠죠. 구성원 모두의 적극적인 참여를 전제로 해야 하는데 열성적인 일부가 전횡을 하는 경우도 생길 위험이 있다고 합니다.

저는 집단 지성이 잘 발휘될 때 시대적 의제를 주도할 엄청난 힘을 발휘할 수 있다는 믿음이 있어요.

김 진보 진영 내에서는 검찰개혁 촛불집회에 대해 부정적인 시각이 있었어요. 예를 들면 검찰개혁에 매몰돼서 문재인 정부의 실망스러운 노동정책 등을 제대로 비판하지 못한다는 거죠. 이런 시각에서는 오히려 검찰개혁이라는 의제가 노동의제를 물타기 하는 수단으로 생각될 수 있을 것 같습니다.

최 노동정책은 노동정책이고, 검찰개혁은 검찰개혁이겠죠. 노동문제는 사회경제개혁의 핵심 과제라 정부의 개혁성만으로는 해결하기 어렵고 사회 전체가 함께 노력해야 한다고 봐요. 문재인 정부가 노동문제에 무관심한 것도 아니고요. 기득권 저항이 가장 큰 게 노동정책이니 힘을 합해 돌파할 수밖에 없어요. 더 중요한 건 문재인 정부보다 더 노동 가치를 존중하는 정부를 만들 힘이 국민들에게 있어야 하는 것이 아닐까요?

그리고 거듭 얘기하지만 지금 우리 사회는 검찰이 수사를 하면 의제가 되고 있어요. 검찰개혁을 주도하는 정부나 촛불집회를 탓할 게 아니라 검찰이 주도하는 의제 설정 구도를 깨는 게 진보적인 의제 설정에 도움이 된다고 생각합니다.

김 서초동에서는 검찰개혁 촛불집회가, 광화문에서는 극우 단체 집회가 열리는 것을 두고 일부에서는 '정치의 부재'라고 분석하기도 했어요. '광장의 파시즘'이라고 비난하는 목소리도 있었고요. 이념이 양극화됐을 뿐 행태는 비슷하다고 보는 거죠.

최 시민들의 자발적 촛불집회와 극우적 개신교 집중 심회를 동일선상에 놓고 평가하는 건 비겁하거나 편향적이라고 생각합니다. 황교안 체제 자유한국당의 가장 이상한 행태가 바로 극우적 개신교 세력과 함께한다는 거예요. 인류 역사에서 제정 분리가 된 게 언제인데 21세기 대한민국에서 제1야당과 극우 목사가 함께 집회를 합니까?

흔히 '광화문 집회'라고 하는 쪽은 극우적 개신교 세력과 '태극기 모독 부대' 그리고 자유한국당이 힘을 합해 연 집회니까 '정치적 종교 집회'라고 규정하는 게 맞아요. 검찰개혁 촛불집회는 자발적 시민 집회이니 근본적으로 다르지요.

정치 중심적 시각에서 보면 문제가 발생할 때마다 '정치 부재' 운운하게 됩니다. 그러나 지금 우리 사회에서 '정치 부재'를 운운하는 것이 가당키나 한가요. 이미 국회가 국민적 고뇌가 된 지 오래인데요.

'광장의 파시즘'이라는 규정은 굳이 따지자면 극우적 개신교와 '태극기 모독 부대'의 집회에 맞는 규정이라고 봅니다. 파시즘은 극우적 전체주의로 필연적으로 폭력과 반인권을 동반하죠. 시민들의 촛불집회에서 폭력 행위나 이념적 주장이 나오는 것을 본 적이 없어요. 촛불집회를 '광장의 파시즘'이라고 하는 건 일부 지식인들의 편향적 언어유희 아닐까요?

검찰개혁 다음은 언론개혁

김 대화를 시작한 게 10월이었는데, 어느새 해를 넘겨버렸어요. 이제 마무리를 해야 할 것 같습니다. 선배님의 학생운동 시절부터 서초동 촛불집회까지 정말 많은 말씀을 하셨어요. 이 긴 대화에서 선배님의 결론은 무엇이 될까요?

최 저는 너새니얼 호손Nathaniel Hawthorne의 《큰 바위 얼굴The great stone face》과 헤르만 헤세의 《데미안Demian》을 품고 다니던 여고생이었어요. 낭만적이고 이상주의적 성향이라고나 할까요. 대학교 1학년 때 '백마 타고 오는 왕자'를 꿈꾸다가 친구들한테 비웃음거리가 되기도 했어요. (웃음) 엄혹한 유신 말기에 대학생이 그런 유치한 상상을 한다고 친구들이 타박을 했죠.

그 시절에는 역사의식이 투철해 민주화운동에 뛰어드는 상황이 아니었어요. 군부독재의 탄압이 민주 투사를 양산하던 시절이라고 봐야 해요. 평범한 여대생이 학생운동을 하게 되기까지 '결단'은 필요했을망정 도덕적 고민은 없었어요.

이후《말》지 기자가 되어 '사람들' 속으로 들어가게 됩니다.《말》지와 인연이 되어 사회생활을 시작한 뒤 지금까지 '언론'이란 말과 부대끼며 살아왔어요. 그 와중에 정말 많은 사람을 만났어요. 제가 만난 사람 중에는 남파 공작원으로 오랜 수감 생활을 한 사람과, 납북됐다가 돌아온 어부, 마취하지 않은 상태에서 제왕절개로 아이를 낳은 곱사등 엄마도 있었어요. 산업재해로 장애인이 되었다가 목숨을 끊은 노동자의 연인을 만났고, 소몰이 시위로 폭도로 몰린 농민도 만났어요. 양동 성매매 여성들을 만난 후 부모 자식 간의 천륜도 지킬 수 없는 조건의 사람들이 있는 것을 보고 받은 충격으로 며칠을 앓았던 적도 있답니다.

삼청교육대에 끌려가 정신질환을 앓다 죽어간 아들이 마지막 남긴 말이 "엄마, 나 배 많이도 고팠어"였다며 제게 밥상을 차려주던 엄마를 생각하면 지금도 가슴이 싸하죠. 마지막에 라면을 먹었다는 글을 남기고 분신한 박영진 열사의 아버지, 1987년 7~8월 노동자 대투쟁때 희생된 이석규 열사* 어머니, 박종철 열사의 부모님, 통일운동에 일생을 바치고 결국은 간첩 사건에 연루돼 고초를 치른 가난한 통일

* 1984년 대우조선에 입사해 근무하다가 1987년 8월 노사분규 시위 도중 경찰이 쏜 최루탄에 맞고 병원으로 옮기던 중 숨졌다. 당시 나이 22살이었다.

운동가를 만났어요.

1980년대까지만 해도 우리가 그리 잘살지 못했어요. 최소한 '밥이 먹고 싶다', '마지막으로 라면을 먹었다', '배 많이도 고팠다'는 사람들은 없는 대한민국이어야 한다는 생각에 《말》지 기자로 현장을 뛰었고, 한반도 평화통일을 주장하는 것이 불온시 되지 않는 세상을 꿈꾸었으며, 노동자가 주인 되는 세상은 아니라고 할지라도 사람이 일한 만큼 대가를 받고 그 대가로 연애도 하고 결혼도 하고 아이도 낳아 잘 키우는 세상을 만들고 싶었어요.

제가 대화한 분들 중에는 김영삼, 김대중, 노무현 세 분 대통령도 계시고 박근혜 전 대통령도 대통령 되기 전 인터뷰한 일이 있어요. 문재인 대통령과 함께했고 이해찬 대표와 문성근 배우를 통해 '공익적 삶'의 실천을 배웠어요.

그 외에도 사회를 이끈 리더들을 많이 만났고 대한민국의 지침이 될 만한 공익적 인터뷰 기사를 수없이 썼어요. 그들의 활동에 관심을 갖기도 하고 동참도 했어요. 늘 소망이 있었죠. 보다 평등한 세상, 보다 많은 사람들이 생활 걱정 안 하는 세상, 한마디로 자유롭고 평등한 사람 사는 세상? 그런 새날을 만들어가고 싶었는데 세상이 쉽게 바뀌지 않았어요.

'혹시 대통령을 바꾸면 세상이 바뀔까?' 기대한 적도 있었어요. 1997년 외환위기 후 김대중 대통령이 당선되고 '민주화가 완성되고 보다 살기 좋은 세상이 오지 않을까?' 희망에 부풀었지만 절차적 민주주의로서의 정치 주변만 바뀌었을 뿐, 참으로 세상은 바뀌지 않더군요. 물론 민주화가 진전되면서 적어도 '무섭지 않은' 세상은 되었다고 생각하긴 했어요. 그런데 박근혜 · 최순실 국정 농단 과정에서 자살한 분들을 보며 섬뜩했어요.

대한민국 전체가 물질적으로 풍요로워진 것은 확실한데 민주정부 이후 오히려 양극화가 심해져 부가 극소수에게 집중되어버렸어요. 노동자들이 과거처럼 배를 곯지는 않게 되었지만 상대적 박탈감이 사회 전체에 바이러스처럼 퍼져갔어요.

도대체 왜 사회는 바뀌지 않는 걸까요. 대통령이 바뀌고 민주정부가 들어서도 서민을 위한 개혁은 번번이 실패하고 말았잖아요. 왜 민주정부가 들어서도 정치개혁은 물론 사회경제개혁은 손도 대지 못하는 것일까요.

2007년 12월 대선에서 '크리미널criminal' MB가 압도적 표차로 당선되는 것을 바라보면서 솔직히 국민들을 원망한 적도 있어요. 노무현 대통령은 '농부는 밭을 탓하지 않는다'며 어떤 경우든 '국민의 선택은 옳고 정치가 틀렸다'는 메시지를 남겼지만 왜 국민들은 사기꾼을 감별 못할까 갑갑했습니다.

민주사회에서 권력은 '선거'로 결정되는데 왜 서민들은 투표할 때 자신의 이익과 반대되는 정파에게 표를 줄까 답답했어요. 종부세 대상도 아닌 서민들이 종부세 도입에 반대하는 거 이상하지 않아요? 상위 1%에 해당되는 부유세 도입 등을 반대하는 것도 절대다수 서민들이거든요. 양극화의 수혜자인 상위 1%가 세금을 많이 내면 그 세금이 복지 재원으로 충당되고 서민들이 이익을 보게 되는데도 말이죠.

결국은 '언론 문제'였어요. 그리고 아무리 지혜로운 국민도 어떤 조건에서는 어리석은 판단을 할 수밖에 없다는 결론에 다시 도달했어요. 만일 잘못된 정보를 반복적으로 전달받아 세뇌 상태가 된다면 올바른 판단은 불가능하니까요.

MB는 다스의 소유주이고 거짓말쟁이였어요. 그런데 2007년 대선에서 검사들은 MB에게 면죄부를 줬고 수구·보수 언론은 검사들이 준 면죄부를 반복적으로 보도해주며 MB를 보호했어요. 'MB에게는 혐의가 없다', 'MB는 국민 호주머니를 두둑하게 해줄 리더십이다'를 반복적으로 홍보했죠.

MB 뒤에는 자본권력과 언론권력 그리고 검찰권력 등 기득권 카르텔이 엉버티고 있었던 거죠. 주로 언론으로부터 정보를 전달받는 국민들은 언론 보도를 믿었고 MB에게 몰표를 던진 거죠. MB는 집권하자마자 수구 · 보수 언론에 보은했어요. 종편을 도입해 위기에 빠진 조선 · 동아 · 중앙일보에 활로를 열어준 겁니다.

2012년 박근혜 당선 원인이 여러 가지이지만 종편까지 가세한 수구 · 보수 언론의 박근혜 대통령 만들기 올인 보도가 큰 공을 세웠다고 봅니다. 결국 대한민국의 수구 · 보수 언론과 종편은 '언론'이 아니라 '수구 기득권 카르텔의 이데올로그'이며 홍보 기관이라고 봅니다.

이번 조국 국면에서도 검찰개혁을 반대하는 검찰의 충실한 입 역할을 한 게 언론입니다. 검사 출신 국회의원이 많은 자유한국당이 검찰을 서포트support하며 윤석열 검찰과 언론, 자유한국당이 3각동 맹 한 몸처럼 움직였어요.

검찰개혁을 위해선 조국 가족의 엄청난 희생이 필요했고, 수백만 국민들이 촛불을 들어야 했어요. 가까스로 〈공수처법〉, '검경 수사권 조정법' 등 검찰개혁의 첫걸음을 뗄 수 있는 정도의 제도가 만들어졌어요. 그러나 검찰은 여전히 반발하고 있고 언론은 검찰의 억지 반발을 계속 받아쓰며 '검찰 인사 보복' 프레임 등으로 검찰개혁에 어깃장을 놓고 있습니다.

언론을 바꾸지 않으면 대한민국 개혁은 불가능하다고 봐요.

그래서 검찰개혁 다음은 언론개혁입니다.

저는 21대 국회 최대 과제가 '언론개혁'이라고 생각해요.

지금까지 《말》지 – 민언련 – 방송위원회 – 국회 방송통신 관련 상임위' 등 제가 서 있는 장은 바뀌었지만 제가 해온 일의 큰 줄기는 하나였어요. 언론개혁. 문재인 정부 들어 가장 아쉬운 것이 언론정책입니다. 특히 방송의 경우에는 MB의 종편 특혜 정책이 지속되고 있어 종편은 확고히 자리 잡아가는 반면 지상파는 점점 어려워지고 있어요.

집권 4년차를 맞은 문재인 정부도 방송정책을 하루 빨리 점검해야 한다고 봅니다.

21대 국회는 징벌적 손해배상제를 입법해 악의적 허위 왜곡 보도를 근절할 법적 근거를 마련해야 하고요, 방송통신위원회는 2020년 하반기 방송 재허가 과정에서 엄격한 심사를 통해 문제 종편은 퇴출해야 합니다. 방송통신심의위는 종편과 일부 종교 방송 봐주기 편파 심사를 못하도록 국회와 시민의 민주적 통제가 필요하기도 해요.

제가 중학교 때 《큰 바위 얼굴》을 읽고 마음속에 꿈을 품었어요. 시대가 어지러우면 '초인'을 꿈꾸게 되는 것이 이치인가 봐요. 누군가 큰 인물이 축복처럼 나타나 우리 미래를 밝혀주길 간절히 바라면서 '큰 바위 얼굴'을 기다렸거든요.

그런데 이분인가 하다가 실망하고 다시 아, 이 사람인가 보다 하다가 좌절하길 반복했는데 어느 날 문득 깨달았어요.

암에 걸려서도 건강이 조금 회복되자마자 일터로 나온 그 언니, 아들이 이혼하고 손자를 키우면서도 마을 봉사 활동에 열심인 그 할머니, 한쪽 눈이 거의 실명에 가까운 상태임에도 주민자치위원회 회의에 나와 자기 책임을 다하는 그 사람, 한파가 몰아치는 밤에 붕어빵을 굽는 그 어르신, 등이 새우처럼 휘어져도 자식새끼 먹여 살리느라 일터로 향했던 우리 아버지들, 누구보다 '무릎 꿇고 살기보다 서서 죽기를' 실천했던 많은 열사들, 〈그리스 로마 신화〉의 비극적 영웅처럼 우리 곁을 떠난 노무현 대통령…. 제가 거리에서 만난 모든 분들이 '큰 바위 얼굴'이 아니었을까 하는 데 생각이 미친 거예요.

만일 검찰개혁 촛불집회가 없었다면 저는 민주당이 〈공수처법〉과 '검경 수사권 조정법'을 통과시키기 어려웠을 거라 봅니다. 촛불시민들과 함께 검찰개혁의 첫걸음을 내디딘 거죠.

　그런데 제가 촛불집회에서 만난 분들은 특별한 분들이 아니었습니다. 그저 일상을 성실하게 사는 생활인이었어요. 구름처럼 시민들이 모인 서초동 촛불집회 한가운데에서 저는 보았습니다. 제가 오랫동안 기다려온 '큰 바위 얼굴'이 시민들 속에서 살아 움직이는 것을요! 제가 촛불집회 개근생이 돼 '촛불누나', '촛불언니'로 불리는 게 뿌듯했어요.

　'검찰개혁 다음이 언론개혁이다' 제가 아무리 주장해도 함께 싸워줄 분들이 없으면 못하는 거잖아요. 그런데 촛불시민들과 함께 힘을 모으고 국회가 응답해 검찰개혁이 이뤄지는 것을 보면서 언론개혁에 바칠 새로운 에너지가 마구마구 솟구치는 느낌이었어요. 그리고 결심했어요.

　'나는 촛불시민과 함께 언론개혁의 대장정을 시작할 것이다, 아니 언론개혁 너머 더 나은 미래를 위해 함께 걷기를 멈추지 않을 것이다…'

| 에필로그 |

1995년 10월, 그를 면접관으로 처음 만났습니다. 화장기 하나 없는 검고 깡마른 얼굴에 깊고 번뜩이는 눈. 1980년대 민중미술 판화에 나오는 사람 같았습니다. 그토록 기가 센 사람을 본 적이 없던 저는 잔뜩 주눅이 들어 면접을 망쳤습니다.

뜻밖에 채용이 되어 사무국장으로 만난 그는 태어나 겪은 사람 중 가장 특이했습니다. 보기와 달리 엄청난 체력을 가졌으며, 온갖 일에 무섭게 부지런했으며, 대부분의 경우 불같이 뜨거웠지만 결정적 순간에는 마음 약한 모습을 보였습니다.

걸핏하면 아프고 게을러터진 '올빼미'에, 웬만한 일에 뜨거워지지 않으며 결정적 순간에는 얼음처럼 차가워지는 저는 정반대의 상사 아래서 고달픈 나날을 보냈습니다.

머리가 조금 굵어지면서 그에게 반항하기 시작했고, 민언련에서 함께 일하지 않게 된 때에도 의견이 다르면 순순히 물러나지 않았습니다. 하지만 그는 저를 더 신뢰했고 어려운 일을 맡겼습니다. 덕분에 저도 제 앞에서 이견을 따박따박 말하고 가끔 대들기도 하는 후배들을 깊이 신뢰하고 의지할 수 있었습니다.

제가 이 책의 인터뷰어가 된 것도 이런 신뢰의 매커니즘 덕분이라고 생각합니다.

제가 던지는 질문이 그의 역동적인 삶을 단순히 소개하는 데 그치지 않기를 바랐습니다. 촛불집회에서 그에게 환호했던 시민들과, 촛불집회의 언저리를 서성이는 시민들을 대신해 질문하고 싶었습니다. 하지만 원고를 끝내고 보니 그의 깊고 깊은 고민을 다 풀어내기에는 저의 질문이 부족하고 때로 엇나간 게 아닌가 걱정됩니다.

그에게 남은 질문이 있다면, 더 넓은 민주주의의 광장에서 시민들이 직접 만나고 부딪히면서 풀어 가시라고 뻔뻔하게 말씀드립니다.

끝으로 엄청난 분량의 녹취를 풀고 자료를 구하는 데 도움을 주었을 뿐 아니라 원고의 허점을 지적해준 후배 Y와 J에게 고마움을 전합니다.

2020년 2월

김유진

쉼 없이 걸어 촛불을 만났다

최민희의 언론개혁 여정

1판 1쇄 발행 2020년 3월 11일
1판 5쇄 발행 2020년 5월 28일

지은이 최민희 (인터뷰 김유진)
펴낸이 김영곤
펴낸곳 ㈜북이십일 21세기북스

출판등록 2000년 5월 6일 제406-2003-061호
주소 (10881) 경기도 파주시 회동길 201 (문발동)
대표전화 031-955-2100 **팩스** 031-955-2151 **이메일** book21@book21.co.kr

© 최민희, 2020
ISBN 978-89-509-8687-2 03340

㈜북이십일 경계를 허무는 콘텐츠 리더

21세기북스 채널에서 도서 정보와 다양한 영상 자료, 이벤트를 만나세요!
페이스북 facebook.com/jiinpill21 **포스트** post.naver.com/21c_editors
인스타그램 instragram.com/jiinpill21 **홈페이지** www.book21.com
유튜브 youtube.com/book21pub

서울대 가지 않아도 들을 수 있는 명강의! 〈서가명강〉
유튜브, 네이버 오디오클립, 팟빵, 팟캐스트, AI 스피커에서 '서가명강'을 검색해보세요!